史前人类

——文明的起源

［英］亨利·内维尔·哈钦森 著
张晓宁 张浩楠 译

中国大地出版社
·北京·

图书在版编目（CIP）数据

史前人类：文明的起源 /（英）亨利·内维尔·哈钦森著；张晓宁，张浩楠译. — 北京：中国大地出版社，2020.4

书名原文：PREHISTORIC MAN AND BEAST
ISBN 978-7-5200-0581-4

Ⅰ. ①史… Ⅱ. ①亨… ②张… ③张… Ⅲ. ①文化起源－通俗读物 Ⅳ. ①G0－49

中国版本图书馆 CIP 数据核字（2020）第 011650 号

史前人史：文明的起源
SHIQIAN RENLEI: WENMING DE QIYUAN

责任编辑：	王一宾　张玉龙
责任校对：	韦海军
出版发行：	中国大地出版社
社址邮编：	北京市海淀区学院路 31 号　100083
电　　话：	（010）66554511　（010）66554686
传　　真：	（010）66554518
网　　址：	http://www.chinalandpress.com
电子邮箱：	gphdzcb@sina.com
印　　刷：	三河市华晨印务有限公司
经　　销：	全国新华书店
开　　本：	710mm×1000mm　1/16
印　　张：	17.75
字　　数：	192 千字
版　　次：	2020 年 4 月北京第 1 版
印　　次：	2020 年 4 月河北第 1 次印刷
书　　号：	ISBN 978-7-5200-0581-4
定　　价：	45.00 元

版权所有·侵权必究

代　　序

　　古往今来,人类起源的历史就像一面魔镜,深邃、神秘,牢牢控制着每个人好奇的神经,探索、解密、洞见,使许多人欲罢不能;尤其像本书一样,要揭秘的是人类的起源,我们全都渴望能从中找到"阿拉丁神灯",帮助我们穿过迷雾,回到史前,去探寻人类祖先走过的不寻常的道路。

　　为了揭开人类起源历史的神秘面纱,诸多学者呕心沥血,选择了困难重重、各不相同的寻觅道路。其中,就有人选择研究人类发展过程中的各种语言,希望通过对语言的分析和研究,找到人类起源的经过,并由此推演出人类在萌芽阶段的生产力、艺术表现力。时至今日,人们通过这种方法,了解到了大量有趣的事实,开启了探索人类起源的新篇章,为后来者指明了方向。不过,沿着前人探寻的这条道路,我们要知道、了解的东西仍旧是有限的:这无论是追溯到哪一个我们想要知道的年代,语言的描绘上虽然美轮美奂,词藻华丽,可真正实用的东西、我们想要的东西还十分欠缺。这可能跟早期人类语言的表述存在一定差异,如现在我们通常使用的梵文和汉语,以及巴比伦语和埃及语。

　　除了探寻语言的人之外,当然还有人对那时的历史、宗教、神学进行了不懈的探索。那时的宗教、神学是人们脑海中最神圣的思想,若是没有重大事件的影响,其根基是很难撼动的,即便当时社会发生严重暴力事件也是改变不了的。不过,近年来,人们在这一领域取得了很大的进步,进步的思想改革了神学的观念。当然,这种改变是缓慢的、沉闷的、遍布荆棘险阻的,在了解、探寻人类起源的道路上,我们仍旧有很长的路要走,需要更多的耐心、勤奋和努力的工作。

考究语言、宗教历史、神学是如此,考古学当然也不例外。过去的几年中,许多国家的考古工作者在探索人类起源和进步的过程中,都取得了很大的成功,他们将以往许多晦涩难懂、令人困惑的内容变得简单明了,合理有序。不过,仍有许多巨大的鸿沟和空白领域,等待着我们脚踏实地,不断地探索前行,去印证、去做出科学合理的解释。

幸运的是,在这一学科中,有学识渊博的人,他们耐心地探索,用自己博学的知识,将留在人类历史长河中的那些碎片化知识串接起来,形成了一个条理清晰、内容完整的人类起源链。他们用自己的勤奋和孜孜不倦的求索精神,在黑暗洞穴里四处挖掘,才让今天的读者得以看清他们最新的探索进度。这里,哈钦森先生是这一领域的先锋。他经验丰富,所写的本书正是为了让读者了解到探索人类起源最新的进展。

在本书中,他将带领广大读者讨论一些考古学方面热门的话题,探索人们还未能达成一致的问题;以讲故事的方式,将事情情由向人们娓娓道来,让读者了解到哪些内容已确定无疑,哪些内容还模棱两可,需要进一步印证。同时,他还采用编年史的形式,在书中向读者朋友展现了一幅波澜壮阔的史前时代人类活动的轨迹图。故事一路讲来,让今天的人们不仅看到了自己祖先的古老性,也懂得了先祖们延续的不易。

谈到本书,在写作时相关信息的收集,难免有事实夸大的嫌疑,这是我比较担心的地方,因为我们在所有问题上都并非意见统一,或者说有自己主观的看法和偏颇之处,但是我可以坦言,在所有最新的、关于这一领域的知识点中,哈钦森先生的这本书,囊括的相关信息是最丰富,描写场景最生动,最能激发人想象力的一本好书。

另外,我还想讲一下书中的插画:当某位绅士或男孩去参观博物馆,看到我们祖先残破断裂的骸骨时,很少会有如此丰富的想象力,能在自己的脑海中勾勒出一幅幅原始人类生活的场景图来。即使有人有丰富的想象力,又有灵巧的手指,聪明的大脑,怕也难以企及本书中描绘细腻的精美插画。哈钦森先生和他的画家们不辞辛劳,孜孜不倦、一丝不苟的作画精神,完成的画作,对此我们表示衷心的祝贺。

亨利·霍伊尔·豪沃斯

伦敦克林汉姆广场 30 号

自　序

　　本书是写给天下所有读者朋友的。写作本书,我的初衷是以一种通俗易懂的语言表述方式,将近几年人们得出的最有价值的研究成果公之于众,让大家领略到我们祖先生活的艰辛、繁衍的不易。

　　我之前写的《灭绝的野兽》《远古时期的动物》两部书,是为了追寻地球上动物发展的过程;自然地,我也想到了去追寻人类自身的演化史,正如已故诗人阿尔弗雷德·丁尼生所写的那样:

　　先是野兽,然后是人;

　　时而刺青与靛蓝满身,时而蒙上兽皮过冬;

　　因争夺王者的爱侣布满伤痕,

　　而我们却发现,在这些蛮夷小岛上,它不过是沧海一粟。

——《公主》

　　为使读者理解本书,《史前窥视》[①]一书提供了一条建议。这条建议是:从上面的两本书中选取离奇有趣的动物形象,既能丰富《潘趣》这本杂志的图画,又有助于很好的为人讲解故事。这里,我们希望这本书能为那些渴求知识的人提供一个契机,也避免他们少走弯路,少犯错误!因此,我们要感谢我们的朋友"潘趣"提出的友好建议。

　　书中提到的一些令人震惊乃至耸人听闻的理论,只不过是被一

---

　　① 爱德华·丁尼生从19世纪90年代开始创作并绘制的卡通系列。漫画刊登在《潘趣》杂志上。1894年出版了一本漫画集,书名是《潘趣先生的史前窥视》,后文中的"Punch"一词即指《潘趣》这本漫画刊。——译者注

些人抓住了比较流行的说法,发挥了他们自己的想象力而已。这些理论在被废除之后,依然盛行了很长一段时间,这是很值得人玩味的事。这样的理论是如何提出来的?本书第四章有这样一个例子:那就是伟大的冰盖或是极地冰盖说。这样的提法,是被人硬生生给虚构出来的,它对大众的思想造成了很大的误导和伤害。尽管詹姆斯·盖基(James Geikie)教授和罗伯特·鲍尔(Robert Ball)先生都十分理智,一直在否定这一说法。我们希望这样的谬论不要再出现,这种殃及池鱼的思想能给人警醒,也能让身在其中的人猛回头,从而提出更多具有价值的建设性理论来!

书中另一个令人感兴趣的话题,说的是人类的古老性,我们会在后面的两个章节中讨论,阐释一些著名科学家的思想,用来证明古老的原始人类并非属于某个"遥不可及"的远古时期,而是"可测量"出时间距离的某个阶段。只有少数的地质学家仍然坚持"冰川时代的天文学理论",他们相信在旧石器时代猎杀长毛象、驯鹿的原始人类,生活在距今约8万年的某个时期!对于这一说法,已故的约瑟夫·普莱斯特维奇先生,生前曾谨慎地做过一些正确的推论。这里,我是很支持的,也对普莱斯特维奇先生曾经的友好建议表示感谢。

不过,当我们思考人类文明的时候,情况就大不相同了。现代的调查,整体趋向于证明人类文明可以追溯到很久以前,而不是较短的观点。一万年前的人类文明就已经出现在埃及了,甚至在被罗马征服之前,古老的大不列颠岛上就涌现出了大量的文明存在。这里,尤里乌斯·恺撒对我们大不列颠的祖先没有做出公正的评价,因此我们必须改变观点,不再将我们的祖先视为"食不果腹,衣不蔽体"的野蛮人。在艺术家们的帮助下,我们生动描绘出了古老的人类着装的样子,他们都精神正常地生活在大不列颠岛上。

在最近一项有趣的调查中,有人发现传说故事中的"小精灵"其实是真实的人类！许多作家也都得出结论：曾有一身材矮小的种族，他们来自芬兰，与拉普兰人属同一类人，他们生活在"魔法小山"或地下石室中，他们是真实的人类，只是在一些民俗传说故事中，他们被化身成了小精灵。书中有一章会单独讨论，此不繁絮。

另外，在书的第二部分第五章中，我们会讨论到巨石阵，以证明巨石阵并非德鲁伊人建造。在第二部分第四章中，我们还会讨论在英国、欧洲、亚洲发现的其他的石圈，以大量的事实依据证明：巨石阵并非神庙，而是纯粹的纪念逝者、追悼逝者的建筑物。当然，巨石阵同时也是神圣的，因为它与祭拜逝者的灵魂相关。这里，我将巨石阵和带有墓穴的土丘、石桌进行了分析比较，更倾向于那些身材矮小的种族建造了巨石阵。

不过，整个石圈的建造者究竟是谁，答案依然是模糊的。书中提出这一理论的目的，主要是为了激发更多人参与讨论。一些作家非常支持天文学的理论。我认为在本书中不值得讨论它们，因为没有证据或很少有证据支撑那些奇妙的猜想。

现在，研究发现成果层出不穷，以至使10年或15年前出现的那些关于史前人类方面的书籍，都显得有点过时了。后面，我会向读者朋友提供一些观点，关于最新的发现和最近地质学家、考古学家提出的结论。关于当前这一主题的文献数目实在巨大，没有人能全都掌握。在书的最后，我会向读者发一个书单，那上面都是些我精选出来的重要的书籍，大家可以参考。

此外，绘制出史前人类的"复原图"具有很大的挑战性，尤其是要绘制出旧石器时代的史前人类，事情就显得更加的不易。这里，我不能对本书中的"复原图"做出任何评判，说它怎么样好，怎样的绝对精准之类的话。不过，如果它能成功向读者传递一种我们祖先的生活方式和整体的理念，那我们的功夫就算没白费。当然，这些画作主要应该归功于艺术家———塞西尔·奥尔丁(Cecil Aldin)先生(《伦敦新闻画刊》聘请的插画师),他按照我的建议作画,这种行为令人钦佩。他画的插图不是简单的科学图解,而是富有美感的、生动形象的图画,还原度很高。为了尽可能地避免错误,我把草图和画作递交给了几位考古学家和科学家:威廉·弗劳尔(William Flower)先生、亨利·豪沃斯先生、亨利·伍德沃德(Henry Woodward)博士、亚瑟·史密斯·伍德沃德(Arthur Smith Woodward)先生、格林威尔(Greenwell,)教士、威廉·马修·弗林德斯·皮特里(WM. Flinders Petrie)教授、查尔斯·海格拉斯·里德(C. H. Read)先生、麦肯尼·休斯(J. McKenny Hughes)教授等人,他们都提出了有价值的建议。哥本哈根博物馆的索弗斯·奥托·穆勒(Sophus Otto Müller)非常热心地寄来了一张复原图,上面描画的是丹麦青铜器时代的一对男女,取自他的作品《我们的史前时代》(Voroltid),这对于我和艺术家们的创作帮助很大。对此,我万分感激。

当然,亨利·豪沃斯先生从一开始就对本书感兴趣,他读了我所有的校稿,同时还做了有价值的笔记和评论,这些我很快都用到了。豪沃斯先生还为本书撰写了序言,序言内容实在过奖了,他既是学识渊博的作家,也是我真挚友好的朋友,我从心底感谢他。这里,我同样还要感谢自然历史博物馆的亚瑟·史密斯·伍德沃德先生,还有司各特·怀特先生(A. H. Scott White),他们读了校稿,还给我提供了很多有益的帮助,在此一并感谢,谢谢您们的支持。

亨利·内维尔·哈钦森

伦敦,1896 年

目　录

代序/1
自序/4

楔子/1

第一部分　旧石器时代的人类

第一章　人类早期的祖先/11
第二章　古老的穴居人类/34
第三章　驯鹿猎人/57
第四章　冰川漂移说与洪积理论/80
第五章　气候变化及其成因/102
第六章　人类的古老性/121
第七章　人类的古老性(续)/135

第二部分　石器时代晚期与青铜器时代的人

第八章　湖上居民/155

第九章　生者住所与死者长眠地/179

第十章　小矮人和美人鱼/201

第十一章　粗糙的石质建筑/228

第十二章　神奇古老的巨石阵/253

楔　　子

　　大地变迁,动物第一次从洞中爬出,它们不会发声,而且身上很脏,为了橡子、巢穴而战斗,先是指甲和拳头,然后使用棍棒,最后使用根据经验发明制造的武器。之后它们给每件东西都起名字,创造语言表达思想。再最后它们停止战争,建造城市,制定法律,和谐生活。

——贺拉斯《讽刺诗集》

　　古人用一些象征性符号,记录他们对自然以及生活经验的总结,这些符号有的直白浅显,有的生涩难懂。今天的人们,要完全解释清楚这些符号所代表的当时人类的想法,是一件困难而充满挑战的事情。不过,在学习了古老哲学家的思想之后,他们无论是出自埃及还是来自巴比伦;不论来自印度还是现身于希腊,都会给今天的人们留下深刻的印象,因为大家看到的是:那时的原始人类,处在他们那个年代里,他们的学识已经很渊博了,而且他们具有敏锐的洞察力,他们会通过认真思考、刻苦学习,推导出自然的法则,人类生老病死的活动规律。

　　通过阅读书籍,人们发现,原始人类的一种符号,往往用一套哲学方法就能完全阐释清楚。对于这种符号,下面我们来讲一讲。当然,对

于这种符号，许多人或许从未听说过，尤其是那些不大爱看书的人。通过这一符号，你会发现它与现代科学毫无瓜葛，跟今天那些在学术界有影响的人提出的观点也毫不相干。这点，其实早就被古代的哲学家们提前预料到了。卢克莱修（Lucretius）提出的原子论。要说起卢克莱修，他可是牛顿（Newton）先生和克拉克·麦克斯韦先生（Clerk Maxwell）的引路人。在约伯生活的时代（如果曾经真有这样一个真实存在的人），就有人观察地质现象，并且提出了"大地由水塑造"这一理论。早在公元前，古埃及和古巴比伦的圣人就曾教育他们的弟子，土壤曾经孕育出了可怕的动物。在那个古老的说教中，我们可以察觉到古生物学已经有了萌芽，他们已经开始对古老的生活方式开始了研究。很明显，这些人已经领会到了下面句子中表达出的含义：

　　大地已再次聚拢在她的怀中，而千千万万个生灵也再一次从她赐予生命的、不计其数且已相继被历史淹没的种族部落中得以繁衍，生生不息。

　　在那个没有天文望远镜、思想还被占星术禁锢的年代，古天文学家却能摒弃糟粕，站在时间是周而复始不断循环的立场，即星体在持续运行一周之后，又回到了最初位置的坚定信念不动摇，这是难能可贵的。为此，我们要将发现地轴的运动，也就是"岁差"这一功劳归功于他们。"岁差"这一过程要经历25000年才能完成一次！

　　另外，拉普拉斯（Laplace）提出的著名"星云假说"中，关于太阳和星体的起源，在埃及和希腊的神话中也有它的雏形存在。古老的神话故事中，世界最初由混沌发展而来，有点像鸟由蛋而生。当一切生命的萌芽，或者说那因混沌自生自长的时候，它会需要地位仅次于它的神力，

帮助它生成能繁衍出整个有序世界的"原生蛋"。因此,在阿里斯多芬(Aristophanes)欢快剧作《鸟》(*The Birds*)中,合唱团庄严地唱着古老的教义:"长有黑色翅膀的夜神,在黑暗之神厄瑞波斯无尽绽放之时使其怀孕,生下了一个蛋,时间流逝,蛋孵化出了长有金色翅膀的耀眼爱神。爱神与黑色翅膀的混沌相结合后,鸟之一族诞生了。"

这里,还讲到了一个古老的象征物——生命树,它在埃及的石碑或是神殿墙壁上,人们经常可以见到它。史前人类十分崇拜树,将它们视为造物主或宇宙力量的象征。随着时间的推移,古老的希腊哲学家和博物学者都开始关注这一象征物的深层含义,并意识到所有动植物的生命其实都相连一处,唇齿相依,它们受着自然界同一精气的滋养,它们都是巨大生命树的分支,只是大小不同罢了。当现在的博物学者开始思考生命的奥秘、生命的起源时,他们会发现,在一些事情还不明朗,还处在摸索推测阶段的事物,比如拉马克(Lamarck)和达尔文的进化论观点,前人其实已经早有预见了。毫无疑问,进化论的观点,在希腊还有其他国家的哲学家中,他们也都注意到了!这里,我们只相信"自然的延续性理论"。已故的廷德尔(Tyndall)教授,在20年前写给英国皇家协会的一封信函中,就曾解释过这一理论。

根据亚里士多德(Aristotle)的观点:自然是不断向前发展变化的,由最初的粗犷慢慢趋于完美。通过这一观点我们发现,生物种类虽然各不相同,但都遵循着这一自然法则:由最初的无机生物,转变成有机生物,再到成为生命个体。如此看来,世界上最伟大的博物学者也是进化论者,尽管他们并不了解达尔文的发现,也不了解来自现代生物学的诸多证据。另外,亚里士多德是反对"物竞天择,适者生存"这一理论的,因为这一观点不能对所有现象做出科学合理的解释。

最近几年,很多人包括达尔文的追随者都注意到,虽然进化论这

一理论很重要,但是人们在推测动物进化的时候,有时太过依赖于这一观点了,就连达尔文本人,晚年的时候也感觉自己从前说得有些太多。对于研究生命起源的人来说,不论是今天地球上的生命,还是古老地质时期的生命,大家都希望能从中找到一些新的物种进化途径和方法。只要有人能提出这种新的理论观点,无论什么时候,他都将受到人们热烈的追捧和敬仰。尽管达尔文和华莱士的理论,开启了人类认识史上的新纪元,但是有谁知道,在不久的将来,又会有什么新的发现更加受到人们的青睐,甚至指引人类迈向新的目标。

亚里士多德相信自然一直奉行"完美原则",现代的博物学者应该更加仔细地思考这一观点。从地质学上的记录来看,也时常会有高级生命出现在生物圈这个"舞台",亚里士多德的观点倒是可以被当着"进步规律"的一个铺垫[①]。

近来,人们从地质学角度,仔细研究了岩石上的记录,以及地层下动物的遗骸后,确信那些讲述动植物进化的哲学,只不过是生命树上的一个象征罢了。而且每种动植物都只是生命树上的一根枝杈,而这棵生命树已在数不清的岁月里茁壮成长,枝叶繁茂。它旺盛的生命力,存在的时间,人类是无法估算的。地质学家根据化石推算一个地层的年代,将其归为某个已知的时期,例如寒武纪、白垩纪、第三纪等,这些化石不过是那棵生命树的枝杈而已。有时某个枝杈掉落,也就是一个物种的灭绝,例如巨大的爬行动物恐龙。当然,也有另一些物种存活至今,却变化不大,如鳄鱼。

这里,我们不讨论人类的起源,人类与大猩猩、黑猩猩等之间的关系。总之,人类是从低级生物进化而来的,如今的人身上仍有低级

---

① 阿那克西曼德(Anaximander,公元前610年)认为,最开始,人类是由一种鱼类演变而来,当鱼变成人的时候,他们被驱逐出海,到陆地上生活了。

生物留下的痕迹,他们的思想受错误宗教思想的支配,看不到自己错误的一面。我们中的每一个人,在出生之前,都会经历与高级哺乳动物相似的生存阶段,甚至还留有鱼鳃的痕迹!现代的观点认为,人类的进化生长与动物出生前胚胎的发展过程相似。

在一些坚持老思想体系的学生看来,上帝创造万物时,便暗示了进化的存在。事物的发展,其实都是从低级到高级、从整体到局部的。最开始都是一片黑暗,然后出现了光,出现了天空,水和陆地分开,也说明陆地是从水中产生的(通过沉淀)。草木植物都早于食草动物的出现,海洋生物早于陆地生物的出现,这是与现代科学相一致的地方。所有的这些创造活动,每一步都比上一步更加优越,而人却是最后被创造出来的。为此,是不是可以说低级生物是人类出现的先决条件呢?或者换句话说,在一系列庄严、宏伟、有秩序的创造活动中,亚当(亚当是泥人,由地上的泥土捏造而成,这也是我们低级的身体本质)是所有生物之后,最后一个被创造出来的。

根据这个解释,夏娃便是亚当的精神与灵魂,因为她的出现,多在我们睡着或屈服的时候。

古老的诗人、作家想让我们相信,关于我们的祖先,所有的事已成定局。他们告诉我们,在阿伽门农时代之前,就生活着勇敢的人类,但是这些人"不为人所知、未被诗歌赞颂"。如今情况已经改变,历史和诗歌未曾记录的部分,考古学会将这一漏洞补上,用光亮照亮模糊的深渊,它让我们从此有了勇气,因为我们在考古学方面已经积累了很多知识,如那段历史发生的大概时间。为此,我们不必再与贺拉斯一起,哀悼感伤:

勇敢的人生活在阿伽门农时代之前,

但他们都默默无闻,被漫漫长夜所覆盖,

因为缺少神圣的诗人将他们称颂。

当然,也有人对历史的记载不感兴趣。他们认为,历史记载的全是"一派谎言",这还曾经是一个有威望人说的话。这里,不管别人怎么想,我们的考古学家一如既往地辛苦钻研,现如今我们已经掌握了一些史前人类的相关知识,包括他们的生活、成就,甚至是思想。

世上有两种记载历史的方式:一种是作家采用文字的方式,记载前人或同时代历史,这种记载方式,多带有作家个人的主观性;另一种方式是非文字记载,非文字记载在众人眼里有一种自动生成的感觉,我们脚下的地层中就保留着这种非文字记载的历史。地质学家通过探索地层,研究那些埋藏物,就能明白那段直白的历史存在。这里,随着时间的推移,地下会形成不同种类的堆积物——洞穴中的土层、河流作用形成的沙层或砾石层、原始人类的垃圾堆(如:在佩里戈尔的悬岩之下的垃圾堆、丹麦的"贝冢")、埋藏早期人类的土丘(古坟)等,通过这些堆积物,人们同样可以找到早期人类活动的轨迹,知晓他们的历史。还有埃及的金字塔和坟墓、被掩埋的卡尔迪亚王国或小亚细亚的城市、荒废的古代墨西哥宫殿等,这些一直保留到了现在的优秀遗产。如果你能正确解读它们,历史的记载就在这里。那样,你就会感觉自己似乎坐上了威尔斯(Wells)先生的"时光机器"(The Time Machine),正以惊人的速度回到过去[1]。

---

[1] 威尔斯先生的《时光机器》,刻画了一个将来的社会,在那个时代,精于各种手工的小矮人被打败了,他们生活在地下。这一描述(或许只是恰巧)真实再现了欧洲的一个历史阶段。在第二部分的第二章和第三章我们会提到,生活在大不列颠岛上的凯尔特人有很多关于矮小种族(小矮人、小精灵等)的传说故事,这个种族是很好的建筑师,而且工作十分忙碌。参见约瑟夫·雅各布斯(Joseph Jacobs)先生的《英国童话》(English Fairy Tales)。

在现实生活中,我们的时光机器其实就是我们用于思考的大脑。如果大脑正常工作,它能带我们回到史前时代,结识我们远古的祖先,将他们带到我们的生活中来。通过想象,他们似乎就生活在我们的面前,就像古生物学教我们如何"复原"灭绝野兽那样,让它们的化石"复活"。为此,它的兄弟学科——考古学应该探索提供"复原"原始人类必不可少的材料,这样我们才能将史前人类带到今人面前。当然,这样理想的目标,是值得我们付出脑力劳动去认真思考的。

他先前生活的可爱的影子,
一定会浮现在你的想象之中,
他生命中的每一部分都在你的心目中,
比他在世之时,
更加珍贵,更加优美动人,更加充满生命活力。

如今,探索人类起源之谜的证据不仅丰富,而且至关重要。更令人高兴的是,有很多原始种族存活至今,通过观察分析他们的生活方式、行为习惯,我们能推测出史前人类的生活境况、行为风俗等。这些至今存在的种族,他们能教授我们许多过去的事情,我们真诚地希望,他们能一直生生不息地繁衍下去。因为,他们能提供很多原始人类的线索。没有这些线索,考古学家就无法解释清楚那么多的现象,他们就会像孤独漂在海上的独木舟,陷入缺乏事实存在的困境。

当然,明白过去也是有助于我们理解现在的。至少在某种程度上,人们可以追寻到事物的起源。我们用来追寻事物起源的知识总是具有一种特殊的魅力,通过这种方式,我们常常发现普通的事物也会有意想不到的乐趣。方方面面都有进化的过程:社会、艺术、道德、

宗教,还有植物、动物。世界本身,甚至整个太阳系都是不断演变、发展的产物。

据说,人类史上的第一处建筑便是坟墓中的墓室、墓道,史前人类在土丘里面放上大块的竖石,也就是坟墓的墙壁,再在上面横放巨石作为屋顶。因此,人们在环状列石、石桌里面经常能看到三块巨石,巨石阵中的三石塔便是这类残存的遗迹。

为了装饰武器、工具、器皿等,人类的绘画艺术也在不断地发展,先是绘画简单的图案,然后绘画自然事物的轮廓。

根据不同种类的地层和地层叠加的顺序,还有每种地层中埋藏的化石,根据每个时期的主导类型的不同,人们将地质时代分成不同的时期。同样地,根据战争、侵略、统治的国王、王后,人们将历史时代分成不同的时期。为此,读者肯定会问,史前时代是不是也可以分成明确的时期呢?答案是肯定的。在欧洲或者亚洲,人们将根据自己祖先使用武器的材质不同,将史前时代分成三个界限清晰的时期。首先,原始人类用石头制造武器,但不完全这样,有的还会使用骨头等物。为此,人们将这一时期定格为石器时代。这之后,原始人类摸索着使用融化的铜和锡来制造青铜,这是人类历史上一次很大的进步,由此他们便步入了青铜器时代。再往后,人们发现了铁,铁器时代便由此开始。当然,欧洲是这样子的。不过,如果就此认定世界所有地方都是按这一顺序发展的,那就是大错特错了。它需要区别对待,需要根据不同地域,原始人类使用工具的情况不同而定,不能概而论之。下面,我们就从旧石器时代的人类讲起,来看看我们的祖先在历史的长河中,经历了一场怎样艰辛的繁衍之路,才一路走到今天的。

第一部分

旧石器时代的人类

第一章 人类早期的祖先

翘首往昔,思索先人,他们并没走远,依然近在咫尺。

——托马斯·布朗

人类来自生命树的支系和达尔文《进化论》的观点,拉近了文明与古朴的对话,让今天的人们有幸与自己的祖先展开一场亲密的接触。从大量出土的人类祖先使用过的工具、器皿来看,无不凝结着祖先的聪明才智,体现出他们与天争、与地斗的坚强意志和决心;为了生存,为了后代,他们从蛮荒、茹毛饮血中一路走来,经历了无数的辛酸、挫折与坎坷,为子孙后代的繁衍,他们开启了一条通向光明的道路。

今天的人们,如果真要深究人类的起源,人类从哪里来,在哪里诞生?想必伟大的博物学者:查尔斯·罗伯特·达尔文(Charles Robert Dar-win)、托马斯·亨利·赫胥黎(Thomas Henry Huxley)、阿尔弗雷德·拉塞尔·华莱士(Alfred Russel Wallace)等人的观点就是最好的佐证。人类诞生于中新世。对于这种说法,尤金·杜布瓦(Eugene Dubois)博士曾在爪哇岛发现过人类的头盖骨化石(后第七章有具体描述)。当然,对于博士的这一发现,它具体所处的地

质时期,还有待进一步确认。据这些伟大的博物学者称,他们在南美洲、北美洲、澳大利亚和太平洋岛屿上,并未发现大猩猩,或是与人类血缘相近的黑猩猩。不过,这些动物确实具有人类祖先们生存时代的特征。有人认为,非洲是人类的发源地;也有人认为,亚洲才是人类真正的发源地。基于当前证据的匮乏,我们唯一能肯定的、也是基于古生物学研究的成果:高级哺乳动物起源于北半球。由此推知,人类也最有可能是从那里诞生的。然而,亨利·霍伊尔·豪沃斯(Henry Hoyle Howorth)曾指出:我们不能忘记伦德先生(Lund)在南美洲洞穴发现的、掺杂在一起的人类头盖骨化石和灭绝哺乳动物的骨骼化石给我们的启示。

文明人与土著人从来都像是一对孪生兄弟,有着不同的际遇和经历。提及文明人,人们发现一个奇妙的现象,那就是所有的高级文明几乎都孕育于北方气候温和的地区,或者其衍生区。与生活在寒冷或是炎热环境中的人相比,生活在温和气候环境里的人,很早就孕育出了高级文明。种种数据表明,广袤的土地加上温和的气候是智力发展的有利条件,原始人类不停地劳作,温暖时节要为严冬时节储备过冬食物。不断的劳作、锻炼,激发了他们潜在的技能,为他们的生存繁衍创造了条件。即便今日,生活在非洲土地上的土著人依然具备这些优秀的品质。

人类的早期历史是一幅波澜壮阔的画卷。这一时期,被约翰·卢伯克(John Lubbock)称为旧石器时代。这一时期,存在于大量的文献资料中,记载的内容多是大地上的高原和河滩上的砾石。当然,还有在它们下面掩埋着的火镰石(打火石)、人类和各种猛兽的骸骨化石;呈现给世人的梯田、冰渍石、洞穴或悬岩;原始人类早期的住宅遗迹,以及他们生活用的灶炉、骨器用品等。

罗马共和国诗人和哲学家提图斯·卢克莱修·卡鲁斯(Titus

Lucretius Carus),曾赞誉:"原始人类的工具是他们的手、指甲、牙齿、石头、树枝和发现的火。往后,勤劳的原始人类还逐渐发明了铁和铜。铜的使用比铁更早,因为铜便于操作,而且很容易找到。"[《万物本性论》(De Rerum Natures)]卢克莱修也知道,有一段时期,人类还不知道火,也不知道用动物的毛皮做成衣服取暖。正如下文中所描述的:

人类还不知使用火,或将羊皮等动物毛皮做成衣服遮羞,只是在树林、灌木丛或山涧中奔跑生活,每个人身上都是脏兮兮的,这期间,自然天气对他们影响是很大的。

——《万物本性论》

18世纪前后,有地质学家得出结论:说嵌入洞穴地面上的人类残骸,与处于同一地层灭绝的哺乳动物残骸一样古老。那个时期,没人敢说人类已经走过了4000年的历史,因为当时的大主教厄舍尔(Archbishop Ussher)计算出人类有4000年的历史。他经过计算后提出的年表,在很长一段时间内都无人质疑,因为人们认为他的年表是来源于《圣经》的。倘若有人敢称人类曾与已经灭绝的上个地质时期的动物生活在同一时代,他将会受到世人的谴责。殊不知,真理往往是掌握在少数人手里的。1841年,一位狂热的法国古文物研究者布歇·德·佩尔特斯(Boucher de Perthes),在阿布维尔的古河道发现了已经灭绝的哺乳动物残骸,与非常粗糙的火镰石器掺杂在一起,事实清晰地告诉人们,人类与动物生活于同一时期。

接下来的几年,有人陆续地在古老的碎石、土壤下挖掘出了类似的石器。但是在英国和法国人眼里,这些人被认为是狂热者,是精神病患者!直到1859年,基思·福尔克纳博士(Keith Falconer)、约瑟

夫·普雷斯特维奇、约翰·埃文斯先生(John Evans)、查尔斯·莱伊尔(Charles Lyell)卢伯克等人,将人们的注意力引向了这些重大的发现时,索姆河河谷出土的石器才如此吸引人注意。在此之前的1715年、1800年还有1836年,英国同样出土过类似的石器,却没有引起人们的任何注意。

在比利时,人们也期待佩尔特斯能在这方面有所建树。比利时列日市(Liege)已故的菲利普·查理斯·施梅林博士(Philippe Charles Schmerling)也曾指出,人类与某种灭绝的哺乳动物曾处于同一时期。大约在同一时期,一位罗马天主教教士马克埃内里(Rev. J. Mac Enery)曾在著名的骨洞,也就是英格兰托基(Torquay)的肯特洞穴(Kent's Cavern)做过一些调查研究,得出了类似的结论。但是,他还未将他的调查结果公之于众,便与世长辞了。

我们在高于当前河道很多的河砾石下面,发现了诸多古老石器,它们全都来源于原始社会,经过大致归类可以看到,一些石器是从砾石或是石材上打下来的石片用来做成刀;一些可能用来做成箭,当然这只是推测。有一些尖锐的武器,会让人想到矛头或枪头;有的是长柄斧或短柄斧的斧头;有的是椭圆形的工具,周边很锋利,个头也大,形状如法语中比喻的猫舌头。

沃辛顿·乔治·史密斯(Worthington George Smith)先生也曾研究过,他认为一些小的石器是用来做刮刀的,主要用来处理动物毛皮;石锤用于敲打石片,石砧是用来作敲打石片的平台用的,在它上面还可以做打孔器和钻孔器。总之,这些出土的石器与它们周围的燧石一样,都呈赭色,出土于地下15～20英尺[①]深,这些古老的物件,因年代久远,好些石器边缘已经磨损得很严重。其中个头较大的尖

[①] 英美制长度单位,1英尺合0.3048米。——译者注

状石器①被固定在木柄末端,作挖掘用,不过它们的形状大多被设计成便于手握的样子。如今还存在的一些土著人,他们会将木头插到石器中使用,或是直接将石器的一头浇上沥青,裹上动物毛皮作把手用。

这些出土的古老石器,没有一件是经过人工打磨的,都是直接敲击下来用的石片,它们都是旧石器时代的产物。这些石器是一个重要的标志,它能把与海拔较低地方出土的石器区分开来。在海拔较低地方出土的石器大多是磨制石器,已经打磨过,表面光滑,属于新石器时代的产物。当然,这里需要指出的是,不是所有新石器时代的石器都是经过人工打磨过的。

对于古老砾石的成因,我们请地质学家帮助解释。他们经过分析说,因为水流侵蚀的原因,这些砾石沉积在此已经很久了。那时,泰晤士河流域、索姆河流域不是今天这个样子的,河床经过河水缓慢侵蚀后,河道会变得越来越宽,越来越低。时间久了,河谷也就越变越深了,河谷两边的砾石便逐渐显现出来。为此,有足够的证据证明:从旧石器时代开始,由于河流的作用,这些河谷比以往深了60～100英尺。豪沃斯先生却持有不同的观点,他认为我们不能止步不前,总讨论这些宽泛模糊的概念。

基于一种毫无根据的天文学假设,有人提出了冰川漂砾说,认为是冰川的移动,才将大量的砾石带到了欧洲。无论从地质学还是人类学的角度解释;也不论它们来自河道浅滩还是河道碎石,身份尽管不及冰川砾石那般显赫,但这些石器都来自原始社会,历史悠久(后面专讲冰川漂砾)。已故的克罗尔先生(Crop)曾无视科学,误导大

---

① 这种形状细长、椭圆的尖锐工具(可见于大英博物馆大厅史前展柜,51～60号),很难解释其用途。笔者相信这种工具就是斧头的前身。新时期时代的斧头就是基于这种类型的工具。

众,提出人类有 8 万多年的历史。他的这一脱离实际,只追求新奇、令人震惊的说教,误人至深,是极其错误的。无论是从科学还是从常识的角度,都没有能够证明旧石器时代或新石器时代的人类距今已有 8 万多年的历史。

虽然我们坚信人类具有相当久远的历史,但是我们还没有证据证明这就是事实,这需相当长的时间才能确定和证明。时至今日,我们还没证据证明 15000 年至 25000 多年前就已经出现了人类。

地质学不需要数学做基础,与其精确地计算其年份,不如根据地表的变动,推演出年代的久远。地理学告诉我们,在那个时期,欧洲大陆与今天相比,它的海拔更高;整个北海,包括苏格兰和丹麦之间的海域,海水深度也不超过 50 英寻①或 300 英尺;爱尔兰海水深不超过 60 英寻;如今的大不列颠群岛在那时不仅是一个整体,而且与欧洲大陆相连,紧挨着如今的法国和德国。

据地质学家的观点:那时的泰晤士河和英格兰的一些河流都是一条大河的支流,而莱茵河是另一条支流,这条大河由南向北流经欧洲大陆。今天看,估计早已消失于北冰洋中法罗群岛和冰岛之间的某个地方了。据称,通过北海图表上的水深点,我们依然能够清楚地找到这条大河的位置。此时,我们大陆的西部边缘是由一条 100 英寻线标出的,这条线在海图上距爱尔兰和苏格兰约 200 英里②的地方可以看到。向南看,西班牙与非洲大陆在那时是相连的,加那利群岛和亚速尔群岛也是大陆的组成部分,海洋也能流经如今的撒哈拉沙漠地区。豪沃斯先生曾指出,法国地质学家曾在撒哈拉一块古老的土地上,发现了旧石器时代的火镰石。

---

① 英寻:英美制计量水深的单位,1 英寻合 1.828 米。——译者注
② 英里:英美制长度单位,1 英里合 1.6093 千米。——译者注

说到英国南部的变化，埃文斯先生说："要是有人站在伯恩茅斯高耸的悬崖边上俯视现在的海面，和尼德尔斯于巴拉德连接线内广阔的海域，便能理解那个时代距今多么久远，想想那时的海湾还是一片广袤干涸的南部高地（高于海平面600英尺），曾是原始人类眼中的景观，如今却被海水淹没，也才有了今日的索伦特海峡。原始人类曾经经常去的那条古老的河流，现如今却埋藏着他们数不尽的工艺品。沧海桑田，这确实是值得纪念的。"

对于新近阶段一些有趣的问题，地质学界是有争议的，比如英格兰南部泰晤士河的河底独特的"漂流沉积物"（drift de-posits）的本质与起源等，但是最能引起大家话题的，应该是对"水砾泥"问题的讨论。"水砾泥"是冰川时期（Glacial period）的沉积物，它的形成主要是冰川的作用，同时它还代表了冰川期之前的土壤。这又是一个有待解决的问题。

回到当前，我们会发现一个问题：旧石器时代海拔较高的河砾石形成于什么时候？关于这个问题，记载的文献很多，描述也细致科学。限于篇幅，要在本书中讨论这个话题是不可能的。要讨论的话，我们需要在读者面前陈列大量从采石场中收集来的细致材料，有的可能复杂难懂。看到这样晦涩难懂的内容，想必读者会很快放下手中的书，不想继续看下去了。

高原沉积物的起源也是一个难题，需要论述太多的内容。那么，我们唯一能做的只有将现有的证据呈现给读者，引领读者走向正确的方向。所以说，地质学家要想在这些难题上做出正确的判断，就必须进行细致的调查研究，收集足够的证据。就像一场耗时、复杂的判案过程，需要针对案件双方所有的事实进行听证、陈述、取证一样。对于眼前的问题，先不考虑教科书中的内容。近几年，已经有很多人，包括很多著名的地质学家，如普莱斯特维奇先生都转向了这种观

点——掺杂着旧石器时代原始人类工具的古老的河砾石，是受泰晤士河等水流作用的影响，在冰川时期后期形成的。"扭曲洋流"似乎证明了浮冰的作用，从已经灭绝的哺乳动物的骨骼牙齿中，可以找到证据证明这个观点。正如许多地质学书籍经常阐述的：它们看起来并不是来自冰川时期后期，但是我们在接下来的章节中会继续讨论这个话题①。

不幸的是，这些证据具有高度的专业性，甚至牵涉到一些其他的原因，我们只能简单地提及一下最近在肯特高原的发现：有人在肯特高原海拔较高的石灰岩地区，发现了原始人类留下的生火工具，这些工具对于研究当时原始人类的活动轨迹具有相当高的价值。普莱斯特维奇先生②对这一发现，做了充分报道。如果他的报道属实，那么，就会将原始人类诞生的时间，推向一个比现今发现更早的阶段，进一步拓展人类存在的时长。当然，对于这样的观点，普莱斯特维奇先生十分谨慎小心，在事实没有完全明确、准确定性之前，他不会冒失地发表任何个人观点。不过，哈里森（Harrison）先生等人通过分析发现，原始人类使用过的工具多发现于地表。它们出自高原，大多被高原独特的冰碛所覆盖。1894年，在地下大约5～6英尺深的地方，考古学家发现了这样一些生火用的工具。但到目前为止，地质学上还

---

① 读者们可以参考这些作品：《人类的古老性》，莱伊尔先生；《寻找洞穴》(*Cave Hunting*)和《英国的早期人类》(*Early Man in Britain*)，博伊德·道金斯（Boyd Dawkins）教授；《史前时期》(*Prehistoric Times*)，约翰·卢波克先生；《史前的欧洲》和《伟大的冰川时期》(*The Great Ice Age*)，詹姆斯·盖基教授；《长毛象和大洪水》(*Mammoth and the Flood*)和《冰川噩梦和大洪水》(*The Glacial Nightmare and the Flood*)，亨利·豪沃思先生；《地质学杂志》(*Geological Magazine*)上亨利·豪沃思先生发表的论文；《地质协会季刊》(*Quarterly Journal Geological Society*)。

② 当我们为了出版正在修订书中内容时，悲痛地获悉普莱斯特维奇先生去世的消息。普莱斯特维奇先生是一位伟大的地质学家，所有了解他的人都爱他、尊敬他。

没有充足的证据证明这一点属实①。

前面我们谈及的,旧石器时代的人类曾生活在冰川时期的晚期。在这里,我们有必要对这个说法做进一步解释:如果人类在冰川时期的前期就已经出现,那么这个结论在今天的地质界依然被看作一种疯狂的臆想。

按照普莱斯特维奇先生所言,这些原始人类的工具都是从南到北,随着某些漂流物质被带到如今的高原上。那么,它们又是从哪里来的呢?在这里,普莱斯特维奇先生的解释听起来十分大胆:他坚信那些原始人类的工具,是来自今天的"威尔登中心地区"某处已经消失的高地;消失的原因是众所周知的河流或雨水的长年侵蚀作用。这些古老的高地如今可能变成了2000~3000英尺高的小山。就普莱斯特维奇先生本人而言,他在地质学领域有着很高的权威性,被誉为英国当代地质学的内斯特(Nestor)。难怪学习这一课题的人,都会怀疑那些已经去世教授们理论的正确与否,而对于普莱斯特维奇先生的结论,他们却像久渴的大地盼春雨那样地期盼着。

由于石器制作的简单粗糙,形状怪异,很多地质学家都不以为意,如埃文斯、豪沃斯等人,他们都否认这些石器是原始人类使用过的工具。不过,从普莱斯特维奇先生出版的《地质学论文集(关于存有争议的问题)》一书来看,其中列举了很多这样的石器样本,明眼人都能看出,这些石器图样都是作者精挑细选出来的。从这些石器的撞击、摩擦等情况看,如果不是被当作工具使用过,它们的外形是绝

---

① 与后面的章节——"人类的古老性"中处理这个主题相比,我们在当前的章节处理这个主题更加合适,因为这个问题从与高原漂流相关,变成了与普通的河漂流相关。读者要想获得更多的信息,可以参考以下书籍:《地质协会季刊》,1889年,第126页和第270页,1891年;《人类学研究所刊物》(*Journal Authropological Institute*),第246页,1892年;《地质学论文集(关于存有争议的问题)》(*Collected Papers on Controuersial Questions in Geology*),普莱斯特维奇,1895年;《自然科学》(*Natural Science*),1895年4月和10月。

不会如此平滑齐整的。这些石器工具在岁月的侵蚀中已经破损严重，很明显，它们是通过漂流被带到这里的。在一些山谷的砾石中，人们只发现了极少数这样的石器①。

这些石器体积较小，长度多在 2～3 英寸②，握在手中比较方便。从整体上看，它们与旧石器时代原始人类使用的工具不同，就像旧石器时代，人们所用的工具与新石器时代，或石器时代晚期使用的工具不同一样。倘若只通过工具制作的粗细，就判断其年代是否久远，未免有些草率。在这里，我们需要结合其他相关证据，来判断它具体有多重要：原始人类制造这些石质工具，大多是用来打断所获猎物的骨头并获得骨髓，或者是用来处理动物的皮毛、剔骨或者是砍树用。但是，在这些山谷中，我们却很少发现用这些河砾石制作的石斧。那么，这些石斧又是从哪里来的呢？原因只有一个，那就是从别处漂流到这些地区的。从这些收获的石器中，有些是被劈开的鹅卵石，鹅卵石边缘还有缺口，看来是用于切刮的。索尔兹伯里市③的布莱克莫尔博士（Blackmore）讲，如今在美国的印第安人中，许多人依然在使用这种方法制作刮刀。他们将挑选出的鹅卵石，劈开修整，最后制成刮刀。

另外，关于人类残骸的重大发现，是 1886 年在比利时的斯拜（Spy）发现的。那是一男一女的骸骨，发现于山洞旁边的一座平台

---

① 假如这些石器最终被证实不属于高原漂流物，笔者认为或许它们属于史前人类中一个人数较少的种族，山谷中气候温暖、土壤肥沃，他们想在山谷中生存定居，就要打败原有居民，为取得胜利便制造出了这些工具。当然这是一个缓慢的过程，可能发生了多次。在英国，我们确实在山上发现了凯尔特人的痕迹。

② 英美制长度单位，1 英寸约合 0.0254 米。——译者注

③ 若到索尔兹伯里市游玩，千万不要忘记去布莱克莫尔博物馆，那里有炫彩夺目且独一无二的收藏品。经过精心安排，原始人类的打火石、石制武器等与世界各地的现代土著人的武器放到了一起，通过比较观察，人们能更好地理解。还有，不要忘记去参观柏林、哥本哈根、慕尼黑、圣日耳曼的著名博物馆。

上，它与象牙碎片、碎小的火镰和一些箭头，一起嵌于坚硬的角砾岩中。这两具骸骨看起来未被动过，死者面容看上去很安详。对于这一发现，人们没有质疑，因为所有的权威人士都认为，这些骸骨距今非常遥远，应该来自于冰川时期，因为它们与一些已经灭绝的哺乳动物几乎属同一地层，只是人类的骸骨略微靠上一些。这些灭绝的哺乳动物包括长毛象、犀牛、洞熊、鬣狗、驯鹿等①。

说到斯拜出土的残骸，已故的赫胥黎教授曾说："这些骨骼的解剖特征证实了这样的结论——解剖的结果不符合逝者的外观。这些逝者，虽然身材矮小，但体格健壮，他们的大腿骨弯曲得厉害，不过看上去强壮有力。通过这些腿骨，可以看到末端较为独特，通过推断，他们有可能是用弯曲的膝盖在走路。他们的头骨细长而有凹陷，下方眉骨坚实突起，下颚深而坚硬，看来和高级人类是不相同的。他们下巴向外凸出，所以牙齿也向下或向后倾斜着。通过对这些斯拜骸骨的分析，人们得知他们就是'尼安德特人'留下的，这也证明了原始人类为适应自然，他们的身体在发育构造上，吸纳了一种与自然相向而行的生长方式，从而达到了与自然和谐共生的目的。"

值得一提的是，赫胥黎教授在他的另外一篇文章中也谈到了斯拜骸骨。他说："撇开所有的限制，斯拜骸骨至少让我们对人类的进化速度有了粗略的了解——进化是在缓慢中完成的。有些博物学者不知出于何种考虑，将一些原始人类称为智人。如果这些骸骨不属于智人，那我们便可以推测出：这种具有斯拜骸骨特征的人，应该生活于上新世，或是中新世。通过对原始人类骨骼特征的研究，我不知

---

① 在古老的河砾石中，我们并未发现人类的骸骨，乍一看，这一情况还是十分引人注意的。莱伊尔指出，曾居住于索姆河和泰晤士河河谷的原始人十分谨慎、有远见，所以并没有被洪水淹没。而那些不小心的大象或犀牛等动物就被洪水淹死了。然而，这种想法还有待商榷，因为动物从来都是以警觉著称。而且，人类即使被淹死于河谷中，残骸保留下来的几率也不大。

道是否就此可以推断出上新世或中新世的原始人类足够聪明,聪明到可以开口讲话。通过与今天的狗或猿猴相比,这些原始人类是否具有更高的智慧,他们是否符合'理性动物'这个标准。"

具有斯拜骸骨特征的原始人类,他们生存的时期还有待进一步考证,目前有学者正考虑将他们划归到漂流人时期(the period of the River—drift man)的原始人类。不过,若仅仅从解剖特征去判断他们所处的年代,可能会被误导,从而将他们归到上新世这样久远的时期。正因为这个原因,我们才对上新世人类的特点进行了细致入微的研究,力避先人为主,被不成熟的推断牵着鼻子走。近年来,我们在对中新世和上新世原始人类残骸的研究中取得了一些新发现,这些发现让整个地质界为之振奋。它的出现,推翻了以前所有的结论,当新的结论出现后,人们甚至怀疑这不是真的,是一种完全被颠倒了的事实。

在这里,河砾石不是保存人类残骸的有效材料,为了能将这些嵌于河砾石中的人类残骸进行抢救性保护,过去的几年中,地质学家展开了仔细的搜寻,但收获不多。仅就现今从河砾石中发现人类残骸,不足以证明它就是旧石器时代的人类残骸。不过,最近在诺思弗利特(Northfleet)的佳丽山地区(Galley Hill)发现的人类残骸,几乎同时满足了解剖学和地质学两派所需的全部条件。

在佳丽山地区发现的一具人体残骸,几乎完整地保留了人体的各部骨骼,它包括:人体头盖骨、部分下颌、一些臼齿、大腿腿骨、部分锁骨、肱骨、臂骨、一些骨盆和骶骨碎片,还有部分肋骨。这一切给人惊喜的背后,都充分证明了他们生活年代的久远。这具骸骨发现于

1888年，高于泰晤士河河面90英尺的砾石①中。同时，在发现这具完整人体残骸的砾石中，还发现了旧石器时代的火镰。在同一海拔高度附近，还发现了与原始人生活在同一时期的哺乳动物残骸。

在这里，作者有幸在地质协会（Geological Society）读到了由埃德温·塔利·牛顿（Edwin Tulley Newton）撰写的论文。牛顿先生是地质调查局（Geological Survey）的古生物学家，他在论文中细致讲述了那次发现：这具残骸的头骨细长，眉骨结实强壮，下颌明显向前突出，就像现代的土著人。人们将它与著名的斯拜骸骨、尼安德特人骸骨、诺利特洞穴人（Naulette）骸骨样本进行对比，又从各自的特征方面进行对比研究，最后得出结论：它们同属于旧石器时代。

在读完牛顿先生的论文之后，一场激烈的讨论随即展开，埃文斯先生和威廉·博伊德·道金斯（William Boyd Dawkins）等权威人士都参与了这场讨论，由此产生了许多不同的观点。确实遗憾的是：现有的证据并未使两位专家信服，他们对佳丽山骸骨属于漂流人时期的论断持怀疑态度。不过，也有人坚持这样的观点，作者本人也抱着这种态度。埃利奥特先生（Elliot）发现了这些骸骨残片，与他意见相反的人坚持认为，根据葬礼形式推断，这些骸骨残片的原始人应该生活在新石器时代。

这个问题还一直存在着争议，但是我们不应该怀疑报道这些事件的人，还有那些亲自参与了骸骨残片发掘者的述说：从遗址上的砾石、土壤来看，以前从未有人动过这些骸骨残片。要想推翻这个说法，除非有铁的证据证明它们曾被人动过，否则没人会相信的。地质学家和人类学家，经过长时间的考察研究之后，终于证明了这些原始

----

① 佳丽山残骸发现于砾石中的粉质粘土层，与砾石相比，粘土不易透水，因此骸骨能保存下来。

人类骸骨残片,他们是不知时代的人类祖先,曾在英国这片土地上与长毛象、披毛犀、洞熊、穴狮、鬣狗等动物一同生存。在冰川时期,他们繁衍生息,一度欣欣向荣,不过那时的英国与今天的英国大不相同,那时的英国还没有英吉利海峡①。

另外,值得一提的是,沃辛顿先生发现的骸骨残片,它的重要性仅次于佳丽山发现骸骨残片。沃辛顿先生是个热衷于收藏火镰石器的人,而普里格先生(H. Prigg)曾在萨福克郡(Suffolk)韦斯特利市的一处制砖黏土中,偶然发现了一些人类的颅骨碎片,沃辛顿先生也是巧遇了普里格先生后,从他那里知道了这些人类残骸碎片。沃辛顿先生认为,这是毫无争议的一块原始人类骸骨。普里格先生说,这块头骨碎片的年代非常久远,因为掩埋它的红土是在南边挖掘出朱雀鸟之前,河水冲击多年后沉积下来的。他发现于一个叫作"口袋"的地方,那是石灰岩受侵蚀后留下的小坑。在它旁边的"口袋"中又陆续发现了长毛象牙齿、旧石器时代的石器。在出土过程中,一系列这样的小坑被工人们打开。其中一个工人讲:30年以前,他就在距地表约8英尺深的坑里发现过完整的人类骨骼!这些珍贵的发现,就是因为人们不懂它的重大科学价值而丢掉了。不过,这次的发现巩固了我们对佳丽山人类骸骨的认识。我们相信,随着越来越多关于人类骸骨的发现,人们期待了解自己祖先的心愿会越来越强烈,也就会更加珍视这些出土的人类骸骨。因为通过它们,能直接了解到旧石器时代的人们,看到我们祖先生活活动的轨迹。

近年来,沃辛顿先生不辞辛苦,不断收集火镰石器,学习有关火

---

① 我们应该记住,这些骸骨被发现于地下8英尺深的地方,这显然不是上文中所说的新石器时代的葬礼形式。虽然我们也不是很确定,但是出土的地方确实没有坟堆的迹象(参见第九章),例如首领或是英雄长眠之地的标志。若是毫无建树的普通人也不可能葬在地下这样深的地方,原始人类自然也不可能是出于卫生方面的考虑。

镰石器的知识，为我们研究漂流时期的人类及其生活，提供了许多有价值的第一手资料。沃辛顿先生和斯博雷尔先生（Spurrell）对原始人类的生活轨迹研究从未间断过。在研究过程中，他们发现了一些古老的遗址，于是他们就搬到那儿生活了一段时间，并模仿原始人类的生活，制作石器，捕猎野兽，穿野兽的毛皮，就像今天生活在澳大利亚丛林的居民或是其他土著人。他们建造了简单的草屋、帐篷，或者在大自然中寻求住处，晚上就在里面安睡。他们把这些古老的遗址称作"旧石器时代的窝"（Paleolithic floors）。

无疑，这些遗址如今已被风沙、岁月掩埋，其中有一处位于赫特福德郡（Hertfordshire）的卡丁顿（Caddington）。卡丁顿在伦敦市北30英里处，挨着卢顿市。在那里，沃辛顿先生发现了几小堆燧石，这些应该是原始人类从周围土地上收集、堆放在一起的，用于制造工具的。其中有些直径可达9英尺，其余的就略小一些。在它们周围，散落着数不清的石片、石块、石锥等物。石片是原始人类用石锥从石块上敲击所得，与在河砾石中发现的石器相比，这些石器尺寸都比较小（若能搞清楚其中的原因，我们或许能发现其中隐藏的重大意义）。另外，这些石器与在多尔多涅省（Dordogne）的莫斯特（Moustier）出土的石器十分相似，这意味着使用这些石器的原始人类，很有可能与非洲中部的俾格米人有着某种宗亲关系，因为他们的身材一样矮小，属于矮小人种。在这些发现的石器中，一些刮刀制作精良，它们与旧石器时代晚期和新石器时代初期是区分不开的。同时，人们在伦敦东北部也发现了这样类似的"窝"，窝里面残存的石器也同样是这个样子的[①]。

---

① 在大英博物馆（人类学画廊）中，我们能看到这种"窝"的一部分，还有一些长毛象的肩骨、贝壳、打火石器。

在英国的斯托克—纽因顿—康芒地区（Stoke Newington Common），海拔90英尺的地方，沃辛顿先生还发现了埋藏在沙土之下4~5英尺的"窝"，这个窝位于老泰晤士河河砾之上。关于祖先们在这里生活的场景，地质学上有这样一段精彩的描述：这里经常洪水泛滥，洪水夹杂着泥沙汹涌而来的时候，祖先们远远地躲着，洪水过后，他们又回到了这片熟悉的土地。洪水可以夺走他们的住所，但是夺不走他们坚强的心。洪水过后，他们又会在这片土地上建起冲毁的家园，开始新的生活。

关于这些遗址，还有一个非常重要的事实，人们发现在这些遗址的制砖粘土层上，覆盖着所谓的"扭曲漂流"。实际上，在某些力的作用下，"扭曲漂流"会打乱粘土层，让其流泻到粘土层外围。可是，眼前的事实告诉我们，洪水过后留下的沉淀物自然平整，并没有被扭曲的痕迹。由此推断，这里蕴藏着一个很重要的地质现象，它对我们研究这一时期的气候条件有很大的帮助。扭曲的砾石指明了冰的存在，冰在前进过程中，将河道里沉积下来的砾石、沙土向前推移，并打乱它们。沃辛顿先生认为："上层砾石起伏扭曲的状况表明，这些砾石是被移动的冰或冰冻泥从北方带过来的，并被遗留在了此地。显然，这些被夹杂在上层砾石中磨白的石器和石片，也被缓慢移动的半冻泥从北方古老的地表带到南方。"在这里，不论这样的解释是否贴切，但有一点是可以确定的，那就是这里曾经存在过浮冰。然而，一些地质学家却不这么认为。豪沃思先生认为，波涛汹涌的水流也会造成砾石的扭曲，他写道："我在这里根本没有看到任何冰川作用的迹象。"

在前面，我们已经阐述了在古老"窝"中发现的尺寸各异的石器，这里有必要对这些石器的分层情况作进一步说明。根据沃辛顿先生的解说，在河床下层的砾石中还发现了一套石器。根据这套石器的情况和样式,我们可以推断它所处的年代更加久远。它们总体尺寸较大、未经过二次打磨,在略低的地方还发现了较为完整的刮刀。另外,在深度约为30英尺的地方,人们还发现了另一套石器,这套石器制作粗糙,显得十分陈旧,石器上面还有大面积的铁矿砂覆盖。在这套石器中,我们并未发现刮刀或是其他工具。为此,有人推断,使用这些石器的土著人,他们定是生活于泰晤士河谷沉积物形成之前,那时的人们还不懂得鸟兽的毛皮可以用来御寒。

在"扭曲漂流"现象中,也经常能看到被水冲蚀的石器。但是,沃辛顿先生的调查显示:旧石器时代的原始人类,在"扭曲漂流"到来之前就已经离开了这里。不过,这一论断是建立在反推论基础之上的,不能作为最终的结论。

通过观察这些出土的石器,我们收集了一些漂流人时期的原始人类的石器材料,目的是想了解他们是如何制造石器的。这方面,沃辛顿先生的文章写得生动有趣。读他的文章的读者,不难从书中找到关于石器、砧骨等物的细致描述:石块是石片的原材料,要想在这里找到石块并不困难。沃辛顿先生在古老的遗址上,发现了大量这样的石块,有时也能找到从石块上敲击下来的石片,每一块石片都能在石块上找到对应的位置!我们能在位于克伦威尔路上的一家自然历史博物馆(第一展厅,地质收藏品)里,看到这样的石块,它们和原始人类的骸骨放在一起。这些石片或许是从石英岩,或是材质较硬的火镰石上敲击下来的。

另外,我们还在这些石器中发现了石砧板(敲击石片时,将石块至于砧板之上)。这些砧板体型较大,经验丰富的人能从敲击的痕迹中将砧板认出来。

沃辛顿先生还发现了一些木棍,这些木棍已被原始人类削尖,看来是用于挖坑使用的。还发现一些用来串成项链式的石珠。事实

上，它们是小海绵化石，中间有天然形成的孔洞。

下面，我们从沃辛顿先生《人类，原始时代的土著人》(Man, The Primeval Savage)一书中，先来体味一下，看看他是如何活灵活现地为我们展现出原始时期动物们的生动场景的：

"在石器旁边，我们发现了一些动物的骨骼化石，这些化石证明了这些动物曾是人类的朋友，它们是：河马、长毛象、大象、犀牛、狮子、野猫、熊、鬣狗、野牛、野马等。那时的野马身上或许还有模糊的条纹，就像今天的斑马；那时河马能随着河流到达今天的泰晤士河，或者是从广袤的非洲大陆去到海边；野公牛不是食肉动物，人们不必害怕它，但是，老野公牛有时会攻击人类。与野公牛相比，长毛象的毛发旺盛；大象长有长牙，人类要捕到它，可是一件令人苦恼的事情。毫无疑问，犀牛是一种危险的动物，没有人敢直面挑战它。人类，包括动物中的马、牛、鹿等，都会对犀牛这个家族避而远之。可以想象，那时的男人、女人、小孩还有动物，可能经常被出没的犀牛攻击、猎杀。当然，还有可怕的狮子、凶残的野猫，它们身形敏捷、无声无息，指不定人什么时候就遭到它们的攻击。显而易见，这些猛兽的身影已经在原始人类内心留下了阴影。日常出没的熊，离开洞穴后会攻击野马、野牛、鹿。这种残忍强壮的动物当然有时也会攻击人类，就连胆小猥琐、生性凶残的鬣狗，也会群起围捕猎杀男人、女人、小孩，以及动物中的野马、野牛。在锁定猎物时，它们会先隐藏起来，寻找时机，或者在晚上乘人不备，叼走、杀死人类。那些饥肠辘辘、成群结队的狼，有时会选择弱势的人群，如老人、女人、孩子下手。生活于丛林中的还有狐狸，它们与同住丛林的牝鹿、红鹿、驯鹿，体型庞大的爱尔兰麋鹿，猿猴一起生存于丛林之中，而鼹鼠、海狸、水獭这样的动物却时常出没于水里①。"

"人类经历不断地进化演变,已经从原来的动物行列,一跃成为了食物链王国顶端的王者;脱离了动物,也就慢慢淡化了对动物的兴趣。那么,最早的土著人又是什么样子的呢?这里,我们来假设一个场景:夜晚时分,在黑幕的掩映下,我们来到了原始土著人经常出没的地方。夜间各种奇怪的声音窸窸窣窣,听来让人害怕、让人胆战心惊。当一群河马穿过泰晤士河和利河(Lea),或者穿过河岸的蕨草丛、灌木丛时,我们会听到它们可怕的哼叫声、风的呼啸声,还有溅起的水声。我们还会听到大象和牛的哞叫声、犀牛的咕哝哼叫声,狮子的狂吼声、野猫与鬣狗的哀叫声,熊的咆哮声、狼的呼嚎声、野马的嘶鸣声、猿的啼鸣声、驯鹿与狐狸的各种怪叫声。"

下面的一则,描述的是那时的男人和女人日常生活的一个片段。这个片段画面感十足,具有很强的想象力和语言的感召力,十分有趣。但是在我看来,它似乎有失公允:人类能制造工具,穿戴着自己精心编制的各种饰物,同样也具有十足的语言天赋,一些人类学家甚至认为,塔斯马尼亚岛的土著居民,更可以作为旧石器时代人类的代表。为此,沃辛顿先生补充道:

"是的,在所有我们听到的、感兴趣的声音中,没有一个声音能和人类的声音相比。那时候,人类或许还不能发出具体的声音,只能学着鸟一样的动物叽叽喳喳地叫。在这些声音中,有感到疼痛时的尖叫,甚至呻吟;有受到惊吓时的惊叫,愤怒时的吼叫;欢喜时开心的笑,争吵时的大叫,也有咳嗽时发出的咳破嗓子那样的声音;但就是没有听到能够准确表达害怕、憎恨或爱慕时的音节。"

---

① 这些动物或许不是全年生活在一个地区。有的动物可能更喜欢夏季的炎热,有的动物可能更喜欢冬季的寒冷。

"如果我们想象着将黑幕撤去,我们就会看到原始人类中有男人,有女人,他们手持骨头或是石器,有的站着,有的蜷缩在篝火旁,或者是大火堆旁围着数个小火堆,将人类包围起来。原始人类用打火石摩擦出火星,引燃干草,点起火堆。我们还可以看到,其中一些人把蕨草、树枝、木头等投入火中。应该干什么的都有:有的坐着或躺在树枝或石头搭建的洞穴中;有的在草丛、歪倒的树干或天然形成的土坝下面休息。你或许还会看到:毛发旺盛的孩子们蹦蹦跳跳,小一些的不能站立,只能手脚并用地在地上爬来爬去;骨头到处都是,有些还附着腐烂的肉。"

"那时的人类与今天的人类相比,无论是男人、女人还是小孩,各个方面都大不相同。原始人类个子矮小,肚大如鼓,后背宽阔,身体微微向前弯曲,小腿很细。当然,女人更要比男人矮很多,她们在青少年时期就开始繁育后代,故而生长发育早早就结束了。"

"当然,那时的人们,大多数人是赤身裸体[①]的,不论男人女人还是孩子都一样,但也有少数人穿着从动物身上剥下来的毛皮。比起现在的人类,原始人类毛发更加旺盛,尤其是男性老人和小孩。在这方面,他们和如今生活在日本群岛北部的阿伊努人十分相似[②]。原始人类毛发很长,直而不卷,毛发呈栗红色,肤色为古铜色,头长且平。他们的这些特点可能有点儿不讨人喜欢:他们前额凹陷,红色眉毛长且浓密,能遮住下方的眼睛。原始人类脸部的不同范围,长有不同的毛发,这一点跟今天的人类相同。不同的是,那时许多女人也长有不同形状的胡须。原始人类的鼻子大且平,鼻孔也大。牙齿有点儿突

---

① 文中说"几乎所有人都赤身裸体",许多人质疑这种说法,因此还不能确定。
② 在下面的章节中,我们会讲到旧石器时代穴居人类的雕刻画。这些雕刻画在某种程度上证实了这一说法。参见《人类学》(*L'Anthropologie*),第六册,第二版(1895年),图版五,第四小图。

出，就像动物的口鼻一样，下颌大且有力，下巴略短且靠后。那时的人类交流，是通过声音和手势进行的，还没有形成自己真正的语言。在交流过程中，他们会发出吱吱、叽叽喳喳这类的声音，或号叫，或大喊，或一些单音节的噼啪声，甚至一些滑稽的喊叫（不是真正意义上的笑声），或声音洪亮的尖叫。他们也会通过某些身体语言来表达自己的思想，比如眨眼睛、张嘴、扮鬼脸，或晃动胳膊、腿等。他们发出的声音以及做出的肢体语言，足够表达他们的想法。"

如果提及旧石器时代人类的道德水平以及精神境界，我们总是把他们和今天生活在澳大利亚塔斯马尼亚岛和新西兰的土著居民进行对比。原因是，至今那里人的文明程度依然很低。但是，正如本杰明·基德先生（Benjamin Kidd）在他的《社会进化》（*Social Evolution*）一书中所说的：我们对"高贵的土著人"的评价常常有失公允，这是我们过度吹嘘自身智力水平的结果。不要忘记，较之前，如今的国家更加发达，社会更加文明，物质财富更加丰富，人民更加自由，这是人类多少个世纪不断努力奋斗的结果。我们将今天享用的东西归功于自身，但不要忘了，这是数代人劳动奋斗的结果，才有今天文明的社会。我们的铁路、蒸汽机、工厂、电动机，还有19世纪的所有产品，绝不是一个人的成就，而是许多人站在前人的肩膀上研究、奋斗才有的结果。正如一些人认为的，詹姆斯·瓦特（James Watt）并不是蒸汽机的发明者，他只是改进了纽科门（Newcomen）等人的作品；达尔文也并不是进化论思想的原创者，比他早了几个世纪的古希腊哲学家们其实早就有这种思想。达尔文真正思想归于研究方面的，其实是受他祖父推测论思想的吸引，从那以后他便开始了这一专题研究。其实，达尔文的祖父曾写过一本叫作《植物园》（*The Botanic Garden*）的书，这是一本充满梦幻色彩的有趣的书。爱迪生（Edison）可能并不是电灯的最初发明者，我们同样认为，他的研究成果同样是

基于其他人思想和研究才获得的成果。因此,我们不能忽略这个十分重要的事实,即便我们的社会长期处于稳定发展的阶段,这是大势所趋。但是,我们的朋友——土著人,他们的情况则是完全不同的。他们祖先的思想并未被记录下来,他们也没有任何通信手段、交通工具,他们未受过任何教育,只能通过直接观察自然自学知识。在这里,我们应该认识到:他们是从开始的地方开始,而我们则是从他们结束的地方起步的。

  我们能获得大量前人积累的知识与经验,这是传承的结果。但有的人却断章取义,用狭隘的眼光去分析看待今天与过去,于是便有了自吹自擂的结论:认为自己比经常接触的所谓低等种族的人智商要高。而那些土著人,他们至今"接触欧洲文明很少,数量也在慢慢消减",但他们的智商却从未有过任何低下的表现,与盛行的说法并不相符。新西兰的毛利人与社会化程度更高的现代人接触之前,他们种族的数量就在缓慢消减,但是他们学习欧洲知识或掌握各个领域的技巧能力却并不差,他们也没有任何智力低下的表现。虽然在近50年中,他们已由原来的8万人锐减到今天的4万人。乃至这个数量还在不断缩减,但是,从最近新西兰关于殖民地情况的登记报告显示来看,土著人在精神和身体方面都很发达,他们学习、掌握文明社会的方法、技能显得并不困难。就人格品质而言,我们不能简单地将他们视作下等种族。在英国上下议院中,原来是土著居民身份的议院成员,他们的思维敏捷超群、口才卓越,尤其是关涉到毛利人的利益时,他们会显现出自己的雄才大略,口才的卓尔不凡……甚至,当我们讨论的一些热门理论在遇到分歧、产生歧义的时候,这些澳洲

（澳大利亚）土著居民①也会为我们提供相应证明事实的依据。然而，在文明社会里，他们智力水平却被置于人类社会的末端，被公认为智力低下、智力几乎为零。不过，在人类学家、人种学者眼里，文明的人类社会，一开始的时候，智力水平也是从零开始的，后来在不断的学习、摸索中才逐渐得以提高到今天这个地步。

另外，人们还普遍认为，土著居民的语言表达能力很低。就拿那位被人轻视的议员举例，如果他用本族语言说话，估计他说不出超过三个字的话。高尔顿先生还曾轻蔑地将达马拉人（Damara）与自家的狗做了对比研究。人们普遍认为这位议员的语言表达能力还不及达马拉人。然而，就是这样的一个人，在众人的视线之下却向我们展现了他非凡的思维能力和才干。因此，在当前错误理论的指导下，认为他与文明人之间存在巨大的精神鸿沟的思想，我们真应该好好检讨一下自己了。比如，当人们得知，在澳洲殖民公立学校学习的土著儿童，他们学东西快、接受能力强，远远超过当地儿童时，许多人惊讶了！不可思议了。最近有报道：在维多利亚的瑞马河彦（Remahyack）一所土著居民学校，那里的孩子成绩连续三年位列榜首，超过了殖民地上所有其他公立学校，获得了100%的合格率。同样的现象也曾出现在美国，在美国的公立小学，黑人小孩与白人小孩基础基本相同，一同上课，而黑人小孩并未有任何智能低下的表现，他们与白人小孩学习相同的科目，也能取得很好的成绩。尽管他们有这样那样的缺点，但都不是智力上的问题，而是因为他们缺乏坚韧不拔、坚持不懈的思想品质。因此，正如我们在德国看到的，人只要对某件事坚持不懈、持之以恒，他同样能取得好成绩，收获理想的种子。

---

① 澳大利亚的土著居民：澳大利亚的土著居民至今还未灭绝，但是塔斯马尼亚岛的土著居民实际上已经灭绝了，因为只剩下最后一位年长的女士，依靠塔斯马尼亚岛的议会发放抚恤金生活。

第二章　古老的穴居人类

有什么样的需求，就会产生什么样的发明。这是古老穴居人迈向或接近文明的标志。

——译者

早期的人类社会，洞穴作为庇护人的住所，一直披着神秘的面纱，给人敬畏、留人遐想。所以，当你发现一些有关洞穴的神话传说时，不要惊奇，不要诧异，这些神秘的洞穴，对于研究民俗的学生来说，是最好的第一手材料，因为它丰富而充实。

在古希腊，人们眼里的洞穴是神秘的、神圣的。他们有时觉得洞穴就代表了神，代表了神的意志，从那里，有时甚至能得到神的谕旨，例如在特尔斐(Delphi)和科林斯(Corinth)的两处洞穴。在法国和德国，我们甚至发现当地人将洞穴看作是精灵、龙，乃至恶魔的府邸。正因为洞穴的深广、没有止境，人们自然想到了它可能通向冥界。有人认为，冥河便是流经一系列山洞，最终流向地狱的。

早期人类社会许多关于巨人与龙的传说，可能就来源于人们对洞穴中长毛象、犀牛和其他大型动物的肢骨、零碎骨头碎片的发现。由于认知的浅薄，人们便臆想推论出人类遭怪物残忍吃掉后留下了这些残骨碎片。中世纪的苏格兰、爱尔兰、德国的人们，似乎都对小矮人、小精灵这样的生物持有坚定的敬畏之心,认为他们平时都居住在洞穴或某些"地下房子"里,只是偶尔会到地面上来看看,尤其是清晨时分。如今流传的许多神秘故事,大多是来源于这种信仰的,故事生动有趣,甚至都能被人们详尽地讲述出来。有些让人听了还会觉得是真的事实存在,根本不是人们想象编造出来的。如有些书中描写的,在某些场合下,凯尔特人会向他们的邻居小矮人借壶、盘子、碟子等物品。当然,也有一些故事描述种族之间的矛盾,包括小人族人掳走其他族女人和孩子的故事(我们会在第十章继续这个有趣的话题)。这里还讲了很久以前,在欧洲西部和北部,有一群身材矮小的原始人类,他们受到凯尔特人的攻击,节节败退,最后只能依据这些洞穴避难。当然,也有部分作者认为,这些原始人类和拉普兰人(Lapps)之间,应该有着某种分不开的联系。

另外,一些尘世高洁之人,在看透尘世纷扰、人情冷暖之后,可能对自己所生活的环境感到厌倦,于是想超凡脱俗,逃离世俗世界,于是便找洞穴隐居起来,希望在那里找到尘世中无法获得的安宁和平静。圣杰罗姆(St. Jerome)便是其中之一。

不论能否找到有文字记载或是无文字记载的古老洞穴,洞穴文明在人类历史演进中都扮演了非常重要的角色。当前,我们最熟悉的早期人类便是类人猿和穴居人。人类的第一处住所是洞穴,或许第一处坟墓也是洞穴。人们对住所地下室的设计开发,其实也是对早期穴居生活的怀念。古埃及人早期建造的岩墓会带上一个小房间,家人们能偶尔聚到一起为逝去的亲人祈福,或向神明献祭。后来,庄严神圣的圣祠取代了岩墓,但兴起不大;再后来,出现的石窟神殿又取代了圣祠。为此,我们可以通过追寻不同时期洞穴的演变,来寻找神庙建筑的发展历程,进而感悟人类建筑水平不断提高的辉煌历程。在世界各地,洞穴的存在也为那些因某事被牵连,而受到迫害

的种族和民众提供了避难和保护的场所。从这一点上看,洞穴确实承载了太多的文明,值得人们为之深究、探索,因为通过发现这些文明,我们可以了解祖先们一路走来所经历的坎坷与辉煌。

在人类学方面,洞穴也同样扮演着重要的角色。正如之前指出的那样,比利时的施梅林根据研究发现,早期的人类曾与某些已经灭绝的动物生活在同一时期。以前,这个结论还不被人接受。为了打破这个僵局,一百多年前的博物学者想出的方法,不能说幼稚,只能说他们的大胆是令人吃惊的。他们认为,无论远古时期的何种动物,它们的长相与今天的动物都大致相似。事实上,今天的人无从知晓灭绝动物长什么样子,即便是在挖出它们骸骨的地区,也无人知道。因此,那些学者认为,灭绝动物与今天存在的动物相似,这种观点确实新奇、令人震惊,甚至让人难以相信。

在《旧约》一书中,摩西在阐释世界起源的过程中,并没有提及灭绝动物的样子。因此,人们并不认同灭绝动物与今天的动物长相相似这一观点。为此,当著名的古生物学创始人乔治·居维叶(Georges Cuvier)第一次宣称在欧洲大陆的地表找到了大象以及其他大型野兽的骨化石时,人们还提醒他,这可能是罗马战争中皮拉斯(Pyrrhus)引进的意大利大象,后来这些大象被用作了参加凯旋游行,或是罗马大剧院中的比赛!但是居维叶并没有因为这个观点被打倒,他强调指出:在大不列颠岛发现的相似动物遗骸,无论出于何种目的,罗马人或是其他人都不可能引进这种动物!

博学多识的迪安·巴克兰教授(Dean Buckland)也指出,就像在欧洲大陆一样,在英国除了发现了大象骸骨外,还找到了犀牛、河马等大型动物的骸骨,即便是强大的罗马军队也无法将这些动物驯服。欧文先生(Owen)补充指出:大象的骨骼化石发现于爱尔兰地区,不过恺撒的军队也从未涉足过那里,说是罗马人引进大象的说法可以不攻自破。当然，完全否认这种说法为时尚早，或许直到今天还有人相信，将长毛象引入英国的是腓尼基人（Phoenicians）。同时被他们引进的动物还有洞狮、犀牛、河马等，用它们来参加角斗士比赛！为此，1882年，在一本名为《拥护信仰，反对无信仰》（*The Champion of the Faith against Current Infidelty*）的宗教杂志上，一位作家在谈到约克郡（York shire）维多利亚洞穴（Victoria Cave）中的发现时，竟然草率地认为：山洞中发现的骸骨是在很多年前，由古老的腓尼基矿工引入英国的。说这些矿工积极进取，将这些动物引入英国帮助他们挖矿，或是阻挡英国人的侵扰。这位作家还说：在两栖动物中，如河马，它的体型庞大，能干重活，比如挖矿、采石或是修路，让它们协助工作是很好的选择，而且好养活，主人只需夜间让它们舒适地栖于河水中便可。

　　自古以来，山洞在人们的认知里都被看作逃生避难的场所。说到山洞，读者也很容易想到大卫（David），他为了逃避扫罗的追捕，最后躲进了山洞避难。就是那些先知们在危险来临之际，也会躲到山洞中去。当年，罗马人从英国撤离后，皮克特人和苏格兰人随之而来，在危急时刻，英国的首领和贵族为躲避他们的追杀，便躲到了深山的山洞中。还有来自克罗尼市（Cluny）颇有名望的克罗尼·麦克弗森（Cluny Macpherson），他为他的"水上国王"（英国雅各比派王位继承人）倾尽所有。当查理王子登上王位，最终被英国人推翻掉了脑袋之后，克罗尼被迫躲在因弗内斯郡（Inverness shire）城堡附近的山洞中，长达七年之久，最后在法国死于流放。

　　史前人类的洞穴生活境况，被封存于洞穴土、石笋、角砾岩等物质之下。跨过历史的长河，今天当我们有幸读到他们的这些记录时，我们发现，史前人类在数不清的岁月中，带着自己所有的物品生活于洞穴、深坑或其他可以栖身的自然环境之中。眼前的境况立刻将我

们带回到了石器时代。当然,石器时代分为旧石器时代(Older or Paleolithic period)和新石器时代(Newer or Neolithic)。今天的我们,获取到新石器时代人们的相关信息,主要来自坟冢的发掘,遗迹还有洞穴的考古发现。现在,我们不去想新石器时代,先将目光投向更加久远的地方。

说起岩洞,世界上所有国家几乎都有发现。在石灰岩丰富的地区,石灰岩受到水的侵蚀,逐渐形成岩洞。石灰岩洞的形成过程容易解释:石灰岩通常是一个整体,后来因自然原因分裂开来,或是由第一次成型之后的收缩或是缺水干裂。它的裂缝都是垂直向上的,当雨水落在岩石表面,自然就会流入裂缝之中,受重力因素的影响,堆积在裂缝中的水会向下寻找"出口",慢慢地,岩石被侵蚀形成地下通道。另外,通过化学中的碳酸融合,我们也能解释这个原理。故而,不难推断,在这些岩石下面,遍布着复杂的地下通道,水流顺着这些通道就能回到地表。曾经,探险家们顺着这样的通道进入溶洞,发现了一个个新奇的世界。每个溶洞中有弯曲狭窄的通道相连,从洞顶、洞壁上延伸下的无数钟乳石,在灯光的辉映下,五彩斑斓、奇幻迷离。洞底遍布着石笋,石钟乳和石笋连接起来就形成了石柱。在这样的洞府世界,配上五颜六色的霓虹灯,会显得光彩炫目,迷人耀眼。当然,或许我们许多的读者朋友,已经目睹过这样的洞府美景了。在石灰岩里面,含有二氧化碳的水渗入石灰岩隙缝中,会溶解其中的碳酸钙,雕琢出形状怪异的奇石来。溶解了碳酸钙的水,从洞顶上滴下来时,由于水分蒸发、二氧化碳逸出,使被溶解的钙质又变成固体,由上而下逐渐增长而成,最终便形成了钟乳石。位于萨摩塞特郡(Somerset)的切德洞穴(Cox's Cavern at Chedder),还有英格尔顿(Ingleton)附近的京士顿(Kingsdale)约德斯洞穴(Yordes Cavern),都是闻名遐迩的钟乳石奇观,名动天下,每年吸引无数的观光游客驻足于此。

近年来，许多地质学家都投身到了对岩洞的研究，努力寻找着岩洞。这一领域的急先锋当数巴克兰教授，他是英国第一位研究这一地下世界的地质学家。在这样的岩洞中，巴克兰教授还发现了无人动过的灭绝动物的骸骨。他在他的《洪水余物》(Reliquiae Diluvianae，或称 Learvings of the Flood)一书中，详细地讲述了他发现的每一个洞穴，令读者心驰神往。不过，这本书的书名对现在的读者来说，可能觉得有点儿怪。但是我们要知道，在那个时代，人们信奉洪水是一场全球性的灾难，它无处不在。当然，今天的人们也期待能从不同的地方找到洪水流过的印记。从洞穴中发现的沉积物、漂流物、河砾石上，人们找到了曾有大洪水经历的证据。只不过这个观点早已被人抛弃，代之的是伟大的、亲切的巴克兰先生经典的阐释和解说。他的观点至今无人反驳，他的著作也注定将成为永恒的经典。巴克兰先生著作中的大多数内容已被证实：如果将书中的板块知识全部呈现出来，未免篇幅太大，这里我们只以其中的几个洞穴为例，如柯克代尔洞穴(Kirkdake Cavern)、肯特洞穴(Kent's Cavern)、巫奇洞(Wokey Hole)附近的骨穴(Bone Cave)和位于北威尔士的开格温洞穴(Cae Gwyn Cave)。

令人奇怪的是，尽管马克埃内里先生宣称，肯特洞穴中的原始人类曾与灭绝的哺乳动物同属一个时期，但是，巴克兰教授并不认同这样的观点。那时，几乎所有人都坚信，人类是在约 4000 年以前，被以一种"独特的方法"创造出来的。巴克兰教授是当时的威斯敏斯特教堂的会长(Dean of Westminster)，是个很有名望的人，他是所有博物学者、地质学家中研究隐藏在洞穴之下的旧石器时代的"记录"，并向世界详细地阐述这些"记录"的第一人。通常讲，洞穴中掩埋的"秘密"本该是一件让人着迷的事，本该充满着浪漫与新奇的趣事，但是，

从那些工作人员呆板、枯燥、沉闷,味同嚼蜡的工作报告中便可看出,文章死水一潭、毫无生气,想必无数的读者再没兴趣去翻看、浏览这样的文章。但事实上,不是所有人都是这样,对事件的记录毫无生气。牛津大学的巴克兰教授,在他的著作《洪水余物》一书中,就生动细致地讲述了他的发现。他的文章,读起来就像是看一本冒险小说,别致有趣,兴致盎然。巴克兰教授是第一位通过研究地下洞穴,探索原始人类秘密的人。只不过,他的继承者们都缺乏出色的文笔叙述这一事件罢了。这里值得关注的是,尽管他后来被自己的"洪积理论"(Diluvial theory)误导了,但是,他还是能够通过细致冷静的思考,周密的分析,为那时还未解决的考古上的难题提供科学的参考。如在洞穴中发现的大量骨头碎片、牙齿,到底属于何种动物,要知道那时许多的动物早已灭绝,即便有,但一些动物也早不在英国出没了。另外,巴克兰教授还清楚地证明了这些鬣狗、大象或犀牛的骸骨,不可能从现今聚居地漂流到英国的洞穴中去。为此,人们应坚决废止"洪水搬运"这一理论,重新寻找新的、可以支撑这一理论存在的依据,做进一步解释。

1821年,听说有人在约克郡的柯克代尔洞穴,找到了一些鬣狗的窝,巴克兰教授立刻从南威尔士赶了过去。他在那里收获如何呢?当然不是完美的,也不是那些所谓浸泡在水中的标本,而是一片真实的、古老鬣狗的窝,曾经有鬣狗在这里栖息、吃食。得出这样一个结论,可以说巴克兰教授是非常大胆的,因为那时的人们不敢追溯大洪水之前的原始时期,更别说,还有那时的动物与今天的动物大不相同这一说。当时,"洪水搬运"理论非常盛行,但是它在这处洞穴却变得毫无是处。因为巴克兰教授在洞穴中发现了大量啃食过的、断裂的骨头和牙齿,它们被红壤土包裹着。这种红壤土也就是今天人们所说的洞穴土。红壤土是雨水慢慢溶解石灰岩后剩下的无法溶解的残渣，而不是河水过后的沉积土。洞穴中的骨头大多杂乱地堆积着，有时也会被大量的钟乳石黏连在一起。可以想象，这是怎样的一个场景啊！这些骨头大约由200~300只鬣狗的骸骨堆积，有年幼的，也有成年的。很显然，它们来到这里定居，完全是出于自愿。年幼的鬣狗在这里出生、吃奶；成年的鬣狗外出搜寻捕猎，并带回猎物。我们不知道它们具体吃的是何种猎物，但是通过今天对鬣狗的观察了解，它们是些生性狡猾贪婪的动物，身上布满白色斑点，捕猎经验丰富，通常以野牛、野马作为它们的主要食物。

我们可以设想这样一个场景：野马、野牛等食草动物在古老的河谷中，在碧绿的草原上悠闲地觅食，可它们全然不知危险已经悄然逼近了它们。成群结队、狡猾的鬣狗慢慢围了过来，慢慢地靠近，再靠近，它们利用每个遮挡物，比如岩石、树木、灌木丛等，找准下手的机会，一旦时机成熟，它们就会朝猎物猛冲过去。可以想象，野牛、野马肯定会拼命挣扎、踢蹬、逃跑，但是，几乎每个方向都有鬣狗，它们被撕咬，被折磨，直到因失血过多或筋疲力尽而倒下，垂死挣扎，这时，鬣狗们真正的野餐开始了。鬣狗们开始撕碎猎物的身体，将碎片拖拽回巢，慢慢啃食。当然，鬣狗的食物种类并不单一，我们还在红壤土中发现了其他动物的骨头，有犀牛、驯鹿、爱尔兰麋鹿和其他的食草动物。甚至还有比鬣狗更加强壮的动物，如体型庞大的洞熊、身体强壮的剑齿虎等，这些骨头碎片是最真实有力的证据。

若是有人质疑我们对柯克代尔洞穴的种种推断，我们还可以提供更有力、更充分的证据：我们在这里发现的骨头表面十分光滑，这正是鬣狗在洞穴中常年穿梭、踩踏这些骨头的结果。当然，还有鬣狗们的粪便，它们也被完整地保留了下来，即我们俗称的"粪化石"（coprolite 或称 Album Gracum）。不过，巴克兰教授最为精彩的部分，还是他对这些碎骨的细致分析和把握：第一，他看到了骨头上有

鬣狗的齿痕。第二，留下的都是猎物最坚硬的骨头，是鬣狗无法咬碎的部分。为了证明自己的分析的合理性，巴克兰教授将这些碎骨原封不动地保存起来，拿到"证人席"上作为证据使用。评论者或许说，这些都只不过是巴克兰教授的一种推测猜想而已。当然，严谨的巴克兰教授是想到了这一点的，他知道没有充足的证据是不能令人信服的。为此，他不仅找来动物的骨头作证，而且还找来了活着的鬣狗，到"法庭"上为地质学家们排忧解难。这只鬣狗是巴克兰教授从沃布维尔先生（Wombwell）动物园中挑选的一只。人们扔给它一块牛胫骨，观看它到底如何啃食。

　　巴克兰教授也有幸观看了鬣狗啃食动物骨头的全过程。鬣狗先是用后齿，从顶端开始，将骨头咬成碎片，并且很快咀嚼咽下。在吃到髓腔时，骨头分裂成了有棱角的碎片，很多碎片都被鬣狗咬住，整个吞噬了下去。鬣狗一直都在啃咬骨头，直到吃掉了所有的骨髓，并用舌头舔净这些骨髓后，再开始吃下面的部分。下面的部分由于太过坚硬，而且不含骨髓，鬣狗放弃了，所以下端的骨头几乎未动。现在，鬣狗吃剩的骨头与洞穴中的骨头一模一样，并且骨头上的齿痕很少，因为在鬣狗牙齿穿透骨头之前，骨头通常会脱落一些碎片。但是，对比存在的齿痕，剩下的骨头和洞穴中古老的骨头却是一样的，有的甚至连那些小刺的尺寸、形状、断裂样式都一模一样。这一事实告诉人们，洞穴中的骨头确实是鬣狗咬吃后剩余的骨头。为了便于比较巴克兰教授保存洞穴中发现的所有的骨头碎片，通过上面现场实验，人们知道了两者之间除了年代的差异之外，再无任何的不同了。动物园中的鬣狗因坚硬而放弃啃噬的骨头，是动物的足跟骨和腕关节骨，洞穴中未啃噬的圆柱体骨头也是这个部分。动物园中的鬣狗吞噬的骨头部分，也正是洞穴中的骨头缺失的部分。第二天，管理员还带来了大量的鬣狗球状粪便，与洞穴中的鬣狗留下的粪化石相比，形状尺寸上都一模一样。巴克兰教授说："鬣狗下颌的咬合力，超过了我所见过的所有同种动物，它好比矿工开凿山脉，又如铁钳剪断铁丝、钢线般有力。"

在德比郡，挨着威克斯沃斯的梦之洞，巴克兰教授还偶然找到了几乎完美的犀牛骨化石，其中还有野马、驯鹿、野牛和欧洲野牛的骨化石。

在门迪普丘陵上挨着威尔斯的巫奇洞中，道金斯教授、威廉姆森（J. Williamson）等人也找到了著名的原始时代鬣狗的巢穴。当然，这个地方最让人感兴趣的，是有旧石器时代的人类居住过。鬣狗也曾居住于此，这些事实早已得到证实，只不过这二者不在同一时期。在这个洞穴中，人们发现了原始人类使用过的打火石和两个骨质箭头。发现的地点是在洞穴中一个古老的鬣狗窝下面，旁边还有鬣狗的牙齿以及鬣狗吃剩的骨头。通过这些骨头，可以看出是由于动物在洞穴中居住而留下来的，也不是被水冲到这里的。洞穴里的很多证据都为人们指明了这个方向。首先，正如我们在柯克代尔洞穴中看到的那样，我们在此洞穴中也找到了动物们留下的粪化石，还有就是被鬣狗长期踩踏磨光滑的其他动物骨头；再就是，如果真要说这些动物的骨头是由水流冲击到这里的，而不是鬣狗带到这里的，那么这些骨头应已经没有了尖角才对。我们在这个洞穴中发现的动物骨头，数量惊人、种类繁多，甚至连动物的牙齿都有很多种，当然鬣狗是不吃其他动物牙齿的，这些牙齿大多是马留下的。

人们在柯克代尔洞穴中看到的场景，在巫奇洞中就完全不一样了。巫奇洞中所有动物的骨头都是中空的，且骨头大多已经碎裂成片了，并且上面还留有掠食动物的齿痕。与柯克代尔洞穴中的粪化石不同，巫奇洞中古老的窝上形成的是一层石灰磷酸盐沉积。这些证据显示，人类曾与其他动物共生共存过。这些动物中有鬣狗、长毛

象、披毛犀、驯鹿、巨大的爱尔兰鹿（不应称为爱尔兰驯鹿，因为它不是驯鹿）、洞熊、狮子、狼、狐狸。道金斯教授在提及洞穴探索工作时说道："在山洞中还有一条小通道，通道里的骨头和石块都黏连在一起，十分坚硬。我们要将骨头等有价值的东西与石块分离，这个过程很让人感到兴奋、紧张，因为我们不知道下一锤子会凿出什么宝贝。在挖掘中，有时还会突然挖出大象的齿骨，或是鬣狗的下颌骨、犀牛的齿骨、驯鹿的角、熊的犬齿骨等。骨头化石繁多，以至于让人应接不暇，都无法具体顾及了。"

火镰石、烧过的骨头，还有一些其他能证明人类曾在此居住过的东西，大多是在洞穴入口处被发现的。不过，事情绝不都是如此，在洞穴中，人们也发现了一些体型较大动物的腿骨，尤其是一种体型庞大的野牛的腿骨，看上去是被摔断的，而不是被掠食动物咬穿的。对此，道金斯教授提出了一种新奇独创的解释。他指出，从今天成群结队追击猎物的狼、鬣狗的习性来看，这些摔断腿骨的野牛，很可能就是在狼群、鬣狗群的围捕下，跳下山崖摔断的。

道金斯教授还指出："巫奇山涧从地理位置来看，其实是很好的捕猎场所。如果掠食动物从山边将猎物驱赶到这里，它们绝不会失手。因此，那时的鬣狗很有可能就是采用这种方法捕猎的。不过，鬣狗们绝对不敢攻击熊、狮子等大型凶猛动物，除非这些动物身体残废了。"当然，读者自然也能想到，这些看似胆小又狡猾的动物，一旦对方弱于自己时，它们就会变得凶悍无比，既然是自己的口中食了，它们又怎肯轻易放弃呢？当然，这些一时体弱的动物，不排除就是在战斗中受伤的动物。

人们在发现这些骨头化石时，它们就像被人故意堆放起来的一样，高度直达洞顶。动物的骨骼为什么被堆放得如此之高，这确实有点儿令人费解。但是，道金斯教授参考洪水的记载，认为当时在那里

可能发生过洪水。洪水携带大量沉积物冲进洞里，它们将原有老旧的骨头和其他有机物组成的层面抬高。就这样，一场又一场的洪水以相同的方式，逐渐填满了洞中的通道。这里，我们来直接引用教授的结论：所有的事实放到一起，我们可以清楚地知道，当时这里确实是鬣狗的巢穴所在。鬣狗在这里居住，然后出去捕猎，并带回猎物。我们可以想象，成群的鬣狗沿着门迪普丘陵的斜坡追逐大象、犀牛等猎物，直到将它们逼得跳入山洞，或是看着残废的熊、狮子等动物，它们的体力慢慢衰退，然后被一群胆小的鬣狗围住，疯狂啃食。在这样的场景中，原始人类有时也会出现，那时人类还不懂金属为何物，他们只能手持木弓或长矛打猎，身着动物的皮毛御寒。有时，人类也会占领鬣狗的巢穴，将它们驱赶出去，因为人类不可能与鬣狗共同生活于同一个洞穴之中。人类住在洞穴，会在洞口燃起火堆，一来烧烤食物，二来是吓跑其他动物的入侵。一旦人类离开，鬣狗们就会再次回到这个巢穴。不过，这里时不时会有洪水爆发，直到洪水携带大量的沉积物彻底将这些洞穴填满，鬣狗们就不再回来了。不过，那时的冬天肯定非常寒冷，否则，驯鹿、旅鼠等动物是不会出现在这些洞穴附近的，目的当然是躲避严寒。

  下表中的数字，是遗留在洞穴里动物的下颌骨、齿骨的数量。不过，在此洞穴中，至今还未发现有人类的残骸存在。

表 2-1 巫奇洞中不同动物下颌骨与齿骨数量

人或动物名称	数量	人或动物名称	数量
人类（Man）	35	披毛犀（Woolly rhinoceros）	233
洞穴鬣狗（Cave—hyena）	467	类犀牛（Rhinoceros hemitochus）	2
洞狮（Cave—lion）	15	野马（Horse）	401
洞熊（Cave—bear）	27	大型野牛（The great urus）	16
灰熊（Grisly bear）	11	欧洲野牛（Bison）	30

续表

人或动物名称	数量	人或动物名称	数量
棕熊(Brown bear)	11	爱尔兰鹿(The great Irish deer)	35
狼(Wolf)	7	驯鹿(Reindeer)	30
狐狸(Fox)	8	赤鹿(Red deer)	3
长毛象(Mammoth)	30	旅鼠(Lemming)	1

在南威尔士的博斯科巢穴中，人们发现了多达750只驯鹿的角[①]！那时的布里斯托尔海峡(Bristol Channel)还是广袤肥沃的平原，成群的动物居住在那里：驯鹿、野马、欧洲野牛、犀牛、河马、狮子、熊、鬣狗出没于洞穴之中。就在同一个地点，如今已是沧海桑田大不相同了。在今天的旅行者眼中，地质学家们的探索给我们勾勒出了一幅与众不同的画面！这在前面的章节中我们已经提到过，那时的英国领土还与欧洲大陆相连，海峡南面的动物也得以顺利地来到今天这些地方。那时，今天的北海还是一片干燥的土地，那时的熊、狮子很悠闲地漫步在如今的海床上。今天，在这片汪洋之上，已是渔民们捕获鳕鱼、鲱鱼，为人们的餐桌提供丰盛海产品的地方了。

下面有张图片，图片内容是根据一张照片内容画的。照片拍摄的是今天的一处山洞入口，人们扮演那个时代人类生活的场景。画家根据我们的要求，努力将史前人类的生活场景展现给人们，以唤醒人们对自己祖先生活不易的清楚认识。通过图片可以看到：在一只洞熊、一只剑齿虎、两条鬣狗的注视下，原始人类正努力保卫着自己的灶火和家园，抵抗着这些随时都有可能进攻的野兽。野兽来袭，这

---

① 在一些洞穴中发现的骸骨数量十分惊人。在法兰克尼亚(Franconia)盖伦柔斯(Gailenreuth)的一处洞穴中，找到了800块洞熊的骸骨。几年前，在波兰(Polish)的柔莫洞穴(Romer)中，找到了至少1000块洞熊的骸骨。在西西里岛(Sicily)的一处洞穴中，找到了重达20吨的河马骨头。

个原始人匆忙从火堆中拽出一只火把,拿在手里,另一只手紧握绑有骨质叉头的长叉,准备随时刺向野兽(图1)。

图1　旧石器时代发生在威尔斯附近的巫奇洞洞口驱兽场景

在男子的旁边,我们可以看到他的妻子和孩子被围上来的野兽吓得瑟瑟发抖。在旧石器时代,人类可能还不是一夫一妻制,男子可能不止一位妻子,而他的妻子也可能不完全属于他。这里,我们并没有单独为动物制作一个图版,只是出于成本考虑,要求画家将它们完全置于这幅古老的"驱兽场景"中。我们也知道,即便这几只野兽有相同的意图,都企图将洞中男人的一家人赶走,不过看它们各自为战的阵势,似乎并没有团结协作的意思。这样一幅生动的图画,我们完全可以忽略掉科学的因素,从艺术的角度去欣赏它,体会我们祖先生

存的不易。从多次出土的原始人类用过的箭头来看,旧石器时代的原始人类还不会制作使用弓箭。这倒是个有趣的话题,我们曾经也翻阅过许多权威人士的著作,他们都持相同观点。这确实是个值得深究的问题,我们会在接下来的"法国南部的悬岩"当中再次提及(图2)。有人认为,或许曾经的某种石器,例如火镰石可以做得像箭头那样。不过,我们的朋友,豪沃斯先生却并不这样认为。因此,画中我们并没有给原始人类配上弓箭——这一存在争议的武器①。骨针向我们展示了当时女人能用骨针缝补动物毛皮做衣服。原始人类的长相特征还未弄清,因为我们至今都没找到人类头盖骨化石,至少在英国目前还没发现。

图 2 夜晚,生活在法国南部岩洞中的猎人们

地处托基附近的肯特洞穴,是目前发现的另一个著名的旧石器时代人类和已灭绝动物曾经出没的地方。在英国协会资助下,已故的彭杰利先生曾和他的助手们,对这个洞穴进行了彻底地探索发掘。在那时,人们看到鬣狗、狮子、熊和可怕的剑齿虎(machairodus)都曾

---

① 当然,这个重要的问题迟早会被解答。作者更倾向于相信,原始人类是懂得弓与箭的制作使用的。根据报道,在比利时的斯拜洞穴中出土了箭头形状的打火石;证实了这个观点。

居住此洞穴。另外,洞中的沉积物——黑泥矿层(black band)清楚地告诉我们,这里曾有人类用过火、烹制过食物。相比人类当时所处的时代,他们看上去是多才多艺的。据彭杰利先生讲:"住在这里的原始人类能制作骨质工具或装饰品,他们还会制作鱼叉,用以捕鱼;小眼针和大眼粗针是用来缝补动物皮毛做衣服用的;锥子是用来给坚硬厚重的兽皮打孔的,以便于细针穿透;别针用以扎牢固定毛皮衣服或给獾齿穿孔做成项链、手链。"这里还有不同的岩层、地层,证明发生在这里的巨大变化。当然,这些也是地质学家最感兴趣的方面,这里我们就不多讲了。在最下面的地层,考古学家还发现了角砾岩。这是一种坚硬的岩石。同时发现的还有制作粗糙的火镰石器,这表明第一个住进这个山洞的原始人类,可能来自更加古老的种族,因为他们在捕猎技能、制作武器方面,技能笨拙,毫无先进可言。

　　上文中提到的原始时代生活于英国的动物,细心的人会发现,那么多的物种混杂地生活在一起,这不得不说是一个奇迹,或一次创举。想一想,在今天,处于相同气候环境条件下不可能再有那么多种类繁多的动物生活在一个国家。这当然是一个令人费解的问题,我们知道,不同种类的动物有各自不同的生活习性,有的动物生活在温暖的南方国家,而有些动物则具有适应北方寒冷气候的特征,喜欢生活在寒冷地带。在这里,可能有人会问:"这种充满矛盾的事情如何解释得清楚?"想一想,在冰川时期生活的河马、犀牛,它们生存于英格兰的冰天雪地之中,随着时代的更迭,这些动物的后代如今只能生存于温暖的南部或近赤道地区,这是时代演进变迁的结果。那么,问题又来了:冰川时期的英格兰真的如多位地质学家所说的那么寒冷吗?我们凭什么确信?这个问题留待后面慢慢探讨。最近有地质学家指出,如果当时的气候没有那么寒冷,那么我们也就找到了问题的答案,困境也就自然摆脱了。

下面,在继续深入讲述之前,我们首先要了解一下英国古生物之间的区别。正如詹姆斯·默多克·盖基教授(James Murdoch Geikie)在其著名的《史前的欧洲》中所述,我们将它们分为三个群体:南部群体,北部群体或阿尔卑斯高山群体,以及温带群体。

表 2-2　动物的三个群体

南部群体(The Southern Group)	
河马(Hippopotamus)	薮猫(Serval)
非洲大象(African elephant)	开弗猫(Caffer cat)
斑纹鬣狗(Spofted hyaena)	狮子(Lion)
条纹鬣狗(Striped hyaena)	美洲豹(Leopard)
北部群体或阿尔卑斯高山群体(Northern and Alpine Group)	
麝香羊(Musk sheep)	高山野兔(Alpine hare)
狼獾(Glutton)	土拨鼠(Marmot)
驯鹿(Reindeer)	小地鼠(Spermophile)
北极狐(Arctic fox)	阿尔卑斯山的野山羊(Ibex)
旅鼠(Lemming)	雪田鼠(Snowy vole)
无尾野兔(Tailless hare)	岩羚羊(Chamois)
温带群体(Temperate Group)	
野牛(Urus)	白鼬(Stoat)
欧洲野牛(Bison)	鼬鼠(Weasel)
马(Horse)	貂(Marten)
牡鹿(Stag)	野猫(WIld cat)
牝鹿(Roe)	狐狸(Fox)
塞加羚羊(Saiga antelope)	狼(Wolf)
海狸(Beaver)	野猪(Wild boar)
野兔(Hare)	棕熊(Brown bear)
兔子(Rabbit)	灰熊(Grizzly bear)
水獭(Otter)	

从整体上来说，长毛象属于北方动物，因为在今天的俄罗斯西伯利亚地区，曾发现了数以千计的长毛象牙齿和长牙化石。长毛象生活在靠北地区。多尔多涅河当地的一位驯鹿猎人，在气候寒冷的时节就曾亲眼看到过长毛象（图3）。披毛犀与长毛象属于同一群体，生活的地区也在北方。其他动物中，比如类犀牛和剑齿虎，属于南方群体，生活于南方。不过，要把体形巨大的爱尔兰鹿、洞熊归入一个群体，就没那么容易了。

图3　在法国南部，狩猎长毛象

我们在前面的章节中提到，从古老的河砾石中出土的骨骼化石，与洞穴中的情况有所不同。事实上，从古老河砾石下的骨骼化石来看，那里的动物应该生活在不同时代、不同地区，不巧的是它们的骨骼却埋在了一起。这些现象表明，是河水将早期动物的骸骨冲出了河砾石，并与后期动物骸骨混在一起，被新的河砾石压埋，逐渐沉积下来。然而，无论洞穴中的动物骸骨属于北方群体、南方群体还是温带群体，它们都是处于同一时期或接近同一时期，这是已经得到证实的事情。所以，我们有理由相信，这二者应该存在着不同。目前，地质学家还没能将河砾石沉积物与洞穴沉积物之间的关系搞清楚，不过在通常情况下它们都被认为同属一个时期。这时期的动物都是一

样的，没有本质上的区别①。

回到洞穴的问题上来，到目前为止，有诸多的疑问没有找到令人满意的答案。不过，这里有三点值得大家注意。

一是道金斯教授的观点，说是动物每年的大迁徙，使不同种类、不同地区动物混杂在一起，这是动物骸骨埋在一起的原因。道金斯教授的这个观点曾得到已故的莱伊尔先生的支持。道金斯教授这样描述：生活在法国南部的大象、犀牛、河马等动物，在夏天的时候，要披荆斩棘向北迁徙，到达英格兰地区，那里是麝香羊、驯鹿、北极狐狸、旅鼠冬天生活的地区。如果道金斯教授讲的真是这样，那如今这些非洲的动物确实很大程度上改变了它们的生活习性。这并非没有可能，比如生活于澳大利亚的兔子便改变了它们的生活习性，为了爬树而长出了更长的爪子！大约 20 年前，北美生存着大量的野牛，梅杰·巴特勒（Major Butler）曾描述过野牛大军迁徙寻找草地的宏大场景：现在，它们穿过黑暗的落基山峡谷，涌入史密斯河（Rio del Norte）河谷，爬上萨斯喀彻温省（Saskatchewan）树木茂盛的山坡。在它们面前，奔腾咆哮的河水、陡峭的河岸，河床淤积的流沙，巨大的峡谷横贯面前，这些都无法阻挡它们行进的步伐，依然有数不清的野牛勇往直前，不分昼夜。大地在它们的铁蹄之下震颤，空中飘荡着它们愤怒的吼声。沿途还有成群的狼、秃鹫尾随，静待时机想要捕获它们。当然，在行进中，有的野牛会陷于流沙，有的或葬身悬崖，有的或被擦伤、致残，甚至死去。这就好比军队在行进途中，总会有这样或那样的伤员一样。

---

① 补充一下，在一些洞穴中，比如：肯特洞穴、罗宾逊洞穴，在最底层出土的打火石器制作十分粗糙，与河砾石沉积物上层出土的石器十分相似。因而，人们相信，最早居于洞穴的原始人类与河积层时期的人类属于同一时期。另外，与下层相比，洞穴沉积物上层出土的石器就制作精美，这显而易见地标志着居于洞穴的原始人类技能的提高与纯熟。

道金斯教授认为,夏天野牛来到这里,驯鹿也来到这里,它们一起生活。这一事实,根据后来出土的动物骨骼与牙齿化石的分析研究,证实了这一事实的存在。

二是由詹姆斯·盖基教授提出的理论。他的理论能被采用,是因为这些事实符合詹姆斯教授提出的一个特殊理论——温暖的"间冰河时期"。詹姆斯教授认为,这些动物不可能都同时生活于英国。无论是洞穴中出土的骨头化石,还是河砾石中出土的骨骼化石,虽然看似这些动物的骨骼都混杂在一起,但是由于时间的推移,它们有可能是通过漂移才走到了一起。另外,南方动物群体与温带动物群体,它们都见证了"伟大的冰川时期"(詹姆斯教授错误地称其为"冰川时代")中"温暖的间冰"时期。生活在这里的动物,当气温大幅降低时,它们不得不离开家园,向南迁徙。而生活在北方的动物,同样经历了极寒天气,想必它们印象深刻。不过,我们必须承认,这种说法有点儿像远古的动物在向今天的人诉苦一样,有点儿告状的味道,不过事实确实是这样发展的。这里所说的间冰期理论,涉及部分冰川时期的天文学理论,后面我们会讲到。只不过,这种理论最近已经被推翻,虽然詹姆斯教授依然坚持这种说法,但有点儿无济于事。詹姆斯教授坚持的间冰期理论当然有他的根基,它是建立在理论与观点互为依托的基础之上的。如果,这个地质学理论是正确的,那么就预示着两次冰河时期之间,必有一段气候温暖的时期,也就是在常年天寒地冻之中,有那么一段冰雪消融的时期。可以看出,詹姆斯教授的观点确实依赖于他的那个理论。

不过,豪沃斯先生说,有明显的证据表明,那时的鬣狗以驯鹿为食,因而两者曾生存于同一时期。他也提到,那时的北极灰柳树的叶子与金丝月桂树和无花果树的叶子也是混在一起的。

要解决争论中的"南北动物"曾经是否生活在一起这个问题,方

法只有一个,不过这个方法似乎从未有人提出过,那就是:如果能在洞穴中找到长毛象或驯鹿的角骨,上面带有清晰明显的鬣狗的齿痕(不是狼或洞熊的齿痕),那我们就有了充足的证据证明,北边动物与南边动物曾经生活在一个时期。

现在,我们能找到的最接近这个证据的东西,它来源于道金斯教授书籍中的一篇文章。其中有这样的描述:亚瑟王洞穴,俯瞰蒙茅斯郡的巍河河谷,这里曾是鬣狗的巢穴,洞穴中出土了狮子、爱尔兰鹿、长毛象、披毛犀、驯鹿的骸骨化石,上面留有齿痕。毫无疑问,证明这些的是骨头上鬣狗留下的齿痕(概率很大的一种)。不过,还有一个证据不能忽视:根据英国人对鬣狗巢穴的研究,他们在洞穴中还发现了许多不同动物的骨头和骨骼碎片。这些动物有:长毛象、驯鹿、洞熊、野牛、马、北美野牛、赤鹿、旅鼠。这些骨骼碎片在出土时,与一些沉积物连在了一起,埋在古老的地层之下。证据证明,这些动物确实曾经生活在同一个时期。如果按道金斯教授书籍中描述的那样,这个问题就迎刃而解了。如果大家愿意,作者倒是想表达一下自己的观点,作者非常支持这个理论①。后面,我们在别的章节中也会提到这件事情。要解决这个难题,其实最简单的方法就是:假设那个时期的气候环境很像今天的瑞士、新西兰。当然,如今瑞士、新西兰冰川早已不复存在,喜温的动物们自由地生活在高海拔的山中或河谷里,尽管气候环境恶劣一些,但是这里却适合北极或北方动物们生存。对于气候的冷暖,当然取决于地表的海拔高度,高度愈高气候越寒冷。不久之前,许多人包括伟大的科学家们都认为,洞穴中出土的那些动物骨骸,它们属于冰后期,也就是那时的冰川已完全消融。不

---

① 豪沃斯先生说,对这个理论,不应存有任何质疑。他在他的《长毛象和大洪水》一书中,举了许多例子。

过,这个观点被后来的许多充足证据给否定了。人们普遍认为,旧石器时代的人类和许多灭绝动物都生活于河谷之中,那时的河谷像今天英国泰晤士河靠南一带,它们被大量的冰川覆盖,海拔略高的地方更是常年积雪。甚至有人认为,英国洞穴中的那些骨骼化石属于冰川前期,这种情况也有可能。于是,一些人便认为剑齿虎属于冰川前期,甚至是上新世时期的动物,不过它看起来与其他动物一样,似乎与更新世时期的动物密切相关。

三是古老洞穴中的沉积物到底来自哪个时期,至今仍没有像样的定论。亨利·希克斯博士(Henry Hicks)是一位狂热的洞穴探索者,他曾探索过威尔士的很多洞穴。他肯定地指出,他曾在开格温洞穴①里发现过原始人类与已灭绝动物生活过的痕迹,它们要么来自冰川前期,要么来自人们假设的"冰川下沉"期前。不过,希克斯博士的这种观点饱受争议,需要这方面的专家做出进一步考证、证实。不过,专家们的话有时也可能存在误导之嫌,不可全信。托马斯·麦肯尼·休斯(Thomas McKenny Hudges)曾在剑桥讲过学,他对这样的观点持反对意见。他认为,现在洞穴中的泥砾并不在原来的位置,它们是从洞穴上方掉下来或者从洞穴外冲进来的,即它们的位置被移动过。很多人都赞同休斯教授的观点。当提到位于约克郡著名的维多利亚洞穴时,缇德曼先生(Teedman)认为,洞穴中有证据表明,冰期前曾有灭绝的动物在这个洞穴中生活过。不过,他的这个证据并没能让人信服。在解释洞穴中的"地质学问题"上,学界的观点不一而足,没有形成最终统一的观点,这让外界人士感到很吃惊。的确,要想弄清楚这些问题,对于全世界来说都是一件棘手的事,何况还有那

---

① 《地质协会季刊》,1888年,第四十四卷,第561页。发现于此处洞穴的动物骸骨与冰川时期的动物(长毛象、驯鹿等)有明显不同。希克斯博士、亨利·豪沃斯先生等人认为,他们已经证实了这个观点(见《地质学杂志》上的论文)。

些外表上看上去冠冕堂皇的假象在左右着人们的思想！如洞穴中现今沉积的泥砾是不是在水流的冲击下，由别处的泥砾沉积下来的。要这样说来，洞穴中的泥砾是多么的不幸才是。对于究竟是原来泥砾的原地沉积，还是在水流作用下带来新的泥砾的沉积，我们确实应该小心为妙，知道真相才是我们的首选。

第三章 驯鹿猎人

装饰品,原始人类拓宽精神世界的象征。

——克莱尔《衣裳哲学》

到目前为止,记录最早原始人类活动的文字依然十分稀少。不论是漂流的沉积物,还是英国洞穴中的骸骨化石,尽管它们都有极高的研究价值,但可供我们参考、知晓原始人类活动轨迹的东西实在太少。对于读者而言,大家自然希望能够呈现给他们近距离观察、了解自己祖先的东西,看到他们是如何生活并取得一系列成就的。幸运的是,我们有一些比较有价值的记录,通过这些,我们能了解到原始人类的一些事情。不过,这些记录在法国南部佩里戈尔(Perigord)洞穴和悬岩之中,那里面有成堆的骸骨和古老的"窝"。第一次探索这里的是拉尔泰先生(Lartet)和克里斯蒂先生(Christy)两人[1]。

---

[1] 这二人的经典作品《阿启塔阶的余物》(Reliquiae Aquitanice),书中有大量的描述与插图,出版于 1865—1874 年。另外一本十分有价值的书是《驯鹿的时代》(L' Age du Renne),作者是来自巴黎的吉罗(Girod)和马塞纳特(Massenat)。读者也可参见《法国南部的沙漠》(The Deserts of Southern France)第一卷,这是一本非常有意义的图书,作者是萨宾·巴林·古尔德(Sabine Baring Gould),还有他发表在《字字珠玉》(Good Words,1893年,第 100 页)英国月刊上的文章《欧洲第一位艺术家》(The First Artists in Europe)。道金斯教授的《寻找洞穴》和《英国的早期人类》也是这个领域较早的作品。还有《最后一人》(Der Mensch),兰克(T. Ranke);《史前时期》(Prehistoric Times)等书都值得阅读。卢伯克的《巴黎的世界博览会》(Exposition Universelle de Paris)、《历史劳动学和人类学》(Histoire du Travail et des Sciences Anthropologiques,第一部分)中有大量图片,表现了驯鹿猎人的生活,不过很明显,他是以新石器时代的克罗马农人的头骨为依据而作的。《人类学》(巴黎,1894—1895 年)是一本有价值的杂志,上面有皮埃特先生(Ed. Piette)等人绘制的精美的插图,展示了最近的一处新发现,但是这里我们没有时间作一一说明,读者们可以自己去看。这些书籍,上面都有旧石器时代的雕画作品的例子。

原始人类在多尔多涅河和韦泽尔河谷自由地奔跑。河谷蜿蜒曲折,或低或高,他们的身影有时候出现在几英尺高的矮坡,有时又出现在海拔较高的高地。

很久很久以前,也就是在这里,原始时代的猎人点燃篝火,他们以驯鹿、马、北美野牛和其他野生动物为食。这些动物今天大多灭绝了,原始人类直到吃剩最后一点儿骨髓,才将它们的骨头丢掉。也正是这种大量的掠食,才有了今天数英尺厚的动物残骸沉积。在这些沉积物中,包括人类吃剩的动物碎骨,还有驯鹿的角,石质或骨质武器。这一切无不透露着人类曾经用火的痕迹,以及火烧过的柴火留下的木炭和使用过的石块。这些事情究竟发生在什么时间,没有人能说得清楚。不过,从长毛象出现在这些河谷中算起,到今天,时间跨度绝对超过1万到1.5万年之间。当然,我们有确凿的证据证明,那时的人类已经学会了捕猎长毛象这样的大型动物,并将它们的牙齿用于一些领域,比如雕刻成装饰品,做成项坠等。

这些古老的居所,直到中世纪以后还有人居住。在今天,还有当地的农民住在这些由动物骸骨搭建成的房子里。在德国、比利时、瑞士、比利牛斯山等地都发现了带有相似石器的洞穴和更新世长毛象的骨头。如果再算上英国,可以想象,原始时代猎人们的足迹是多么的广阔。如果再加上后来的研究证明,除了受野生动物阻挠而不能去的地方,原始猎人的足迹实际上已经遍布整个欧洲,这听来确实没什么好惊讶的。

很多地方都曾发现过原始人类隐藏过的洞穴或悬岩,这些地方有著名的莫斯特(Moustier)、梭鲁特(Solutre)、拉洛热勒低地(La Laugerie Haut)、拉洛热勒高地(La Laugerie Basse)、拉马格达勒纳(La Magdaleine,位于佩里戈尔)、布鲁尼屈厄洞穴(Bruniquel)、德恩

韦尔峡谷（the Gorge d'Enver）、莱塞济洞穴（Les Eyzies）、马萨（Massat，位于阿列日省）、塔拉斯托（位于塔恩－加龙省）附近的拉瓦什洞穴（La Vache），位于泰亚克（Tayac，位于佩里戈尔）附近的古尔当（Gourdan，位于上加龙省）。另外，还有比利牛斯山的多鲁斯（Duruthy），嘉德（Gardon）河谷海拔较低地方的拉萨博特（La Salpetriere），还有法国的一些地方。

原始猎人留下的遗迹通常分成三种：骨骼化石、武器、艺术品。它们每一种都有极其重要的研究价值，能为相应的领域提供理论依据。在这里，我们先来说一下骨骼化石。骨骼化石能向我们证明原始人类生活下的自然环境。通过对动物骨骼化石的分析，人们发现，遗迹中驯鹿、马的骨骼数量众多，但都是些断碎的骨头。这应该是原始人类敲骨吸髓的结果。不过，原始人类常用动物骨头制作武器或器皿，我们猜测，他们打断动物骨头，有时也可能是用作骨质工具。对于原始人类来说，制作工具，动物骨头是首选，就像木匠一定要用到木头一样。另外，我们还发现一些驯鹿的下颌骨上，还有一两颗向外突出的后牙，这可能是原始人类疏忽大意留下的。驯鹿这种动物全身是宝，除了它的牙齿可以做成装饰品或项坠外，它的角也十分有用，在它上面涂些颜料可以用来当锅使用。另外，在法国的梭鲁特一处著名的洞穴中，人们还发现了大量马的骨头。马这种动物不是人类圈养的，多为野生的，它们活动都是成群结队的，或吃草或奔跑。通过这些马的骨头我们可以看到，原始人类在那里应该生活了很长一段时间，因为这是个并不缺食物的地方。从考古人员在那里发现的马骨墙（一堵长 328 英尺，宽 13 英尺，高 9.9 英尺），大约有 40000 头马骨堆成，它或许就是原始人类的杰作！这里大多马的骨头都是断裂的，有的还有被火烤过的痕迹。卡特弗奇斯先生（Quatrefages）

曾在这堵马骨墙中,发现一块已被石质箭头穿透的马脊椎骨。

道金斯教授指出:那时的穴居人类敢攻击与他们争夺同一猎物的野兽。这一现象在一幅描绘多尔多涅河洞穴的素描中,人们能看出一只狼獾大体的轮廓,并且我们有证据证明,在奥弗涅(Auverge)的原始人类,他们对狼獾这种动物的习性十分熟悉。另外,从马萨附近的洞穴来看,生活于比利牛斯山脉东部山谷中的原始人类,他们对洞熊的生活习性同样很熟悉。我们在德国的一些古老洞穴中,也发现了大量洞熊断裂的骸骨化石,这些骸骨向我们展示了位于德国的原始人类主要以洞熊为食。在多鲁西的一处洞穴中,人们还发现了被射穿了孔的洞熊牙齿,可见洞熊的身体当时被原始人类糟蹋成了什么样子。当然,它们也有可能被原始人类抓住之后,即刻就被肢解分食掉了。因为洞穴中发现的多是体型较小动物的骸骨,像长毛象、披毛犀这样的大型动物遗骸很少。当然,也可能是原始人类无法搬动体型较大动物的尸体,而在外面直接分解了,能搬动的都是从动物身上切下来的小块儿。我们可以想象,原始人类营地周围堆着动物的尸体,他们燃起熊熊火堆烧烤食物。当然,点旺火堆,也不完全是烧烤动物烹制食物,也是为了驱赶那些闻到血腥味而来的野兽。当然,你还可以放纵思绪想象:在一片原始丛林中,人类部落聚在一起,橡树或欧洲赤松这样的黑色树干被火点燃,鬣狗潜伏在暗处,窥探着人群的欢呼。恐怕这一幕盛景,就连伦勃朗(Rembrandt)[①]也会忍不住勾上几笔、画上一画了。不过,人类居住过的洞穴中并没有发现有

[①] 伦勃朗·哈尔曼松·凡·莱因(Rembrandt Harmenszoonvan Rijn)1606—1669,欧洲17世纪最伟大的画家之一,也是荷兰历史上最伟大的画家。伦勃朗早年从师拉斯特曼,1625年在家乡开设画室。画作体裁广泛,擅长肖像画、风景画、风俗画、宗教画、历史画等领域。——译者注

家畜的痕迹，可能那时的人类还没能驯化狗之类的动物作为狩猎的帮手。

在河滩上、山谷里，成群的驯鹿在欢快的奔跑、觅食。而那时的原始人类可能还没有想到要驯化某种动物作为自己的帮手，帮助自己围捕驯鹿，所以只能事必躬亲。不过，驯鹿的出现，可以帮助人们分析判断那时的气候、自然环境。很明显，那时肯定很冷，尤其是在冬天。在拉马格达勒纳发现的一批雕刻画中，有一幅画描绘了一个没穿衣服的猎人正在狩猎马群，马的耳朵高高竖起，因为猎人要向它们投掷长矛。在那些画中，至少有三个场景里的原始人类都是赤身裸体的。不过有事实证明，他们是穿着衣服的，因为在另一幅雕刻画中，原始人类都是穿着衣服的。画中的马看起来头很大，有浓密的尾巴、鬃毛，或许它们与爱尔兰的矮种马长得相似。看起来这位画家画技高超，肯定也十分喜爱在动物骨头或者角上面绘画，描绘他们常捕猎的动物。我们发现他描画的这些动物有：驯鹿、马、长毛象、野牛、北美野牛、海豹、水獭、鲸鱼（估计人类不敢攻击）、洞熊、鬣狗、羚羊、驴、山羊、蜥蜴、鳝鱼、梭子鱼。对于鱼类，原始人类在捕获过程中或许用的是小鱼叉，也或许是用弓箭捕鱼的（有人猜想，他们可能像爱斯基摩人一样制作兽皮艇捕鱼）。在这里，我们把从雕刻画和出土的兽骨中获得的信息联系起来，便得出这样一张表 3-1，表中展现出了不同种类的动物。

表 3-1 不同种类的动物

长毛象（原始时期象属）	臭鼬（非洲艾虎属）
驯鹿（驯鹿属）	野猫（猫亚科）
马（马属）	野猪（野猪属）
欧洲野牛（欧洲野牛）	驴子（非洲野驴）

续表

爱尔兰麋(巨角鹿)	
犀牛(类犀牛)	雪鸮(雪鸮属)
鬣狗(鬣狗属)	雷鸟(雷鸟属)
洞熊(熊属)	柳雷鸟(一种北极生物)
棕熊(棕熊)	野鸭(河鸭属)
洞狮(猫属)	白鹤(一种灭绝生物)
剑齿虎(剑齿虎属)	北欧雷鸟(松鸡科)
野生山羊(山羊属)	
高鼻羚羊	
麝香羊(麝牛属)	蜥蜴(蜥蜴属)
獾	鳗鱼(鳗鱼属)
狼(灰狼)	狗鱼(狗鱼属)
狐狸([脊椎]犬属)	
水獭(水獭属)	

  细心的人或许已经注意到,就如在英国的洞穴一样,这里南方动物和北方动物,相互都能很好地生活于同一片区域。如果摒弃反对的声音,毫无疑问,上面所有提到的动物都生活在同一时期,都活动在欧洲南部一带。雕刻画的艺术家们通过高超的技艺,向我们展现了那个时期不同种类的动物,如长毛象、洞熊、野牛、羚羊、鬣狗等,向我们证明了它们的共同存在。如果事实绝非如此,除非这些雕刻画是从遥远地区,通过某种简单交易买来的劣质品。不过,这种概率应该很小。可以想象,那时候的冬天应该比现在冷很多,不过夏天肯定比今天温暖。当然,我们还可以在脑海里勾勒出这样的画面:大面积的冰川坍塌涌入山谷,当遇到海拔较低、温度较高的地区时,冰川融化了,冰川也停下了脚步,冰慢慢融化成了水,就像在瑞士的山谷一样。那时,山谷中肯定有大片的草地,它们是大型食草动物,如犀牛、

野牛的天堂。不过随着季节的变换,从夏季到冬季,或许每年这里都会上演动物大迁徙这样的活动。但是,正如前面所讲的,在迁徙过程中,一些喜寒的动物可能会留在海拔较高、更加寒冷的高地,而一些喜温的动物就会迁往海拔较低的平原生活。

下面我们来看看了不起的原始人类,是如何发挥自己的聪明才智,制作武器、用具和装饰品的。人们在废墟中发掘出了大量的石质刮刀,还有骨针。这些都证明原始人类中的妇女,在制作衣服之前,都花了大量的时间来处理动物的皮毛。在骨针中,有一根用猛犸象牙制成的针,线是用驯鹿的腱制成的,就像今天的爱斯基摩人缝制衣物那样。参观大英博物馆的游客应该去一下人类学展馆,那里有我们研究的那时期的古生物珍品。在那里,人们将会看到出土于法国佩里戈尔的骨针,骨针上的小圆孔是非常齐整地穿出来的。那些精细的火镰石锥可能就是用来洞穿骨针上面这些小圆孔的。在博物馆的同一展品中,人们还可以看到石制的长矛、刀,还有锯,总之,骨制展品非常之多。其中的一些版画,或是一些铸模也被展出,呈现于世人面前。这里展出的许多骨针,大多是用驯鹿脚趾骨做成的,它们被精致的石锯锯下,然后在砂岩上逐渐打磨而成。其中的一些砂岩还带有凹槽,骨针便是从凹槽中摩擦打磨而成的。

在拉洛热勒的岩洞中,人们发现了鹿角制成的染色锅,还有小的石质研钵,原始人类在研钵中研磨铜铁的氧化物制作涂抹面部的颜料,来打扮装饰自己。不过,在脸上画图做装饰,并不是他们唯一的打扮方法,他们还会从比斯开湾(Bay of Biscay)或地中海海岸,捡拾美丽的贝壳,在上面打孔、穿线做成项链。有人曾在第三纪层发现过原始人类用作项链的化石贝壳。不过,原始人类用来点火的炉灶却

是一块大石板①。

人们还在奥弗涅山脉找到了纯净的岩石水晶,并把它带到了韦泽尔河。巴林·古尔特(Baring Gould)先生认为,原始人类可能利用这些水晶施咒,因为在今天的澳大利亚土著居民中,他们的药师就是这样使用水晶的。

原始人类都是毛发旺盛的民族,在一幅雕刻画中,一头鹿追逐的一个女人,虽然她手上戴着一串手链,但是可以看出女人的毛发很浓密。达尔文曾描述过日本的阿伊努人和暹罗人毛发旺盛的样子,与这幅雕刻画中的情形很像。在另一幅雕刻画上,有一个准备偷袭一头野牛的男人,画面上有成排的又短又直的线条,表示的也是原始人类的毛发。

不过,下面这幅图无疑就是艺术品了,画中生动地展现了驯鹿吃草的场景(塔英恩所画,Thayingen)。这幅画今天陈列在康斯坦茨博物馆中。"让所有人都能看到,"安德鲁·朗格先生(Andrew Lang)说,"这幅古老的图画,展现出了动物们的生机与活力,由于艺术家高

---

① 1863年,拉尔泰先生在英国富商克里斯蒂的资助下,探索了韦泽尔河(The Vézère)的洞穴。《阿启塔阶余物》展示了他们五个月的调查结果。在他们之后又有一些人做了调查,其中著名的有埃利·马塞纳特先生(Elie Massenat)、马奎斯·德·韦布雷夫(Marquis De Vibrave)和菲利伯尔·拉朗德(Filibert Lalande)。但是,若想彻底弄明白这些最有价值的记录,了解旧石器时代猎人的生活,我们还有很多事要做。当然,如果英国、法国、德国中两到三个主要的社会团体或学术界能联合起来,参与到这项研究中,不久就能筹集到足够的资金用以研究未探索过的原始人类住所。谁知道地下埋藏着什么珍贵的东西,等着今人拿着镐、铁锹让它们重见天日?或许,它们能告诉我们更多有趣的故事,讲述给我们远古人类的历史。还有许多问题亟待解决。我们并不能确定原始人类的长相及外貌特征;他们到底来自何处;他们是否会埋葬逝者,还有他们有无宗教信仰。我们只知道,在一些原始人类的住所下面,可能埋藏着雕刻画,上面画有原始人类的日常生活场景,如:举办宴席、葬礼,或发动战争、建造房屋等。上文提到的经典著作的作者是这一领域的先锋,虽然,他们比不上后来的专家著作那么科学、精确,但那也正常,不必惊讶,毕竟作家不能跟专家相比。当然,将骸骨、工具等出土文物标明确切的位置非常重要。挖掘人员必须小心谨慎,清理完一层,标记清楚后再清理下一层。这样才不容易乱,因为它们有的属于旧石器时代,有的属于新石器时代或青铜器时代!也正因为如此,被认为属于原始人类的著名克罗马农人,究竟处于什么时期,至今饱受争议,很多专家认为属于新石器时代。

超的雕刻技术,我们仿佛能触摸到鹿身上与头的皮毛,鹿角还有鹿脚下那葱绿的草。"作者查看了在动物学会(Zoological Society)花园中两头驯鹿图样本,发现一些自然历史书籍中描绘的动物并不能令人满意。相比之下,还是原始艺术家留给我们的作品生动有趣,更令人折服。我们希望甘比尔·博尔顿先生(Gambier Bolton)能拍下这两幅驯鹿图样本的照片,用他高超的艺术,为我们展现出了动物们活灵活现的样子,以及它们生动的生活场景来。

图 4　在法国南部,狩猎驯鹿

在图4中,读者朋友们应该也能体会到,作者是想努力为大家呈现出一个在原始时代可能经常出现的场景:图上展示的是原始人类狩猎驯鹿的场景。猎人双臂赤裸,身着动物毛皮,他们的出现突然惊动了鹿群,在一个缓坡处,猎人紧追着几头驯鹿,他们向鹿群投掷了骨质长叉。一头驯鹿被击中,长叉的尖端刺入了驯鹿的肩膀,插在驯鹿身上,木杆掉在了地上,阻碍了驯鹿逃跑的速度,猎人们有可能成功捕获驯鹿[①]。还有另外一幅雕刻画不免引起人们的好奇,图上画着

[①] 读者这里可参见一篇《史前人类的学习》(*Etudes d'Ethnographie Préhistorique*)的文章,作者是爱德华·帕特,发表于《人类学》,第六册(1895),第三版,第283页,文章中讲述了这些捕猎长叉的使用方法。作者有义务指出,由于画家的失误,这些驯鹿的头画的并不真实。

一个野牛头和七个原始人类,其中有三个人身着衣服。不过,图上其他人由于所处的距离远,看起来有些小,也像是赤身裸体一般。又或许,狩猎过程十分激烈,猎人们一兴奋,把身上的衣服脱了扔到一边(高山居民便是如此),有大干一场的意思。如果他们是高山居民的话,夏天炎热时,他们也会这样做。今天的爱斯基摩人,在回到自己温暖的小屋后,通常也会脱光身上厚重的衣服,以便舒展身体,想必这是他们的生活习惯吧!

在这里,我们没有发现任何关于原始人类住所的有力证据,悬岩只不过是他们暂时的居所。他们是否能够建造木质的房屋,是否能够利用树枝和动物毛皮搭建帐篷,这点谁也说不清楚。或许原始人类是在隐蔽处休息,把动物毛皮缝在一起做成帘子,以保护他们免受外界干扰。

至今为止,我们还没有发现原始人类使用过的陶器制品,这是令人吃惊的。今天人们相信,旧石器时代的人类还完全不知道何为陶器艺术。不过据一些报道称,有人在旧石器时代原始人类使用过的武器旁边发现了一些散存的陶瓷碎片,人们对此种说法持怀疑态度。它们更有可能是来自上面的土层,属于新石器时代。然而,包括纳代拉克(Nadaillac)在内的一些专家仍然认为,这些陶瓷碎片属于旧石器时代。

由驯鹿角制成的特殊权杖,通常有一个或多个孔洞,上面刻有代表性的野生动物。权杖的发现引发了众多的讨论,到目前为止,人们还不知道这些权杖是作何用途的。关于权杖,下面有几种说法:第一,这些权杖是生活于麦肯齐河(River Mackenzie)的印第安人的杀人工具。不过,有这种说法的权杖并未被穿过孔洞。如果有人对此问题感兴趣,不妨去大英博物馆的民族学展馆参观。在那里,你可以看到一些与爱斯基摩人杀死俘虏的武器相似的东西。第二,道金斯教授认为它们是箭头矫正器(《寻找洞穴》,第 335 页)。第三,根据拉尔泰、布罗卡(Broca)等人的观点,它应该是一个将军的指挥棒,上面的孔洞显示着首领的尊贵程度。第四,埤戈瑞尼(Pigorini)认为,它们是用来牵马的工具,就好比马缰绳那样。这种说法看起来不太可能,因为最近在法国出土的旧石器时代的雕刻画中,有一幅画上有被缰绳控制住的马头。爱德华·路易斯·斯坦尼斯拉斯·帕特(Edward Louis Stanislas Piette)发表于《人类学》(第五册,第二版,1894 年)上的文章《关于史前艺术的历史与分类》(*Notes on the History and Classification of Primitive Art*)中有具体的描述。第五,雷纳克(Reinach)则认为,这些权杖可能是一场追逐赛的奖品,或是巫师用它们来进行一些迷信活动。

在路易斯·劳伦特·加布里埃尔·德·莫尔蒂耶(Louis Laurent Gabriel De Mortillet)之后,又有许多的人类学家对旧石器时代四个不同时期进行了探索[①]。一方面,他们是通过沉积物的埋藏顺序;另一方面则是通过分析出土文物的材质、制作工艺水平。首先我们来在阿布维利文化(The Chellean)和阿舍利文化(Acheulian)中提及原始人类制作工具的事情,这些信息主要来自古老的河砾石沉积物中出土的原始人类工具,而另一小部分信息来自洞穴中的出土物。从这些出土的工具来看,大部分制作粗糙,有的石器仅被打磨出了一个大致的形状,就连矛头的一边也是平的。二是莫斯特文化。莫斯特文化(The Mousterian)则是根据地质位置,以及这个时期出土的工具,而这些工具的制作工艺水平明显胜于之前。三是梭鲁特文化(The Solutrean)。这里出土的原始人类的工具,主要来源于梭鲁特

[①] 有必要指出,旧石器时代是一个很长的时期。一些作家认为,在法国南部、比利时等地,曾有原始驯鹿猎人生活在旧石器时代与新石器时代之间的某个时期。但是,因为这些猎人曾看到并捕猎过长毛象等古老生物,我们无法认同接受这种观点。

人的住所，有迹象表明，这里的工具由于受某种压力的作用，曾被成片地移动过。工具表面平整，矛头称得上是艺术品，刀子、刮刀等物也制作精美，工艺水平极高。最后是马格达林期文化（The Magdalanian）。马格达林期文化被发现于拉马格达勒纳洞穴之中，这个时期的原始人类不再使用石制武器，而是用骨头或象牙制作矛头、箭头等物。在制作工艺方面，驯鹿猎人展现出了高超的艺术水平，他们能用长毛象骨头雕刻精美的物件。

埃文斯先生等人认为，这样的时期划分没有任何意义。上文中描述的石器水平的差距可以解释为：有的部落石材丰富，而有的部落石材匮乏，或是不同部落中的艺术家的品味不同或技术高低不等，仅此而已。如今天的爱斯基摩人，他们当中的一些部落就比另一些部落资源要好，所以制作出来的东西也就更齐全。

不论人们对上面的时期划分存在怎样的看法，有一点是毋庸置疑的：那就是旧石器时代与新石器时代之间的界限分明。原因有四：第一，动物群差别很大。新石器时代的人类已经开始驯化动物，并与一些动物联系紧密，如至今还存在的狗、山羊、猪等。第二，工艺品不同。新石器时代的原始人类能够制作陶器，用织布机织布，有丰富的农业常识与经验，他们已不单单是狩猎的猎人。第三，两个时代的人类特征不同。从斯拜、尼安德特、康斯达特（Canstadt）、诺利特、图迪丰塔尔（Trou du Frontal）等洞穴中出土的骸骨来看，旧石器时代的人类长相粗犷，更具有原始人种的特点。不过，由于目前缺乏对旧石器时代人类信息的具体把握，因此，旧石器时代的原始人类具体长什么样，已无从知晓。第四，两个时期遗迹的埋藏深浅不同。在洞穴沉积物中，越古老的埋藏越靠下，那是旧石器时代人们使用过的工具。新石器时代的原始人类使用的工具通常在靠上的土层，它上面覆盖着前面时代的遗迹。在河砾石沉积物中，由于河流侵蚀河床的作用，致使新石器时代的原始人类使用过的工具埋到了下层,而旧石器时代的原始人类使用的工具反而埋在了上层。因此,从一个时代的沉积物到另一个时代的沉积物,没有直接的通道可言,两个时代之间有如此大的差距,就意味着它们之间经历了漫长的时间。在这一过程中,地球上的地质面貌还有许多事物都曾发生过翻天覆地的变化。据说,在比利牛斯山脉的一些洞穴中,尽管没有受到任何外力作用,但是一个时期的土层却与其他的土层混杂在了一处,可见时间的漫长。不过,这一说法很值得人怀疑。

圣盖威学校(St. Gevy)的校长贝古努先生(Bergounoux),在康杜什(Conduche)火车站附近一处陡峭的悬崖处发现了一些原始人类的遗迹。谈及位于策勒(Cele)的另一处原始人类住所时,贝古努先生说:"我们对遗迹所在地做了详细地勘察,并发掘出了许多物件,这让我们想象到原始人类在此生活时的场景。在悬崖之下,我们发现了大量带有倒钩的骨制箭头、骨针、骨制矛头等物。在住所外面,原始人类用石头制作工具,这里还有很多大石头像是原始人类坐过的,光滑而具有凹坑。可以想象,原始人类交叠着双腿,蹲坐在这些石头上辛勤地工作,望着眼前的情景,他们内心平和而愉悦面前的女人、孩子跑来跑去,开心地笑着、玩耍着。女人们照顾着孩子,为家人准备丰富的午餐。这里的炉灶很大,柴火烧过的灰烬铺洒一地,从悬崖底下一直铺向远处。这或许是他们为了驱赶野兽,日夜将火烧得很旺。人多的时候,原始人类会通过搭建毛皮帐篷,或建造原始小屋来扩充他们在悬岩下的住所(见图5)。在黑色的土地上,随着原始人类越聚越多,人们也一间一间地建造着小屋,筑起炉灶,慢慢地,这里便有了一种村庄的雏形。"

图 5　法国南部，原始猎人聚餐吃马肉

　　道金斯教授也曾描绘了这样一幅场景："那时候，原始人类的生活方式与今天的爱斯基摩人的生活方式相同，他们在冰湖上钓鱼，在贫瘠的土地上狩猎。宴会之后的垃圾，他们就堆放在住所的地上，那些讨厌的垃圾或许并未使他们感到不适，就像今天的一些土著人部落一样，他们处理垃圾也是这种方法。当然，我们还可以想象出这样一幅场景：原始人类围绕着篝火举行宴会，享受美味的驯鹿肉，他们中有人在大快朵颐地吃肉，有的在相互交谈，也有人在用力砸断动物骨头，吸食美味多汁的骨髓。如果他们捕不到驯鹿这样的动物时，就会去河里钓鱼，或者猎捕旅鼠、鼠鼬、河鼠、飞鸟等小动物。他们看起来并不挑剔，从他们宴会后的遗迹上看，他们活动的土地上还生活着长毛象。不过，正如我们所看到的，他们并不驯养家畜，或许也不懂得农业耕作，对陶器艺术也是一窍不通。但是，驯鹿猎人特别热爱艺术，同今天的爱斯基摩人一样，他们对艺术的热爱与文明程度的高低并不冲突，相反却可以共生共存。"

　　随着科学技术的发展，今天的考古学家们只要根据那时原始人类的一个头骨，便推断出了整个史前人类中他们的相貌、体型。这种结论是否正确，当然还有待进一步确认。卡特弗奇斯先生认为，克鲁马农人(Cro—Magnon race)是典型的人种，所以在研究克鲁马农人的骸骨之后，他就推断出曾生活在法国南部的驯鹿猎人的相貌："他们长有宽宽的额头,小小的眼睛,高挑的鹰钩鼻。大气的额头和鼻子多少弥补了小眼睛给人带来的脸部不适感。这些原始人类其实长得并不丑陋,他们体型高大,身材魁梧健硕,全身发达肌肉,正因为这些,才让他们在遇到危险或身处绝境中得以自救、逃脱。"不过,卡特弗奇斯先生的这个论断并不被广泛接受,因为不确定原始人类骸骨出土的确切位置和出土的土层。不过,道金斯教授在参观完那些洞穴后指出:克鲁马农人应该住在韦泽尔河河畔。这些骸骨化石来源于一个男人,一个女人和一个未出世的婴儿。这些人类明显生活于更晚的时期,因为出土的土层应该比驯鹿猎人的炉灶石更高才对。

每一部关于史前人类的书籍,都有冗长复杂的关于出土原始人类头骨化石的描述,这些著名的原始人类头骨被认为属于旧石器时代。不过,我们可以先不在意这些陈词老调,就目前而言,除了出土于斯拜、尼安德特、纳利特的人类头骨化石外,还没有任何出土的骸骨化石,被认为比旧石器时代更晚的了。我们无法确定克鲁马农人的骸骨具体属于哪个时期。不过,在以下一些地区都曾出土过原始人类的头骨化石和骸骨化石,但唯一不能确定这些骸骨究竟处于什么时期的包括:康斯达特、尼安德特、诺利特(仅出土了一小块下颌骨)、图迪丰塔尔、昂日斯(Engis)、詹德隆(Gendron)、盖伦柔斯、奥瑞纳克(Aurigac)、梭鲁特、鲍兹·罗西(Balzi Rossi,在法国芒通附近[①]、

[①] 学习完《人类学杂志》(*Anthropological Journal*)(第二十二卷,第 287 页)和《自然科学》(*Natural Science*,第一卷,1892 年,第 272 页)的人们,会发现并不能接受旧石器时代原始人类葬礼的例子。《人类学》(第六册,第三版,1895 年,第 314 页)中包含了对一部作品的评论(带插图),这部作品的作者是两名法国作家,他们坚信旧石器时代的原始人类已经举行葬礼了。但是,他们并未为自己的论断提供合理的证据。这部作品名为《安省的史前人类》(*Les hommes préhistorique dans l'Ain*)。驯鹿猎人看起来更有可能不会举行葬礼。但是,毫无疑问,他们之后的新石器时代的原始人类举行了葬礼,因此,除非能明显证明出土地的土层并未被动过,否则仅从人类骸骨和驯鹿的骨头连在一起,就论断此人类骸骨来自旧石器时代,是没有意义的。要想探索这些洞穴,工作人员需要极其小心。著名人类学家马斯卡先生(K. J. Maska)在摩拉维亚(Moravia)的普莱莫斯特(Predmost)发现,十具几乎完整的骸骨被埋在砖土中,在骸骨附近还发现了长毛象、北极狐的骨头。但是,因为它们都被埋在一块大石头之下,而骨骼几乎完整,不过这种说法听起来似乎有点儿可疑。

"拉洛热勒"(出土过"不成形的人"马塞纳特先生坚信这是一个真实的案例)、多鲁斯(在比利牛斯山)、布鲁尼屈厄洞穴(在格拉摩根郡)、巴韦兰德(Paviland)洞穴。

根据原始人类使用石头(或骨头)、青铜、铁的情况,我们将史前时期分为三个阶段,这一划分虽然有它的优点,但也并非全无缺点。如果这三个阶段的沉积物按次序埋在同一处,这样划分就十分有效。不过,如果一些人类学家太过严格地遵守这一划分,那就很容易走上歧路,被误导。在这里,我们应该记住,对两个地区进行比较,尤其是较远距离的两个时期进行比较时,当地人的生活习性和文化风俗是有很大差异的。

我们来举一个今天的例子。据说,前不久,有人发现生活在今天爱尔兰地区的一些人,他们的文化程度还不如石器时代的原始人类。在岛上较远的地方,当地人还在大量使用石制物品或骨制物品。坦皮斯特·安德森博士(Tempest Anderson)曾在那里看到过安着石轮的独轮车,带着一个石砣的杆秤、石锤、绑着辅助下沉物的鱼网。同时,他们还看到了用以磨碎玉米用的手推石磨(或平底石)、动物头角制成的马镫、骨制的骑马装备、骨针等。据说直到"好女王贝丝"(Good Queen Bess)统治时期,那里依然还有人使用骨针。

然而,当西班牙人入侵北美之时,北美的印第安人还处于石器时代。其中只有一些部落在使用铜,他们把铜和其他工具结合起来制成武器。显然,他们并没有经历青铜器时代,甚至享受不到现代文明的福音,他们只是通过物物交换获取铁。不过交易量并不多,他们大多还在使用石斧和石制箭头作为生活工具。

说到石刀的制作方法,这里我们引用贝恩斯先生(Baines)对澳大利亚北部土著居民不用石锤便能制作石刀的方法加以阐释。贝恩斯先生是这样描述的:在制作石刀之前,当地人会先选取一块玛瑙石、燧石或其他合适的石头，它们大约有一颗鸵鸟蛋那么大。材料选好后，他们就坐下来，把选取的石头放在一块更大的石块上面，然后一点点地敲凿，直到把底端凿出一个扁平的底座。然后，他们会手持底座，开始制作刀身。用敲击的方法，从敲凿的石块上敲下一块尽可能薄、宽的石片来，然后在以椭圆形树叶似的弧线向上敲击，同时使边缘薄而锋利。接下来，再敲下一块相似的石片，以便制作出刀尖，刀尖要尽可能地锋利、笔直。然后，他们会将未成型的石刀小心握在手中，给予致命一击。如果成功，就会敲下另一个石片，形成刀的中脉，刀两边锋利、尖锐，然后再次打磨，直到两边与中脉在刀尖重合。如果这一切制作顺利，就会获得一件完美的武器。但是，在制作过程中会敲下三个石块切片，并且难度很大，从出土的不完美的石刀数量上看，制作石刀失败的数量远远大于成功的数量。

虽然旧石器时代的石器制作粗糙，但用途却十分广泛，它们多用于：砍断树枝、掘出树根、杀死或切碎动物身体、清理动物毛皮制作衣物、砍断木柴、雕刻木头或骨头，以制成刀或匕首的把手、长矛的矛杆等。从泰晤士河谷中出土的一些大型（现存于大英博物馆）石制工具，多是削凿而成，制作粗糙，有点儿难以解释它们的具体用途，比起其他工具，它们看起来更适合用于在地上挖洞用。

根据今天土著人的行为习惯分析，我们可以推断出那个时期的原始人类，也留意到了对其他材料的使用，如象牙、骨头、木材、贝壳、角、兽皮。或许他们使用的第一个勺子就是由贝壳绑上木棍或藤条做成的。安达曼群岛（Andaman Islands）上的尼格利陀人（Negrittos）是如今最原始的种族之一，几乎他们所有的用品都是由竹子制成的，也因此成名。

在这里，肯定有人想知道原始人类是如何得到火的。居住在悬岩下的原始人类通过燧石敲击黄铁矿取火；土著人则是采用木棍摩

擦钻木取火。谈到火,弗雷泽教授(Fraser)认为:"'火由纯洁的处女照看,让圣火永不熄灭'是自古传下来的。"在原始人类时期,在部落首领的帐篷中,他的妻子或女儿们要照看火,保证它永不熄灭。随着时间的推移,她们成了从事神圣活动的女祭司。在如今非洲南部的达马拉部落(Damaras),部落首领帐篷中的火要永不熄灭。不论什么时候,部落的首领即便要迁到另一个地方,也要携带一部分圣火,等到了新的地方,他们就会建起炉灶,用带去的圣火将其点燃,继续燃烧。谈到火,多半会提到生火做饭,这也自然引出一个问题——原始人类为什么会想到用火做饭呢?当然,这里可能就得靠猜测了。火用来烹饪食物,或许是原始人类的意外收获:一个男人或女人在被火烤得滚烫的石头上,或者火熄灭后的炉底石上放了一块肉。肉烤熟后散发出了令人垂涎的香味,有人试着尝了一口,这一尝让他欲罢不能。等到下次,他又用木棍支着在火上烤肉,味道更好了,于是他将这个伟大的发现告诉了首领。首领十分高兴,便将全部落的人召集起来,大摆宴席,庆祝这一吉祥物的发现。也就是这一发现,让人类社会从此步向了文明,摆脱了茹毛饮血的蛮荒时期!我们可以想象,所有人围着篝火,欢声笑语,他们唱歌、跳舞,兴奋异常。不论烹饪艺术是从何而来,点燃炉灶制作美味食物的首创者总是源于女性。

> 令人愉悦的餐桌是谁的祭坛,
> 日常吃的美味的面包是谁的祭品,
> 听着孩童甜美的笑声,
> 父母所有的辛勤劳动都值得。
> 比起其他的东西,
> 这更照亮了孩子们前行的路。
> ——玛格利特·普勒斯顿(Margaret G. Preston)

人生来就有贪婪、贪欲、占欲之心，原始时期的人类也不例外，为了自身的利益，部落与部落之间可能因某件事引发嫉妒、怨恨甚至仇杀，一旦这种怨恨引发成为群体间的矛盾，就会发生斗殴甚至演变成战争。这样看来，石器时代的人类之间不会完全是一段和平的相处期。为了证明这一点，我们希望能找到一些这方面的证据。在佩里戈尔或其他地方的悬岩之下，可能埋藏着一些动物的骨头或角，上面刻着当年部族间战斗的场景。当然，那时候的女人说不定也是很勇猛彪悍的。

通过观察今天土著人部落的习俗，下面这些描述可能更好解释上面一话题。曾有旅行者讲，在萨摩亚（Samoa），无论首领或部落成员到哪里安营扎寨，他们的妻子都会紧紧跟随，如果他们病了或受伤了，他们的妻子就会护理照顾他们。今天看来，这些随行的女人可能就是医院护士的先驱。今天，当部队有军事活动时，医生护士总是一起出征，给将军士兵提供受伤后的护理和照顾工作，就像上文中部族成员的妻子们那样。在实际战斗中，女人要紧随自己的丈夫，当好战斗帮手，帮助她们的丈夫拿战斗武器或盔甲。塔西佗（Tacitus）先生曾讲到日耳曼人的情况：军人战斗的勇气，不是偶然得来的，也不是来自他们自身，而是来自部落、家庭。他们的誓言近在咫尺；他们听着自己妻子和母亲的呐喊，听着孩子们的哭泣声。这些行为，无形中对将士们起到了督促、鼓舞作用，她们鼓舞着自己的亲人勇敢顽强，为了自己的部族，到了战场多杀敌人。而他们的母亲和妻子，是他们坚强的后盾，勇士们受伤了，会有亲人为他们上药疗伤，抚平他们心中的恐惧，受伤的心灵。当然，作为他们的妻子，也会为战斗的丈夫准备饭菜，操持家务。塔西佗还说：战斗中如果有怯战的战士，他的母亲和妻子会站出来鼓励他们，给他们坚强，使他们重新团结起来，

去战胜眼前可能强大的敌人。

这里还有一幅图画,如果专注于这上面的事情,或许也能帮助我们了解原始人类部分的生活境况。对于红海海岸边的穴居人类,狄奥多罗斯·西库路斯(Diodorus Siculus)讲道:"他们很看不起那些葬礼形式的,当有族人死去时,他们会用山楂树枝或柳树枝将逝者的头绑在两腿之间,然后将尸体拖到海拔最高处,用石头将死者埋葬起来,并在垒起的石头顶端放上一个山羊角,然后不屑一顾地离去。"

在这里,还有塔西佗先生描绘的一幅图画中的场景:在那个时代,芬兰部落似乎很好地适应了旧石器时代原始人类的生活方式。塔西佗讲道:他们是真正的土著人,十分贫穷。他们既没有武器,也没有家园;他们穿的是动物的毛皮,睡的是土地。因为缺乏铁,所以他们用于狩猎武器的箭头是骨制的。女人和男人一样,都以捕猎为生。她们跟着男人四处闲逛、居无定所,获得的猎物大家一同分享。这些土著人没有具体的住所为自己孩子遮风挡雨,抵抗野兽。在需要的时候,他们会用树枝搭建一个临时的棚子来掩护孩子。这个棚子既是孩子们的家,也是老年人的休息场所。尽管如此,他们认为,与其田间劳作、辛苦地搭建房屋,甚至害怕自己那点财物被盗或者贪念别人财物的做法,这样的生活方式倒是来得更幸福,更无所求。

最后,我们来探讨一下,这些早期的原始猎人是否存在着宗教信仰?遗憾的是,至今我们都没有任何证据证明这一事实的存在。当然,这一问题不是永远没有解决之法的,未来的调查研究会揭开这一谜团。人们可以期待,在这些领域颇有建树的大家,他们或许有超出常人的看法。不过,看法归看法,如果没有强大的理论依据作为支撑,任何推断、看法只不过是一厢情愿而已,是得不到公众认可的。基德先生等人指出,要想从旅行者或传教士身上获得这方面真实可靠的、关于原始人类宗教信仰的证据,看来是十分困难的。

这里，原因很多。首先，要清晰明确地知道我们所说的宗教是什么，这是很有必要的，因为从大量旅行者笔记记录中，给我们的印象都是相互矛盾、缺乏对宗教清晰的认识。其次，也是大多数旅行者都会遇到的一个棘手的问题，他们若想了解当地人的生活，在询问或回答过程中都得请人翻译。当然，翻译者有水平高低之分、了解掌握对方语言丰富与否之分，如果旅行者遇到的是一个"二把刀"翻译，对方信息就有可能被翻译理解错误、翻译错误。有的旅行者为了规避这一点，完全依赖自己掌握的语言知识与对方交流。要知道，旅行者自己或许掌握的语言表达能力，不能够与当地人交流，那旅行者传达出来的思想就有可能存在一定的出入。当然，这中间还存在一些不确定性，如当原始居民突然遇到欧洲来的旅行者提问，他们的回答很可能令你费解，或者原始居民故意传达给旅行者一些错误的信息，来欺骗询问者。

人们对原始人类是否存在宗教思想这一看法，分歧很大。对于究竟存在何种分歧，读者朋友们要想了解，我们只有直接引用弗里德里希·马克思·穆勒(Friedrich Max Müller)先生的说法了。穆勒先生是这样认为的：一些传教士并未找到任何宗教的痕迹，但就在同一个地方，人类学家却看到了幽灵的传说、图腾的崇拜和人们对某些物品的迷信；在一些土著人部落，某些传教士发现了那里的宗教色彩浓厚，但是人类学家却认为那里的人类除了具有原始本能，别的再无长处。穆勒先生进一步讲：当传教士们想要证明，任何原始人类都有宗教信仰时，他们却看到了遍地的宗教、图腾的崇拜、拜物迷信等。如果这些传教士想要证明无宗教种族都在信仰宗教时，他们就会过分地渲染那些种族的生活境况多么悲惨；如果那些种族信仰的是某个上帝，传教士就会丑化他们的信仰不过是一种幻觉。显然，这里面有强烈的个人喜好色彩。不过，人类学家有时也难免会犯这种错误。

他们如果想证明某个时期,人类就像出生的婴儿那样不信教,那么在他们的眼中,不论是图腾崇拜、拜物迷信、祈祷、祭祀都不算是信教的。众说纷纭,各持观点,看来不同的观察者都只打着自己心中的"小九九",未必知道宗教中至关重要的东西是什么。

现今,居然土著人的生活习惯也受到了今人好奇习俗的规范,这样规范是多此一举的、愚蠢的,这是文明进步的产物。不过,这种规范对我们了解远古土著人是有帮助的。因为,通过对土著人生活习性、活动场景的把握,有利于人们更加深入地了解他们的生活习俗,让他们的习俗就像伦敦大街上的交通法规一样,清晰明了地展现在世人面前。所以,对于这些习俗,我们不能说它只适合宣传不适合遵守(尽管我们经常这样做)。就像交通法规一样,土著人正是由于有了这些习俗的规范,维护了本部落的秩序,避免了无序,提高了自己狩猎生存的几率。高度文明的社会一个显著特征便是具有十分复杂的法律法规、宗教条例体系,而土著人的这些不成文的约定俗成,明显是它们原文明的前身。对超自然现象的恐惧,是土著人实行这些习俗的潜在动力。土著人认为他们身边漂浮着鬼魂、游荡着祖先的灵魂、森林之灵、树之灵、空气之灵、土地之灵、天空之灵、水之灵等,他们必须服从并崇拜这些神灵,用来抚慰平息它们的怒火。牧师或魔法师似乎就是传达神谕之人,他们就像文明社会中的警察:人们必须服从相应的秩序,否则就会受到惩罚。就如基德先生所说:"'神灵的制裁'是所有宗教最基本的特征。"

今天,如果人类学家在探知活着的土著人是否存在宗教意识时就显得问题层出不穷,继而回去探求远古时期土著人是否有宗教情节,这种舍近求远的做法,想必不会有什么好的结果的。

或许我们可以回想一下教皇说的话,用这些话语来描述多尔多涅河旧石器时代的猎人们,表达出他们的一种美好愿望。

> 瞧，可怜的印第安人！
>
> 谁的头脑不正常看见神在云中，听见神在风中；
>
> 他引以为豪的科学从来没有教过，
>
> 要流浪远至太阳或银河系；
>
> 然而，他的希望已经变得简单：
>
> 在云雾缭绕的山峰后面，一个卑微的天堂，
>
> 去拥抱丛林深处更安全的世界，
>
> 安居在舒适的世外桃源。
>
> ——亚历山大·蒲柏（节选《论人》）

19世纪早期，根据一些旅行者的观察，塔斯马尼亚岛上的土著居民，他们看起来就像是生活在旧石器时代的原始人类。爱德华·伯内特·泰勒（Edward Burnett Tylor）教授研究原始人类是否存在宗教意识，在他的书中做了详尽的描述：塔斯马尼亚人的宗教是简单的"万物有灵论"。他们认为人的影子就是他们的灵魂，冲着悬崖大喊的回音，是影子在说话！为了寻求逝者的庇佑，他们会将死去朋友的骨头带在身边，他们相信灵魂是住在地球上一个遥远地方的。外来人便是逝去同族从灵魂之地又回来了！虽然这些想法看起来十分荒诞，但比起语言、宗教、社会开端这些东西，已经大有长进了。

就在本书将要出版之时，里维埃先生从多尔多涅河的一处山洞中传来好消息，他在那里发现了大量深嵌于洞穴墙壁、描绘在动物骨头上的雕刻画，一些雕刻画上还覆盖着一层石笋。

第四章　冰川漂移说与洪积理论

"有时看到一块巨大的石头
坐落于光秃秃的山顶;
会想知道它所有的奥秘,
从何处来,又是如何来,
以至赋予了一块死物感觉,
就像一只海兽匍匐向前,
到一处岩石暗礁或沙滩上休息,
只为阳光倾洒在它的身上。"

——华兹华斯

在人类历史的进程中,科学与迷信好比一对欢喜冤家,既唇齿相依又如影相随;既是对头又如死敌。人们常说,科学之光可以驱散蒙昧与黑暗,带来真相与光明。两者之间是存在着相互联系的。古老的神话传说从混沌的远古流传至今,它们大多是建立在一些事实基础之上的,如我们看到洞穴中被掩埋着古老怪物的骨头,由于缺乏科学的解释,原始人类便凭空想象出了一些奇特的解释,迷信由此而来。因此,这样的故事也就不胫而走:说某洞穴中居住着吃人的龙。在世界混沌之初,人们想象出了巨人、魔鬼、精灵、妖怪、女巫等,来解释当时出现的一些现象。当然,我们会对这些现象做出科学的解释,以澄清人们心中的猜疑。

眼前,数以千计的巨大砾石伫立在欧洲。很显然,它们是从遥远的地方来到这里的。古老的人类钟爱于超自然的能力,当他们遇到某些无法解释的现象时,就会毫不犹豫地认为是超自然能力在作祟,让他们眼前奇观、怪异迭出。于是,便有人认为苏格兰低地上存在着大量的"漂砾"或漫游着无数的精灵。想象的大门一旦打开,各种怪诞离奇的说法就会被人类不断地创造出来。其中的一些奇思妙想,居然是从石器时代传下来的。阿奇博尔德·盖基先生(Archibald Geikie)①在他那本广受欢迎的《苏格兰的风景》(*The Scenery of Scotland*)中提到了这样的神话传说:许多关于妖精、女巫、精灵的离奇荒诞的传说,都源于荒野中的灰色砾石。在苏格兰低地地区,它们有诸多的称号,如'巨人之石''多年的妻子''举起''女巫的进阶之石''魔法师''重担''地狱之石'等。在很早以前,那里的人们就坚信形状奇特的巨石是天然的工艺品,它们不仅是自然界的产物,也是来自另一个世界——活跃又恶毒的神灵。这种说法当时很是流行,人们不必感到惊讶。事实上,地质学家早已对那些石头司空见惯、见怪不怪了。不论石头怎样的层出不穷,都无法引起地质学家的兴趣,也无法阻止他们探索真相的脚步。现在,我们先不考虑魔法师或精灵的魔法力量,虽然我们也不知道这些石头从哪里来、如何而来,就连记载它们的一些历史文献,读起来也有点儿像是在读一则有趣的传说。如今这些石头表面已经被苔藓覆盖,裂缝中混杂地长着几簇石南、风信子、蕨类植物,在石头周围的荒地却是寸草不生。它们究竟

---

① 阿奇博尔德·盖基(Archibald Geikie1835—1924),苏格兰地质学家、作家,英国皇家学会会长。——译者注

从哪里来呢？

我们现在来说这些奇怪的巨石或精灵是由冰川的作用引起似乎有些晚了。因为这并不新鲜的说法，如今无论在学校、街边报摊、流行的旅游杂志上，大家都知道或看到苏格兰的山谷、英格兰的北部、威尔士都曾被冰川所覆盖，冰川携带着巨大的石块缓慢移动，直到气候转变，气温回升，冰川退却，巨石便留在山谷之中，或是山丘、缓坡之上。

如今的北美、北欧等地，遍布着冰川作用后留下的痕迹。不过，说来奇怪，19世纪的一些地质学家，居然还被这些痕迹误导。他们通过想象觉得，那时的冰川已经扩展形成了一个巨大的冰盖；他们甚至兴奋地称其为"伟大的冰川时期"。后来，还有人徒劳地讨论这一冰盖，说它是从北极地区漂移到欧洲的极地冰冠。这一说法，使一些头脑清醒的地质学家大为震惊，他们自言自语道："看这些人真是疯了！"当然，前所未闻的冰盖学说若想成为人们口头谈论的焦点，还需要一些超自然力的助力。尽管这样的传说故事正在人们心目中退潮、消亡，但在当地一些年长的老农心里，他们依然相信这样的传说，拒绝接受今天的新思想、新科学。

有人可能会问，科学是否可以不受这些荒诞离奇的故事、传说的影响呢？是否可以声称科学不相信迷信？这两个问题问得很好！这种大胆的冰盖假设已经被提出近50年了，我们必须承认事实并非如此。在特殊情况下，与基于某些人的思考所提出的大胆的理论与迷信别无二致。至少，如豪沃斯先生所说，我们可以称其为噩梦。为此，我们不得不悲伤地承认，至少在一些情况下，科学不仅无法驱散无知迷信的黑雾，还会创造出模棱两可的猜想来，对于大多数人来说，那种猜想和迷信其实没什么区别。冰盖这种伟大的神话就是在四五十年前被人类创造出来的。

为了弄明白这个事实,一些狂热的科学家,如路易斯·阿加西(Louis Agassiz)、威廉·米切尔·拉姆塞(William Mitchell Ramsay)、詹姆斯·盖基、克罗尔等人疯狂地迷恋上了冰川。所以,这种巨大的、有待作进一步科学考证的冰川几乎无所不能!大的冰川能拓宽山谷,对地表的侵蚀作用产生许多深坑形成了后来的湖泊,还将数不清的各种大小砾石从斯堪的纳维亚向东西方向搬运数百英里。① 其中的一部分被带到英格兰,另一部分被带到了俄罗斯和波兰。然而,坚持这种观点的科学家们坦言,说这只不过是冰川作用的一小部分,它们真正的力量人类几乎是难以想象的。于是,冰川成了许多人精选出的科学的代名词——事实上就是一种新的宗教。冰川、冰盖成了人们对科学崇拜的载体,被赋予了神秘的、令人敬畏的力量,在它们面前,地质学家的思想都必须服从。这些能力超群、知识丰富的学者们,居然屈服在新出现的偶像脚下,如孩童般虔诚地献上他们的祭品,这是一件多么荒唐的事!在这里,要想让那些崇拜冰盖漂移说的人明白真相,几乎是不可能的,很显然,他们已经完全放弃了发挥自身能力的机会,完全依赖于占据他们大脑的丰富的想象力,推断、碾碎一切与这个理论不相符的事实。如此情景,即便是把国王所有的马和仆从加到一起,看来都难以将这些人拉转回来了②。

不过,令读者高兴的是,还有那么一些地质学家,他们的头脑并未被眼前的假象所迷惑,依旧保持着清醒的头脑。他们并未信奉某些所谓的偶像,也没有对其卑躬屈膝,或是祈求他们将自己带出困境。这些科学家们,如英格兰的托马斯·乔治·邦尼(Thomas

---

① 1英里=1.609344公里

② "All the king's horses and all the king's men cannot set them up again."此句出自《鹅妈妈的童谣》,童谣中这样唱道:矮胖子,做墙头;栽了一个大跟头;所有国王的马和士兵,都没办法把他拖回去。——译者注

George Bonney)教授、马修·威廉姆斯(Matthieu Williams),还有挪威的彼得森(Pettersen)和柯尔沃夫(Kjerulf),他们多年来竭力反对冰盖漂移这一说法,并成功地运用科学理论,证明了冰川并非无所不能,以及古老的冰盖面积并没有那么巨大。豪沃斯先生与这些勇猛又懂礼貌的战士一起努力,在某种程度上,已经成功地将这只可怕的怪兽拉下了地质学神坛。虽然它还在垂死挣扎,但是伟大的冰盖这一神话,就像所有其他神话一样,在人们心目中逐渐消减、退却了,这不得不说是一件大快人心,让人拍手称道的事情①。

豪沃斯先生说,"起初,我们跟随着那些伟大的冰盖神话的提出者,确实追求了一些虚无缥缈的东西,但后来很快发现它不是真理。于是我们悬崖勒马,向他们相反的方向前行,我们坚决抛弃了原来那种认为北部一半的气候温和地区曾被冰雪覆盖的想法,并且我们认识到在新西兰、喜马拉雅山脉、阿尔泰山脉地区,冰雪与森林是可以交融共存的。这与另一种观点正好相反,有人曾坚持认为:冰川的侵蚀使英格兰等地的植被、动物减少,那些地区如同穿上了冰雪盔甲。离开的动物、退化的植物,在经历了一段时期之后,又都慢慢回到了那里,情况没有任何的变化。"

这里,砾石不是冰川作用唯一的产物,现在我们来论述冰碛和冰碛沉积物。冰碛出现在冰川曾留存的地方,它是一种质地非常坚硬、稠密的黏土,其中混合了许多大小不一的石头。正如前面提到的,这些石头大小不一,角度各异,杂乱地堆在一处。这表明,它们曾受到过巨大力量的挤压,才黏在了一起,而不是简单流水冲击后沉积

---

① 就这一问题,读者可查阅豪沃斯先生在过去十年发表于《地质学杂志》上的论文,还有他的著作《冰川噩梦和大洪水》,他在书中详尽地描述了冰之推论的兴起历史,并且进行了强有力的抨击。

形成①。

人们要计算由冰川的深度所造成的压力,方法十分简单。有人发现,1000英尺②厚的冰川能造成每平方英尺25吨的压力,或是每平方英寸③400磅的压力。正如铁路工人在修建铁路时,遇到冰碛而要想穿透它们十分不易一样。冰碛中的石头也不是绝对的圆形(不是那种水流冲击作用后的圆石),就像今天人们在冰碛石中发现的石头一样,冰碛中的石头的边角、表面都已被磨损,石头表面多有划痕或条纹痕迹。

以上内容包含的一些事实,都清晰地再现了冰碛形成于冰川之下。石头嵌于冰川下方的地方,与地面裸露的岩石进行长期的缓慢摩擦之后便逐渐深嵌于冰川中。下面的这些岩石的变化或许更令人瞠目结舌:由于岩石突出的部分被磨平、磨圆,会逐渐成为地质学家们所称的羊背岩(roches moutonnées)。冰碛还有一个特点,它总是具有被发现地区岩石的某些特点。在一个地区,它可能是黑色的、坚硬的、含黏土的,这是由于那个地区地表就是黑黏土岩石。如果是在另一个地区,它可能是浅红色的,因为那个地区的岩石多为红色砂岩。有人可能想知道,有什么证据证明冰碛——这种争议颇多、令人迷惑的堆积物形成或堆积于冰川之下呢?毫无疑问,大量冰川时期的一手资料可以为其提供参考,如冰川时期的前(上新世)土壤、岩石堆积物等山中物质。所以,这些物质被嵌于冰中,大多数的科学家都指向了冰碛,这是冰盖磨削作用下的实际产物。在某种程度上,研磨作用确实是在冰川作用下进行的,如羊背岩的形成便可证明这一点。

---

① 在苏格兰的一些地方,冰川携带着冰碛缓慢前进,后者被巨大的压力挤压成层,所以,冰碛下面的岩层长有岩脉。

② 英美制面积单位,1平方英尺约合929平方厘米。——译者注

③ 英美制面积单位,1平方英寸合6.4516平方厘米。——译者注

但是,被过分夸大的羊背岩,以至于掩盖了显而易见的泥石资源。

没有任何水下沉积物会像冰碛那般混杂诸多的石头,且十分坚硬。显然,这些石头并没有被冰川携带着前行很远。当冰雪融化之后,嵌于冰川中的不同物质沉积下来,形成冰碛。然而,它们还不同于冰碛石。虽然,冰碛是不分层的,也就是不像普通沉积物一样层次分明,但是,它们中间常有插入的沙层或是碎石层。有时也会在它下面挖出泥煤、长毛象、驯鹿和其他哺乳动物的骨骸来,就更别说还有树干、枯枝等其他杂物。不过,对这一现象最好的解释是:那时期,古老的冰川有时会经过湖泊或河道,将泥煤层、碎石层或沙层与它们自身特殊的沉积物——冰碛或是冰碛堆积物一起埋藏于湖泊等地。古老的冰川有时向前推进,有时向后移动,这取决于降雪量的多少,因为降于山上的雪会形成冰粒雪,从而形成冰川,而不是一些人所主张的,是由一些特殊的气候变化(间冰期)所形成的冰川。

情况也不一定总是相同。人们在英格兰和苏格兰等地收集的证据显示,在一些地方,古老的冰川会涌进海洋。之所以这么说,是因为我们在兰开夏郡(Lancashire)等地的冰碛中发现了海洋贝壳。有人认为,这就意味着这些地方曾被海水淹没过,而且冰碛是由冰川上的泥和沙埋在了海洋中才形成的,这一发现后来得到了理论的证实,证明了发现者的观点是正确的。这种观点后来曾被广泛接受,但是如今的一部分已被人们抛弃了,后面我们会提到。这里总结一下,冰碛十分坚硬,其中的石头大小不一、形状各异,冰碛具有地岩土的特征,它们不分层。但是,后来出现的"鼻山尾①"现象,将古老的冰山理论或沿岸冰理论全都否定了。在这里,如果我们回到早先有争议的

---

① 鼻山尾(crag and tail):冰川流经较大的基岩岗上时,冰层未能全部把岗丘覆盖,其顶部露出冰面,迎冰坡及两侧均遭受冰流磨蚀,背冰面尾部堆积了冰碛物,迁移很远,整个岗丘形状如鼻,故名鼻山尾。——译者注

漂流沉积物这个话题上，我们会发现所有较年长的观察家、博物学者、旅行者都信奉水。水是那个时候流行的元素，是受欢迎的偶像。但后来，地质学家如阿加西等人逐渐察觉到水不能解释所有的现象时，他们便转而信奉冰，成了冰的狂热信徒。不过，不少人将漂流现象归类为水的新形状，这种观点是相当正确的，不足之处在于，他们过分夸大了水的作用。他们这种思维跳跃之大，简直是从平底锅里一下子跳进了火中，又仿佛从波涛汹涌的海洋里，一下子又跳进了令人毛骨悚然的冰雪世界。如果这些人声称的大脑已不再受水干扰，那他们的对手可能会回答，大脑受冰的干扰也是一种相当危险的疾病。然而，并非所有人都拥护冰，也有一些人坚信漂浮的冰，也就是冰山，这是人们最初的狂热形式。莱伊尔和达尔文则坚信"伟大的下沉"理论，不过这一理论最近几年已被大部分人抛弃。陆地冰，也就是冰川，被认为与漂流沉积物的形成有更大的关系。不过，毫无疑问的是，它确实能解释很多眼前的问题，这一点我们必须承认。然而，水毕竟正处在当下人们讨论沉积物形成过程的热度之中，我们应当尽可公正地对待才是。

看到某一领域人们的认识得到了提高，或是追寻真理脱离了错误的轨道，这些都是值得称道的事。如果有人认为，地质学家都在不断改变自己的观点、认知，所以不用太在意他们的这些做法，反正下一代地质学家的观点与之前的他们又不相同，就像法国人说的"我们要改变这一切"。那么，我敢肯定地说，这些人可能会收到这样的回复：这些科学家与哲学家、神学家、历史学家、政治家、经济学家和其他人一样，不会因为自己的观点被推翻而感到内疚或羞愧。试问在过去的50年中，我们取得了什么进步，又有多少错误的观点被废除？我们经常听到有人嘲笑科学界人士的思想变化无常，所以，我们在这里有义务为这些地质学家正名。地质学家和其他人一样，他们不应

当受到世人的责怪。要是在早些时候,如果地质学家在证据充足的条件下便轻易下结论,那说明所有人都有这样的弱点。那些嘲笑地质学家观点多变的人,或许也不止一次地经常改变自己的观点。他们应该记住,发现真理的过程本身就是缓慢且艰难的,就发现真理的本质而言,肯定会有一段思想进化、观点改变的曲折过程,谁也不是一帆风顺、一蹴而就的。

在不同时期,人们对某个复杂的专题,所持的观点也各不相同,花时间去寻找这些观点形成的过程,是很值得去做的。没有任何一个科学分支能像更新世地质学这样复杂困难。更新世地质学就是更新世时期的地质学,也是最后一个时期的地质学,即所谓的"冰河世纪"及其后来事件发生的时期。除了冰碛石和一些碎石外,今天的我们已经看不到其他沉积物形成的过程了,这也是我们在解释漂流沉积物过程中遇到的最主要困难之一。人们要想穿透冰川到达更深的地方几乎是不可能的,更别说要穿透格陵兰岛的冰盖了。我们对冰川了解得越多,掌握知识越充分,就能更好地了解一些漂流沉积物是如何形成的。

伊曼纽尔·斯韦登伯格(Emmanuel Swedenborg)[1]早年曾是瑞典一所矿业大学的评审员,他或许是瑞典第一个如此详尽描述漂砾、努力解释其成因的人。他曾提出一个理论,认为是因一场大洪水将漂砾沉积在那里的。同时,他对另外一些现象做出过解释,比如:独特的细沙或碎石组成的丘陵,也就是冰砾阜现象(Asar,在苏格兰称Kames)。早期伟大的观察者索绪尔(De Saussure)在他的《到阿尔卑斯山旅行》(*Voyages dans les Aples*)一书中,讨论了侏罗山脉的漂砾

---

[1] 亨利·豪沃斯先生曾在他的《冰川噩梦》一书中,细致地回顾了科学家们对砾石成因漫长的探索历史,我们下面的内容都是基于他的回顾内容。

情况，他认为是水的作用将这些漂砾物带到那里的，并在山谷中形成了碎石。他相信，那场洪水肯定来势汹汹、势不可当。同时，他还注意到了山谷中形成的许多独特的圆形和波形的岩石，即著名的羊背岩。因这种岩石形状酷似羊背，所以起名羊背岩。我们知道，羊背岩的形成是由于冰川向前向下运动时，它所携带的石头对沿途基岩进行磨蚀后而形成的。不过，索绪尔先生却认为是水作用的结果。既然说是水，那水又是从哪儿来的呢？这里就不得不提到早期地质学家说到的地震了。那是一场巨大的地震，地震引发了大洪水和海啸。詹姆斯·哈顿(James Hutton)，于1802年首创了现代地质作用均变理论，他也同意因大地震引发大洪水这个观点。他的拥护者，著名的普莱费尔(Playfair)也同他一样，不过后来两人都放弃了这个观点。他们认为并不是什么洪水海啸的作用，实际上河水便足够了。他们认为那时的山肯定比如今要高得多(真实情况确实如此)，故而山陡、坡度高，水流有相当大的冲击力。

1812年，詹姆斯·霍尔先生(James Hall)也宣扬"大洪水"这一观点。伟大的迪安·巴克兰，我们在前文提到过他在洞穴探索方面所做的开创性工作。他的著作《洪水余物》一书出版于1823年，目的在于展现《圣经》中提到的大洪水，已经在科学上方面得到过证实。漂流沉积物、漂砾、碎石等都被认为在地质学方面证明的"诺亚洪水"的真实性。亚当·塞奇威克(Adam Sedgwick)那时也坚信"洪积理论"。当然，还有亨利·托马斯(De la Beche)这个名字同样不能被遗忘。1835年，默奇森(Murchison)表达了自己的观点，他坚信砾石的下沉与分散是因为浮冰的作用。这表示，对于这个有争议的问题，一场新的理论论战已经开始。人们不再讨论洪水的作用，而将注意力集中到受风力和洋流影响而漂浮的岸冰上，这是个很大的进步。后来，达尔文和莱伊尔也开始宣扬这一新的理论。再者，根据豪沃斯先

生的话,我们发现首次宣扬冰川作用的,是曾经的洪积论者普莱费尔先生。他在《哈顿理论说明》(*Illustrations of the Huttonian Theory*)一书中,提到一块著名的砾石,叫"畸形的石头"(Pierre—à—Bot),它被发现于纳沙泰尔(Neuchatel)地区。这块重达2520吨的黄岗岩,曾被移动了70英里远。他认为,任何水流的作用都不可能将这块巨石冲到山上。

在这里,我们注意到,曾有瑞士人发现他们国家的冰川曾延伸到了其他地方,远远超出了他们现在的国界。1815年,卡彭特先生(Charpentier)在一间小屋中与一位著名的岩羚羊猎人彻夜长谈。这位猎人告诉他有关冰川延伸的信息。卡彭特也提到过,有位樵夫通过观察山谷下的巨石得出了同样的结论。1822年,维尼特(Venetz)先生证明了冰川曾经延伸至侏罗山脉。要知道,那个时候,冰川延伸的发现是一件令人震惊的事情。

哲学家歌德(Goethe)在他著名的小说《威廉·麦斯特》(*Wilhelm Meister*,第二版,1829年,第二卷,第十章)中,也提到了冰川延伸这一理论:"最后,那两三个本来安静的客人也无法忍受寒冷,开始求助于人。在他们的脑海中,他们似乎看到了高山的冰川如光滑的路面向下延伸,直到远方的海拔较低的国家。原始沉重的巨石通过冰川光滑的表面,势不可挡地向着更远的地方滑行;等到冰川融化,这些巨石便永远地留在了异国的土地上。"著名的卡彭特先生,原先对这一理论持反对意见,后来他却成为这一理论坚定的信徒,正是因为他对这一理论打下了坚实基础的原因。阿加西似乎也接受了维尼特和卡彭特先生的结论。事实上,他是从植物学家卡尔·斯奇姆珀(Karl Schimper)那里明白这一理论的。斯奇姆珀先生在瑞士朗德龙(Landeron)侏罗地区(Jura)的白垩岩上发现了著名的冰川痕迹,因此为自己的理论找到了支撑的依据。

谈到斯奇姆珀先生的发现,豪沃斯先生说:"斯奇姆珀曾与阿加西有过交谈,斯奇姆珀富有激情且生动的语言极大地调动了阿加西的想象力,阿加西第一次决定以地质学家的身份自处,为将这一理论宣传给纳沙泰尔的同胞,他举办了一系列的演讲讲座。"为此,他甚至借来了斯奇姆珀在慕尼黑发表演说的笔记。阿加西承认曾受到过斯奇姆珀的一次照顾,但对他的启发不大。所以,报纸将所有的功劳都归于阿加西,却把斯奇姆珀给忘掉了。在英国,这样的事情也同样发生过。在年轻时,我们便被告知,是阿加西发现了欧洲北部山区的冰川作用。但是,"冰河世纪"这个术语实际上是斯奇姆珀发现的。

迪安·巴克兰被这位才华横溢的博物学者的言论折服了。巴克兰曾在1840年给地质协会写过一篇论文,但是默奇森并没有被这篇论文说服。一场热烈的讨论便展开了。在讨论中,默奇森讽刺道:"有一天,高门山(Highgate Hill)会被视为是冰川所在地,海德公园(Hyde Park)和贝尔格雷广场(Belgrave Square)会被认为是受冰川影响而形成的景象。这一天就快要到来了。"威廉·休厄尔(William Whewell),剑桥大学三一学院院长,也对冰川作用的这种观点持反对意见。

然而,阿加西通过自己的激情与口才,帮助卡彭特说服了很多人。他说:"每一块终碛石,都是冰川退缩后留下的足迹,随着冰川缓慢从平原退缩,回到山区。无论在什么地方,我们都发现了这种古老的、大小不一的、半圆形的终碛石,通过这些,我们都可以确信冰川曾经到过这里,它们在地表缓慢地前行,寒冷与炎热交锋,争夺主导权……通过这些终碛堤,我们可以追寻到冰川停滞的位置。随着冰川从瑞士平原退缩到阿尔卑斯山脉地区,止步于伯尔尼(Berne)。为今天的城市发展打下了坚实的基础,因为伯尔尼市就建在这些古老的冰碛石上。"

回到英国,我们可以看到,往南远至英格兰中部地区,那里有大片的冰川沉积物。唯一能够对此做出合理解释,且令人信服的是融合性冰川理论学。在英国部分地区形成的巨大冰盖,致使它周边的苏格兰、威尔士、英格兰北部地区,还有爱尔兰的一些地方,很大程度上都曾被冰雪覆盖过。英国海岸周边较浅的海峡,当时大部分地区的山谷都遍布冰川。因此,看情况似乎是苏格兰境内的巨石被冰川带到了柴郡或英格兰北部地区。在某些地方的冰川下面都形成了冰碛,待冰川融化后,冰碛便被留了下来。在所有古老的冰川都融化之前,最后剩余的小面积冰川产生了那些看起来时间不长的冰碛石,我们在威尔士或苏格兰山脉海拔较高的地方都能看到这些遍布的冰碛石。还有人仔细标注出了英格兰北部地区巨石所处的位置图。在英国湖区夏普村庄(Shap),花岗岩巨石分散各处,不过它们的位置已经被精确地标记出来了。一些地质学家相信,只有漂浮的冰才能将这么多的巨石带到现在的位置。不过,我们在泰晤士河北部地区并未看到冰碛或冰碛堆积物这样的东西,但是发现了在前面提到过的一些独特的漂流沉积物,可以肯定,它们大部分是由水流的作用或冰川融化的作用而形成的。在这里,每年春夏之际,都会有大量的冰融化成了水,一路向南流去。

有一个与阿加西、克罗尔、盖基教授的极地冰盖理论不同的观点:如果很久以前,遍布英国山谷的冰川来自北极地区,那么为何没有找到来自纬度较高地区的砾石呢?阿奇博尔德·盖基先生清楚地说道:在苏格兰地区的冰碛中,他从来没有找到任何来自很远的地方的石头,它们多是来自附近的。很显然,我们必须放弃这种想法,即认为除了海拔较高的地区曾有冰盖覆盖英国。那么,我们必须思考所谓的"冰河世纪"其实就是部分地区有冰川,或者诸多冰川合并一处的时期。冰碛石是山脉中海拔较高且冰雪未覆盖地区的碎石,除此之外，还会有什么其他原因呢？许多极端的冰河学者认为，格陵兰岛除了冰川再无其他东西。但是，最近丹麦的地质学家发现，就连格陵兰岛都不只是一片冰雪之地，那里是一片高原，上面有许多裸露突出的岩石，它们都暴露在大自然的影响之下。

在塞奇威克的时期，甚至说更早，在英国东部海岸的某些地方，就曾出现过斯堪的纳维亚砾石，不过在俄国、波兰也曾出现过。信奉冰盖说的人自然会将其作为支撑他们理论的证据。他们相信，这些砾石是被"缓慢爬行"的冰川带到了西边和东边数百英里的地方。不过，这些观点也有很多讲不通的地方：第一，如果这仅是一个物理问题，那我们只能假设斯堪的纳维亚半岛曾有过地壳隆起，才出现了斜坡，造成了冰盖的断裂、滑动。而且这个斜坡坡度至少在3°或4°，才能使冰盖滑落移动，甚至在比冰盖更高的地方有物体推动冰盖向前移动。第二，如果这个群岛曾被冰川覆盖，如今应该有冰川作用后留下的痕迹。但是，挪威的地质学家发现，罗弗敦群岛（Loffoden Islands）从低海拔到高海拔地区都未发现冰川作用留下的痕迹，就连海拔更高的苏格兰山脉（Scotch Mountains）也是如此。詹姆斯·盖基教授在他的《伟大的冰川时期》一书中，展示了一张彩色地图，图中展现了基于他的理论冰川曾经覆盖的巨大范围。这主要是根据冰川作用后岩石上的条纹、划痕判断研究出来的，其他地质学家也曾做过类似的工作。詹姆斯·盖基教授等人相信，斯堪的纳维亚冰川曾与苏格兰冰川相遇，由此有点儿偏向了南方，将斯堪的纳维亚的砾石留在了约克郡海岸。不过，人们很难接受他们的这种推论，其他人则坚定认为，这些砾石是随着冰山漂浮才到了这里的。

豪沃斯先生更是理论独具，他指出这些砾石可能是当初维京海盗作为压舱石放到船上的，又由于某种原因的海难事故，这些砾石被留在了海岸边。但是，砾石数量之多，这种解释自然显得有些苍白无

力,何况这些砾石不完全是出现于海岸,有的还被埋于冰碛之下。豪沃斯先生还指出:我相信,斯堪的纳维亚半岛的冰盖之说,仅是克罗尔的个人发明。他坐靠在背椅上,发挥着他大胆而又丰富的想象力,将这一'非凡的'假设强加于严谨客观的科学之上。他并未想着去挪威,或者是英国的海岸实地考察一番,而直接把自己的奇思妙想推之于众,造成的结果是,冰盖这只巨大的怪兽(据说来自挪威,不过天知道它是怎么来到这里的),在人们进一步的考证之下,很快就被否定了。当然,这里也要提到一些地质学家,他们在看到真实冰川发挥作用之前,便武断地提出了很多关于冰川时期的设想。不过,这里我指的是那些通过推论,误导了研究这些问题的人。克罗尔的高徒詹姆斯·盖基先生有义务向公众坦白这一点,如南极大陆上大面积的冰川曾向大西洋前进了数百米,到达了本就有冰盖的法罗群岛(Faros),听起来荒谬,实际上那是不可能的。其实,霍恩(Horne)和皮奇(Peach)先生应该承认,在苏格兰西部的奥克尼群岛并未出现任何冰川作用的迹象。

不过,美国地质学家在研究冰川时期北美是否受其影响,这样的工作已经开展很多年了,他们得出的结果证实了北欧的研究结果。另外,人们注意到在同一时期,南半球确实出现过大面积的冰川,这确实是件有趣的事。在南美洲,在新西兰都发现了明显的冰川作用的痕迹,而如今那些地区并不存在冰川。阿加西毫不犹豫地表达了自己的观点,他认为在热带地区也有巨大的冰盖留下的痕迹。不过,这仅是他个人的想象而已!

读者应该知道,我们介绍这些地质状况,是努力向大家展示旧石器时代猎人们在欧洲的活动情况。正如前文提到的,许多地质学家都相信这些原始人类在冰川时期代就已经来到这里了。然而,一些人却拒绝接受这种论断,他们坚信原始人类是从冰河期之后才出现的。不过,有大多数人认为,长毛象和其他喜寒动物的灭绝,以及四足哺乳动物的出现,就证明了前面观点的正确性,即原始人类在冰川时期就已经在欧洲出现①。如前面所说,我们没必要假设南部的哺乳动物来到这里后,才察觉气候对它们来说太过寒冷而再次迁徙。相反,我们有充足的证据证明它们就曾同时生活在欧洲这片土地上!如今在阿尔卑斯山脉高海拔的雪地中的动物与植物,它们与低海拔温暖山谷中的动植物就有很大的不同。那么在冰川时期,无论在阿尔卑斯山脉还是在英国,那里的动植物群差距会不会更大呢?

当英国的土地上,动物们生活的周围植被茂盛、草色碧绿的时候,而阿尔卑斯的冰河,正如人们所说的那样,依然显得十分的雄伟,两种对比,肯定给人印象深刻。此时,阿尔卑斯山上一些美丽的冰川已经向下延伸到了中部森林,那里长有冷杉、山毛榉、落叶松等;穿过茂盛的丛林,我们能看到冰海上白色的波浪和黑色的冰碛堤。在山脉以下的地方,是农人们的玉米地、葡萄园,居所旁漂亮的花园,它们向上延伸到了冰河边上。据说,那里的人们,有时为了采摘樱桃树上的果实,不得不踩着高处滚落下来的冰块,以垫高自己的高度。在欧洲大陆,温和气候区的植被与冰雪地区的植被相隔千里,而在阿尔卑斯山附近它们却能挨着生长,共生共荣。面对这样的事实,人们就会对那些地质学家宣传的所谓温暖间冰期理论提出质疑,甚至反对。有人假设夹杂着泥煤、树干和其他动物遗骸的沙层、碎石层等,都曾被冰川携带着移动,后来又被冰碛覆盖,这种假设是很有道理的。在某些情况下,那些沙层、碎石层中甚至也可能夹杂着冰川时期以前的

---

① 1878年,司格特池利(Sydney Barber Josiah Skertchly)先生声称,他在布兰顿(Brandon,位于诺福克)的冰川堆积物下面,发现了旧石器时代原始人类的工具。但是,作者曾和休斯教授、邦尼教授一起参观过该遗迹,据他所言,这些原始人类工具应该是滑进了沉积物的洞中,所以不在原来位置,而且也没有和灭绝的哺乳动物遗骸在一处。然而,一些地质学家认为这些工具是人类出现于间冰期的证据。(参见第七章)

动物遗骸，因为在冰川时期早些时候，地表遍布的是上新世时期的动植物遗骸，后来冰川将它们带着一起移动。事实上，冰碛里携带的大多是上新世时期古老的土壤，所以，土壤中夹杂的一些物质，时间可能会更早，在冰川来临之前，它们也不可能凭空消失！

与詹姆斯·盖基教授在他书中繁杂的理论相比，上面的解释是否来得更简单、更睿智呢？就留与读者评判去吧。这里，还曾有荒谬的天文学理论称，说居然可能存在六个冰川时期，中间夹着五个温暖的间冰期，但是，没有人听信这无水之源无本之木的空洞说教！

曾经有地质学家提出过洪积理论，并出具了大量这方面的地质学证据，为的是证明曾经有场世界范围的大洪水。对于这一观点，无论人们提出怎样的反对意见，如果我们能站在公正、客观的立场上去分析看待问题，你会觉得洪积理论有它正确的地方。尽管该理论也有言过其实之处，但还是存在着大量的事实。在这里，我们并未找到任何地质学上的记录，证明曾经有一场大范围的洪水漫灌地球的证据，我们只看到了小范围留有这样的印记。也正因为如此，洪水过后的沉积物被分散到了今天的很多地域。这些沉积物多是高原砾石、黄土（包括壤土和制砖黏土）和海拔较高地区的砾石。坚信莱伊尔均变论的地质学家，无论他们的思想怎样固执，当他们面对这一结论时，都感觉反驳变得如此苍白无力：那是在冰川时期的后期，在世界某个范围内发生了大洪水，那场面至今骇人听闻。不过，古老的流派们对这场洪水有一种极端的看法，人们对于他们当然不会感到惊讶。我们发现了皮埃尔（St. Pierre）的观点，他认为大洪水的成因是极地两块巨大的冰冠同时融化所致，融化形成的大洪水淹没了世界上所有海拔较低的地区。之后，著名的法国地质学家，埃利·德·博蒙特（Elie De Beaumont）认为，阿尔卑斯山上曾有大量的高山积雪融化，所产生的巨大水流将石头冲到了很远的地方。除此之外，他找不出其他解释阿尔卑斯山上的巨石会到达遥远的地方。

很长时间以来,地质学家们普遍认为,姑且其他地方先不讲,仅欧洲所有较大的河谷里都能找出证据证明,曾有一场比今天所有范围都大的大洪水流经此地。只有这种说法才能解释由冲击土(alluvium)、壤土、制砖用土(德语称为"loess"、法语称为"limon")等组成的大量沉积物从何而来。这些沉积物散布在欧洲不同的地区,而且面积很大,一些地质学家毫不犹豫地将它们归因为河流作用。但是,约瑟夫·普雷斯特维斯却认为,这些沉积物曾是更新世时期古老河流堆积物的组成部分,与第一章中提到的河流中古老的砾石形成于同一时期。许多人对这个观点表达了自己的看法。沉积物中的黄土是一种肥沃的壤土,富含黏土与碳酸钙,并且土质细腻。这种黄土最常见于莱茵河及其支流流过的地方,从山谷下冲击平地的边缘,到海拔200～300英尺的地方,这种黄土覆盖了山坡,使许多地区有了肥沃的土壤。在山谷中黄土层较厚,在海拔较高的斜坡或高原,黄土层较薄,这种土壤像被单一样,包裹着这个地区。在这种土壤中也曾发现过陆生贝类动物的壳、树茎、人类遗骸,还有许多灭绝哺乳动物和现代哺乳动物的骨骼。另外,在坎普山谷(Kamp Valley)的谷口,挨着泽塞尔伯格(Zeiselberg)的地方,人们在黑炭层和燧石下面发现了大量的骨骼,由此证明这里曾经是原始人类的居住地。

这些骨骼以及其他的人类遗骸,都证明了这里曾出现过旧石器时代的猎人,还有长毛象、驯鹿、犀牛等动物。那黄土又是如何形成的呢?地质学家提出了诸多解决这一问题的方法。不过,人们普遍认为,很久以前欧洲中部的黄土是来自于海洋,不过这种观点很快被抛弃了。到目前为止,尽管仍有地质学家在努力证明着中国黄土高原上的黄土来源于海洋,但是关注的人已经不多了。

希伯特(Hibbert)等人想要证明是黄土沉积于湖中。在莱茵河河

谷中,有一片水质清澈的湖泊,它坐落于宾根市(Bingen)上方开阔的河谷上,黄土便在湖中沉积了下来。不过,这种湖泊理论很快也被抛弃了。京贝尔(Guembel)则坚信,在冰河时代后期,阿尔卑斯山脉由于气压突降,导致山上所有的冰雪融化了,积雪、冰川快速地融化造成了大范围的洪水倾泻。在这里,京贝尔的观点接近事实,但也不一定是因为阿尔卑斯山地区气压突降的原因所致。人们认为冰雪融化后的水都流到了一个开阔的内陆湖中,沉积物便在湖中缓慢地沉积了下来。但是,查尔斯·莱伊尔先生并不接受这种湖泊理论,他宣传阿尔卑斯山气流下沉的观点,是因为气流下沉、气温升高,河流水量减少,所以泥沙沉积了下来。其他人如贝尔特先生(Belt)、阿奇博尔德·盖基先生都认为,是因为欧洲中部的河流遇到了北部延伸的巨大冰盖,由此在北海地区形成了冰海。但是,许多地区并不适用于他们的这种观点,因为那里的黄土覆盖面积之大,人们对这样的解释并不认同。

巴伦·里希特霍芬(Baron Richthofen),在他描述中国的书籍中提到过一种新的理论。大体意思是:中国的黄土高原是在风力堆积的作用下形成的。因为风带来大量的沙尘,沙尘沉积下来形成了现在的黄土高原。但是这些黄土仅是堆积于地表,仅在黄河流域,黄土堆积形成的悬崖便可高达500英尺。对于英国来说,黄土形成的真正理论似乎是约瑟夫·普莱斯特维奇先生提出的观点。大体意思是:所有的黄土,不论它叫什么名称,都是河流的沉积物。河流本在海拔较高的地方流动,但是正如我们今天所看到的,由于河谷被侵蚀得越来越深,河流就不在海拔较高的地方流动了,河流汛期时的沉积物由此形成。因此,它们与海拔较高的砾石处于同一时期。这些黄土是冰川时期洪水过后剩下的黄土,或者说至少是接近这一时期的。一些人甚至说到了"洪积纪",这里我们需要指出的是,将"洪积论"说成

"洪积纪",他们的这种叫法可能会误导人,我们会谴责这种叫法的,正如我们谴责将"冰川时期"叫成"冰川世纪"一样。

著名的地质学家约瑟夫·普莱斯特维奇再次提到了古老的洪灾概念,他认为是地面突然下沉引发了大洪水,他最近在一些文章中表明支持这种理论的说法。亨利·豪沃斯先生也努力证明洪积论者是正确的[①]。

普莱斯特维奇先生用他的理论来解释"有棱角的石头"这一自然现象。这些奇怪的、带棱角的石头,散存于英国南海岸线一些凸起的沙滩上(这种石头是一种乱石头坡、碎石冰碛、普通的漂流沉积物的残余,根据普莱斯特维奇的观点,任何普通的观点都不能解释这种石头的出现),海拔较高的黄土裂缝中,或其他地方还夹藏着许多动物骸骨的角砾岩。通过分析欧洲不同地方的现象,普莱斯特维奇先生抛开其他理论,大胆提出了自己的想法,他认为在更新世时期,由于海底隆起造成海面上升,整个欧洲西部及地中海沿岸地区短时间内下沉,只有海拔较高的山顶或高峰未被海水淹没。

在直布罗陀海的石灰岩裂缝中,还有西西里岛等地的洞穴中,都有发现的骨骼,且数量巨大,多数已经断裂,这种现象很引人注意。根据普莱斯特维奇的理论:当海水汹涌而来时,动物们逃到山上避难,有的跌下悬崖,有的被淹死在洞中。等海水退去后,地面裸露了出来,退去的海水冲倒了先前堆积起来的碎石,因此碎石冰碛便形成了,死去的动物的骨骼也被冲到了岩石裂缝中。这是一个大胆的设想,大多数的地质学家都不愿接受这一理论。对于今天的人们,依然

[①] 普莱斯多维奇先生的《洪水起源和洪水传说的可能原因》(*A Possible Cause of the Original and Tradition of the Flood*,维多利亚学院汇刊),第二十七卷,第 263 页;《洪水传说》(*The Tradition of the Flood*,伦敦《麦克米伦杂志》1895 年);《地质协会季刊》,第一百四十八卷,第 326 页;豪沃斯,《冰川噩梦和大洪水》。

疑惑重重：洪水什么时候开始泛滥的呢？这种海水冲击理论在人们心目中很快消退，不再流行。不过，普莱斯特维奇认为，如果没有某些非凡事件的发生，如地震引起的海啸，洪水理论的说法就不会出现。因此，别看普莱斯特维奇用普通的方法解释问题，他引出了一个地面快速下沉的理论——地震。他认为，这个理论与《圣经》中所记录的大洪水灾难正好相符。人们会对此留有深刻印象，因为这场大洪水是令人惊叹的，是由于上帝的愤怒而引发的。许多讽刺质疑的说法随之而来。其中一种反对的说法对这一理论可谓致命，那就是，不论在创世纪，还是在先前的阿卡德人（Akkadia）或迦勒底人（Chaldean）的《圣经》中，都提到是暴雨引发了大洪水。

豪沃斯先生努力证明，长毛象及其他动物的消失只是因为一场洪水所致，在之后的书中，他也将相同的理论应用到了漂流沉积物：汹涌的大洪水将地面上的一切一扫而空，这些东西混到了一起，然后堆成了小山，之后水流被阻挡住了，这些碎石等也就随之一堆一堆地沉积下来，所以根本没有什么普通的海洋下沉，只有一场冲击了这个国家大面积的洪水，洪水中还混合夹杂着许多其他东西。这样的一场大洪水过后，我们能获得那些覆盖地表的物质，这些覆盖物主要由它下面地层的性质所决定。

要单独列出一半内容，来具体解释漂流沉积物的形成过程是不可能的，我们还有其他内容需要论述。在这里，我们来总结一下本章内容：首先，冰川世纪已经被人言过其实地夸大了，而且极地冰盖的概念要永远废除；其次，我们简要回顾一下人们在这一主题上的研究及提出的观点，同时也顺便说一下，在冰川时期的末期，大量的冰雪融化成水，对漂流沉积物的形成确实有一定影响。最后，当旧石器时代的猎人生活于欧洲时，对于欧洲当时的情况，我们认为冰川时期确实有原始人类生存过。另外，提到大洪水，我们更倾向于亨利·豪沃斯先生、肖恩先生（W. Shone）等人的理论，即冰川时期的末期发生了巨大的物理变化，造成了旧石器时代与新石器时代之间的巨大差距。即气候的改变使大量冰雪融化成水，随之引发了一场巨大的洪水，动物们要么迁往别的地方，要么就此灭绝。很显然，法国作家并未认识到旧石器时代与新石器时代之间存在间隔。人类到底是在冰川时期前、冰川时期中，还是冰川时期后出现的，还有待后面人们的进一步探索。

在上述内容中，我们尽量避免谈及读者厌烦的琐事，也希望读者在本书的阅读中，跟随我们一道，满怀探索的兴趣、知晓真理的心理，读的是一本生意盎然、充满冒险、揭秘先人的有意义的书，而不是下面这位小男孩几句话中描述的那样：

> 如果世间还有另外一场大洪水，
> 造成灾民遍地，
> 整个世界都因此被淹没了，
> 这本书也仍然是干燥（乏味）的！

第五章　气候变化及其成因

"我做出判断并非是根据星宿;
虽然我认为自己也懂得占星,
但并不可以泄露吉凶祸福,
或瘟疫,或饥荒,或四季气候;
我也不能一朝一夕明白天道,
占卜每一次的雷、雨、风,
或根据我从天象中发现的预示,
说出王孙贵族是否吉星高照。"

——莎士比亚(《十四行诗》第14首)

在过去的时间里,特定区域的气候会发生很大的差异,这是作为地质学家,都应该能意识到的事情。比如,今天泰晤士河缓慢流经的地方,从前可是棕榈遍地,郁郁葱葱、长势喜人的地方。后来,随着地质的变迁,这一地方又成了北极柳茂盛生长之地,麝香羊在皑皑白雪中悠然觅食之所!说来也怪,从我们在北极地层中发现的化石来看,它们清楚地证明这里曾是气候温和,动植物繁茂的地带。通过近几年的研究发现,在至少前三个地质时期里,在高纬度地区的植物生长茂盛,动物种类繁多,而今天却是寸草不生!这些发现称得上是地质学上卓越的发现。正如我们所研究的那样，这些发现随即引发了一系列的讨论和猜测，而发现这些秘密的人却只是一群旅行者。

这里，我们先来了解一下他们发现的这些事情。旅行者们在北格陵兰岛北纬70°的地方，发现了植物群。根据希尔（Heer）所言，这一植物群包括了30多种针叶树（conifers），还有山毛榉（beeches）、橡树（oaks）、水榆（planes）、白杨树（poplars）、枫树（maples）、胡桃树（walnuts）、酸橙（limes）、木兰花（magnolias）等。毫无疑问，这些植物就是在那里生根发芽、逐渐长大的，而不是被河流或其他方式带来的。在那里，旅行者们还发现了一些植物不同成熟时期的果实，它们属于中新世时期，一个以气候温暖为主要特征的时期。希尔先生描写了在斯匹次卑尔根岛（Spitzbergen）发现的多达136种植物化石。

菲尔登船长（Fielden）、德昂斯先生（De Rance）和希尔教授共同发表了一篇报道，称格林内尔（Grinnell Land）的褐煤，其实是一层厚厚的泥煤苔、泥煤苔，或许还带着一些湖水。那片湖水中生长有睡莲（water—lilies），湖的边缘生长有芦苇，湖岸边生长有桦树（birch）、白杨树（poplar）、落羽树（taxodium）。在临近的山上还生长有松树（pines）、冷杉（firs）、云杉（spruce）、榆树（elms）和榛子树（hazel bushes）。这些植物现在很少见了，人们仅在墨西哥和美国南部发现有落羽树。这样一片广袤的森林，很不相称地全都生长在北极圈周围600英里以内的地区，如果北极圈内也有土地，那这些树木一定也能扩展到那里。几年前，一支英国的北极探险队在北纬81°45′的地方发现了一层厚厚的煤床，煤床厚度大约为25～30英尺，里面埋藏的都是陆地植物化石，尤其是针叶树化石。在北纬76°20′的帕里群岛（Parry Island），人们还发现了侏罗纪时期的热带贝壳。在斯匹次卑尔根岛的三叠纪地层中，旅行者们发现了某种著名的（无脊椎）软体动物，例如菊石（ammonites）、鹦鹉螺（nautilus）。我们知道，比起寒

冷的水域，这些生物更喜欢温暖的地方。人们在阿拉斯加州（Alaska）和麦肯锡河流域，同样发现了第三纪中新世时期的植物化石，这表明那时候这两个地方的气候与如今的意大利北部气候是一样的。

已故的霍夫顿教授（Haughton）在生前曾表示：在北极圈周围发现的第三纪的植物化石，表明那时候北极圈地区的气候与如今的伦巴第气候十分相似。但是，北极圈地区的气候不可能是适合这些植物生长的温暖气候（即便是出于力学方面的原因）。现在，我们来说一说这其中的原因。

前面中提到的事实，都证明了从古到今气候发生的巨大变化。于是，科学家们开始大胆猜测这一变化的原因。他们脑海中第一个想法便是，在地球缓慢变冷的过程中，可以找到真正的原因：这是一种自然变化的结果，根据星云说，曾有一段时间，地球是一个炽热的球体，冷却下来用了很长时间。那么，为什么前面提及的地质时期，不是这冷却过程的一部分呢？地质学家所了解的其他事实似乎也证明了这一想法的正确性。例如，地球上广泛分布着石炭纪时期的植物化石。显而易见，在远古时期，动物的生存领域十分有限。要知道，地下的热能并不会对地表造成很大的影响，从火山喷发这一事例就可以看出。有许多火山，尽管十分活跃，但它终年被积雪覆盖，当你在悠然散步时，说不定浅层的地壳下面，流动的火山岩浆距离你仅有几英寸。凯尔文勋爵（Lord Kelvin）讲："地球可能就是一个炙热的铁构成的球体，外边包裹着一层200英尺厚的岩石地壳，或者在30英尺厚的地表范围内，那里一直都很寒冷。由于这个原因，那时的气候也不会与今天的气候在类型上有什么不同；又或者土壤明显的更适合树根或较小植物生长。不过，地下温度更高仅是一种假说，这是地质学家们用来解释远古气候为什么变得更加温暖的原因。"

另一些人在研究地下水或地下火山岩浆等方面无果之后，便开

始将思路转向了研究大气形成的原因。人们猜测,或许很久以前,大气的状态与今天不同,那时候的大气更能保持地球的温度,或者大气更厚、更深。也有人假设,那时候的大气中可能含有更多的水汽,在某种程度上,可以阻挡太阳近距离的直射,保持地球的温暖,就如,云层也能将太阳辐射带来的热量挡在外面,因此,各有利弊吧。

有人认为,一直以来气候总是朝着恶化的方向发展,这种观点是错误的。那些呼吁地球正在逐渐变冷的人,要么是忘了,要么是没有意识到,从冰川时期以来,欧洲的气候有了很大的改善。

思路不清晰的人甚至认为,太阳及整个太阳系在那时候,也就是冰川时期,曾穿过宇宙中某个较为寒冷的地方来到了这里。太阳有其"自行运动"的能力,这是不可否认的。不过,尽管我们对太空了解很少,但如果说太空中有地方温暖,有地方寒冷,这是很不科学的。

埃尔曼(Erman)和巴比涅(Babinet)对这一理论做了修正。他们认为,我们的星系可能之前穿过某些地方,与其他地方相比,那些地方更加密集地散布着陨星和陨星尘。就像五月初,我们的地球穿过了一群陨星。所以我们的地球在更新世时期可能穿过了一片密集的陨星群,造成了整个地球表面温度的下降。

我们知道,彗星与陨星关系密切,破碎的彗星会逐渐转化为陨星群。地球穿过一颗普通的彗星不会花费很长时间,但是,对于我们完全不了解的陨星群,我们没有任何权利假设曾有一大片陨星出现。另外,现在人们已经清楚地认识到,就像大洪水一样,冰川时期仅是地区现象,比如新西兰就没有经历过冰川时期,所以,我们所有的理论都应该考虑到这一点。

最近几年,天文学家发现有些星体在大小、亮度方面发生了很大的变化。据说,几年前有一个星体发出巨大的光芒,放射出强大的热量,在短时间内又回到了原有的状态。对于这一奇特的现象,至今还

没有人给出令人满意的解释。它是与其他星体碰撞，才突然获得如今巨大的热量吗？还是与某些星体的亮度定期变化有关系呢？有这样一个大家都知道的事实，一些星体，如鲸鱼座，它们的亮度会定期发生改变，但是持续的时间很短。人们认为这种定期变化是由于星体周围出现了黑暗的星体，比如行星，所以有时掩盖住了它们的一部分光芒。

在这里，人们再次提到太阳黑子。有时候，太阳周围的大气看起来异常活跃，我们能在星系盘上看到更多黑子。这样特殊的太阳活动似乎是每11年发生1次，或是1个世纪发生9次。人们相信这种活动能影响天气，那么如果在很早以前就曾发生过更大规模的太阳活动，为什么却不能影响那时的气候呢？这里，我们要再次强调，所有的天文学理论都不能解释冰川时期的气候变化，因为冰川时期只是在某些地方发生，并未影响整个地球。如果人们能更早地认识到这一重要的事实，那就能省下很多不必要的猜测与争论。但是，不幸的是，阿加西等人认为地球上到处都是冰川时期的痕迹，并且很多地质学家都受到了阿加西等人的理论误导！

我们将目光再次回到太阳这里，我们发现许多人都认为，太阳一直在慢慢冷却、收缩，直至今日的大小。在这一过程中，地球接收到太阳的总热量、夏季或冬季的时长，一定发生了变化，所以造成了地球上气候变得更不适宜生物的存在。在太阳系形成的后期，太阳的密度可能变得更加稀松分散，以至太阳在整个太阳系的中心，占据了更大的空间。会不会在中新世的时候就是这种情况呢？由此太阳在极地地区投下了更多的光和热。这种说法至少是值得考虑的。已故的廷德尔教授（Tyndall）曾指出，这些理论中大都有个巨大的缺陷，即都认为寒冷是冰川时期产生的必要条件。但是，光有寒冷是不能产生冰川的。正如我们知道的，有时刮着寒冷刺骨的西北风，也未见一片雪花。产生冰雪的必要条件是要有水蒸气。让我们来听一些自然科学的说明:"很明显,通过削弱太阳的作用(要么假设太阳的光热没有到达地球,要么假设整个太阳系都曾处于冰冷的温度中),我们正在从根部废除冰川的说法。大量的冰山积雪表明,要想产生冰雪,大气中要有相应的水蒸气,还要有成比例的太阳作用。在一个提取蒸馏水的实验中,如果你想获得更多的蒸馏水,你肯定不会把烧水锅下面的火关掉以获得更低的温度。但是,若没有理解错的话,那些想通过降低太阳热量从而推测原始冰川产生过程的哲学家们,就是这样做的。很显然,冰川的形成肯定最需要'一个先进的冷凝器',但是,我们不能忽略太阳作用的能力;可以的话,我们需要更多的水蒸气,但是,我们也需要一个强大的冷凝器,能使水蒸气瞬间变成雪花飘落下来,而不是变成液体的水落到地面之上。"

我们想到气候变化的成因主要有:地球内部热量的变化、地球周围大气的变化、太阳方面的原因、太空区域的原因,尽管有这么多的原因存在,但是我们还没有找到令人满意的、有效的解释。所以我们不妨看一下地轴,看地轴是否发生了变化,能否帮助我们找到原始气候变化的真正原因。当然,众所周知,地轴只要稍微倾斜,朝向黄道面倾斜的角度是 23.5°(黄道面即地球绕太阳公转的轨道平面),这也是四季产生的原因。如果地轴是竖直的,与黄道面的交角是 90°的直角,那么我们就没有四季了,而且地球上都是昼夜分明的地方。如果地轴与黄道面重合,那其中一个半球就会正对太阳,永远是白昼,而另一个半球就会背对太阳,永远是黑夜。因此,天文学家推测是不是地球整个发生了改变,造成所谓的"黄赤交角"的变化。如今,从某些程度上看,它确实发生了变化,但是变化的幅度不大。据拉普拉斯(Laplace)所言,黄赤交角最大的时候是 24°35′58″,最小的时候是 21°58′36″。由于其他行星的吸引力,每个世纪大约改变了 48″。这一变

化微乎其微，不可能导致任何大的气候变化。

在这里，有一种很受欢迎的推测，说是在原始时代，由于地球地轴发生了变化，造成极点转移到了地球表面其他位置。这一观点提出的时间是在15世纪，拉普拉斯等人坚决反对极点位置变化这种说法。我们再来看看其他人是什么态度：在世界历史的早期阶段，海洋与陆地出现之前，地壳还不是很坚硬，极点位置发生位移也不是不可能发生的。两位权威人士凯尔文勋爵和达尔文教授便同意这种说法。前者认为，在世界之初，地轴倾斜角度改变了约30°～40°，这对我们没有任何帮助，我们当前研究的是最近时期的地质变化。那一时期的地表和现在的地表一样坚硬，因此很难想象极点位置可能发生多大变化。若是地表的物质没有发生很大的位置移动，造成巨大的地质改变，那就没有什么东西可以造成极点位置的巨大变化。如今，在赤道附近已经出现了固体物质的突出。为此，正如读者可能已经意识到的，极地直径大约是26英里，比赤道直径的一半还要短，地球是一个扁圆的球体。赤道最长，在赤道地区有一个突出，在两边13英里处有一个较厚的地方。那么，这就很清楚了，极点位置若变化，地球上肯定有相应的其他变化。不过，这个问题的答案要部分依赖于地球内部都是固体这一理论。如果情况属实，根据达尔文教授的说法，那也应当满足其他问题的需要，极点位置移动10°～15°是完全有可能的。但是，这些"如果"带有很大的不确定性，无法完全让人信服。

从广义上来讲，今天的许多地质学家都相信，在整个地质时期，地球上陆地与海洋的分布大体是一样的。这种说法，也就是著名的洋盆（大陆）不变理论。许多深海探险的结果都支持这一理论，尤其是"挑战号"的科学巡航探索工作，这一探索工作如今已经完整记录在了政府出版的20卷书中。这些研究探索清晰地呈现出了海底的层状岩，正如我们知道的，它没有包含任何深海沉积物，如红泥、硅藻软泥、放射虫软泥等。白垩岩不是在深海中形成的，也不是石炭纪的石灰岩，不属于我们以往知道的任何形式。因此，我们必须承认，虽然地质学界总是频繁发生小的变革，这是很有必要的。以前英国人认为层状岩不可能形成于海底，但正如我们所知道的，其实它们中的大多数都形成于海洋之下。我们不能由此就推断出这里曾发生过沧海桑田之类的巨大变化。要是仅从物理机械方面来考虑，我们也应该相信，只有地表的上升与下沉才可能带来极点位置的位移，这样的变化可能造成极地地区或温带地区的气候发生不同寻常的巨大改变。

希尔先生(E. Hill)讲：地质学家、数学家看起来更加蛮横无理，因为他们不愿承认地轴发生的变化。不过，地质学家们还不知道，地轴的变化会牵涉很多事情，因为他们还不知道地球有多么巨大，以及地球转动时产生的巨大动能。当地球上的物质绕着地轴转动时，除非有外力作用，否则不可能绕着另一个新的地轴转动。地球内部的变化不会改变地轴，只会造成地球上的物质、动能等的重新分配。如果所有东西都绕着一个新的地轴转动，那么每一个质点都会朝着另一个新的方向运动。什么原因才能引起这种变动呢？这里打个比方，比如当一枚加农炮弹击中前方一块斜着的厚钢板时，撞击可能使炮弹转向一个新的方向。道理就如同这样，不过地球赤道的运行速度要比加农炮弹快得多。什么力量才能使地球的每一部分、每一个质点都转向新的方向呢？"凯尔文勋爵通过理论和实验证明了地球绕着地轴平稳旋转的说法，因为地轴是一条主要的惯性轴线。当地球旋转时，地表所有物质都要发生巨大调换，或者说所有的东西都扭曲变形，才能使极点位置发生变化，也就是改变了这条轴线——地轴，从而在某一特定纬度，气候会发生巨大变化。

另外一位著名的研究者、已故的克罗尔先生曾说："在地球的历史中，从来没有出现过这样大规模的剧变。地轴要偏移 3°0′17″(这样

的偏移基本不会对气候造成明显的影响），地球十分之一的地表都要抬升10000英尺。一块大陆面积是欧洲的十倍，要升高两英里，这样做只不过是把伦敦带向了爱丁堡的纬度，或是把爱丁堡的纬度带向了伦敦。克罗尔先生是一位乐观的地质学家，他期望通过这种方法解释英国的冰川作用，或是解释很久以前极地冰川消失的情况。我们清楚地知道，冰川时期以来，地球地质方面的物理变化不足以使极点偏移6英里，虽然远远不到6°，就算是地球上所有的物质都扭曲变形也达不到。不过，如果发生这样的扭曲，的确会使极点偏移几度，但是，这样的扭曲与地质学和物理学是相悖的，两者之间的观点相去甚远，根本无法相提并论。"

前面中提到的理论，在现实中似乎没有一个得到实现，下面我们有必须要来讨论一下冰川时期的天文学理论。许多地质学家都同意这一理论观点，似乎这一理论成了唯一一个令人满意的观点。但是，莱伊尔先生则反对这一理论，正如我们所看到的，这个理论和其他的理论一样，也不能满足天文学家或地质学家的要求。在这里，我们之所以介绍这一理论，主要是因为它与人类的古老性问题相关。在前面的章节中，我们已经提到过克罗尔先生，他试图通过计算，算出冰川时期冰川的消融，到今天具体有多少年，这里居然还有许多人盲目地跟随克罗尔的步伐。克罗尔认为，冰川消失到今天至少有8万年历史。现在，我们知道旧石器时代的猎人，在冰川时期就已经在这个地方生存了，如果我们接受克罗尔先生的计算结果，那么，我们就不得不承认这些人类在8万多年前就已经存在。这一点，我们是坚决不接受的。有人甚至能找出证据让自己相信，原始人类在巫奇洞、肯特洞穴中一直居住到今天，如此长的一段时间，试问原始人类能在一个地方经历如此长的时间跨度吗？更有人认为，在威尔士和苏格兰地区发现的冰川，在行进过程中与岩石摩擦留下的划痕，甚至是冰碛石，在经历如此漫长的岁月洗礼过后依然存在,这简直听来荒唐。其实,岁月的侵蚀早就将这些划痕抹得无影无踪了。就是因为这些错误的天文学论调,已经误导了不知多少人,为此,我们只有将它们从人们的大脑中全部清除,才能端正更多人的态度,毫无偏见地去思考人类真正的古老。说这些天文学理论都是谬论,许多人或许认为这样的言辞有些太过,认为曾被大多数人接受过,如地质学家罗伯特·鲍尔先生(Robert Ball)。不过,鲍尔先生很快也对它失去了兴趣。在一次英国协会(British Association)的年度会议上,这一理论被克沃维尔先生(E. P. Culverwell)成功推翻。说实话,这些理论对地质学、考古学伤害很大,曾经对人们造成了太多的误导,所以,当它被推翻的时候,人们弃之如粪土,就连一向推崇它的剑桥大学的达尔文教授,现在也不再支持它了。那么,它究竟是什么理论,又为什么会被人们弃之如草芥呢?下面,我们会简单介绍一下它的内容,然后再阐述它是如何退出人们视线的。

从某种意义上讲,地球到太阳之间的距离并不是一成不变的。如冬天与夏天相比,夏天的时候我们与太阳间的距离其实更远。地球绕太阳公转,地球运行的轨道是一个椭圆形,而不是圆形,太阳在地球上有一个直射点。随着地球绕日公转,日地距离也在发生变化。当地球处于近日点时,北半球是冬季,那时候我们距离太阳更近。地球处于远日点时,北半球是夏季,那时候我们距离太阳更远。地球距离太阳的平均距离为9240万英里;处于近日点与处于远日点时,日地之间的距离差为300万英里。当北半球是冬季时,地球公转的偏心率为0.0168,数值很小,所以地球公转的运行轨道都接近正圆了。为此,我们需要画出一个很大的运行轨道,才能显示出地球不是正圆。太阳并不在轨道的正中心,因此,据说轨道是"偏心的"。当地球处于近日点时,北半球是冬季,并且地球在轨道上的公转速度较快,所以,我们的冬季时长比夏季时长少了几乎 8 天。同样地，在南半球，冬季就要比夏季更长。当地球处于近日点时，它会比处于远日点多获得 1/50 的热量。不论偏心率是多少，每个半球每年收到的总热量不会改变。但是，热量在冬夏两季中的分配会发生改变，因为偏心率越大，冬夏两季的时长差距就越大。

就像今天的情况一样，这种影响是非常微小的。不过，天文学家们计算出的地球公转轨道的形状，却一直在发生较大差异的变化。有时候的偏心率要比其他时候要高，所以相应的冬夏两季时长差距就会更大。这种变化的原因是其他较大天体对地球引力的作用，尤其是土星和木星。现在，天文学家计算出，当这些天体成功使地球公转轨道形状成为椭圆时、也就是偏心率最大时，椭圆两条直径的长度差距将达到 1436.82 万英里，冬夏两季的时长差距将达到 36 天，而不是大约的 8 天。现在，地球公转轨道变得越来越圆了，从公元 1800 年开始，在经历 23980 年之后，地球轨道将会接近正圆，两条直径长度差距仅有 50 万英里。随后，地球的轨道会再次慢慢变回椭圆，直到达到上文中提到的上限。约瑟夫·路易斯·拉格朗日（Joseph Louis Legrange）在 18 世纪末计算出了这一结果，勒韦里耶（Leverrier）在拉格朗日的基础上，使这一理论更加完善。

克罗尔博士扩展了勒韦里耶的计算结果，计算出了前 300 万年中，地球公转偏心率最大和最小时所处的时期。他得出的结果表明，偏心率大的时期主要有四五个，中间夹着一些偏心率较小的时期（虽然依然比如今的大），还有相应的偏心率最小的时期。但是，这些偏心率出现的时期看起来并无规律可循。大约在 265 万年前，偏心率最小；但是在约 98 万～72 万年前，偏心率较大；然后在 24 万～8 万年前，偏心率依然较大。克罗尔博士将冰川时期归为了偏心率较大的那个时期。但是，理论上的冰川时期，当地球处于远日点时，南北半球会有一个处于冬季，很显然，冰川的情况不会一直持续。由于岁差的作用（地球在其轴线上的摇动），地球每10500年后会发生逆转。根据以上的数据显示，从98万年前开始，地球公转偏心率较大，持续了26万年，另外一次是从24万年前开始，持续了16万年。现在，如果这个理论和计算结果正确，那么我们应该能找到证据证明一个更古老、更寒冷的冰川时期。但是科学家们并没有找到。下面，我们谈谈其他反对的观点。

上面我们说，地球上每个半球在每年收到的总热量是不变的，变化的是在某一段特定时间内收到的热量。约翰·弗雷德里克·威廉·赫歇尔（John Frederick William Herschel）曾提出了一种简单的理论，与该理论观点一致。他认为，不论地球在运行轨道的哪个位置，地球接收到太阳热量的总量，与太阳角度是成正比的。在1830年，这位伟人的天文学家还指出，偏心率发生的变化可能会对气候有很大的影响。就像今天，地球处于近日点，我们在北半球是冬季，我们的冬季可能非常短暂而且温和，因为我们距太阳近，所以更加温暖；又因为这时地球的公转速度加快，所以我们的冬季短暂。相反，要是冬季持续时间长并且寒冷，是因为距离太阳太远，而且地球公转速度慢。要是这样，那么另一个半球就不适合人类居住了，因为短暂的夏天却接收了地球全年一半的热量，漫长的冬天却接收了热量的另一半；当距离太阳更远的时候，寒冷达到顶峰，寒气逼人，让人更加无法忍受。由此，人们认为，当地球的一半迎来长时间的春天时，另一半可能会经历冰川时期。

当然，这不是地球上的人类与动物经历的全部，我们还应该考虑到地球被其他一些物质缓慢改变的现实。如春秋分点的岁差，拱点的变革、章动等。我们说，地球的形状就像一个橘子，地球赤道的直径比南北极之间的直径长了约26.5英里，赤道地方有一片突出的物

质，厚度为13.25英里。而太阳、月球对这片物质都产生了拉力，意思是都想争夺这片物质，这就使得地球的地轴指向了太空中不同的部位。换句话说，就是极星发生了变化，地球在自转一周后，给极点画了一个圈。

埃及历史上的第四王朝第二位法老——齐阿普斯法老曾建造了世界上最大的金字塔。在他统治期间，根据人们对金字塔的观察与测量，我们知道了他建造的金字塔，那时的极点都指向太空中的某些不同部位。由此看来，地球公转轨道上的春秋分点一直在缓慢地移动，因此便有了"二分点岁差"这一术语。若非有其他的运动，这一巨大的变化将会在25868年之后进行。另外，与其类似的干扰力量，也就是太阳与月球对地球赤道突出部分的拉力的影响，使得地球公转轨道面的长轴逐渐发生变化，我们将其叫作"远日点"的移动，或是"拱点"的变革。如今，这两种作用结合后所造成的结果是：将使地轴方向变化周期降低到21000年。为此，在这一半的时间里，地轴会画个半圆；也就是说，地轴的指向将与另外一半时间的指向相反。这就意味着，在某个半球情况会发生逆转。当北半球处于冬季的时候，地球处于近日点；如果地轴进行另外半圈转动，那么当北半球处于冬季的时候，地球处于远日点。那样的话，我们就会生活在一个偏心率很高的时期，即我们会经历一个非常漫长且寒冷的冬天，一个短暂且温和的夏天。为此，冬天积聚的冰雪到夏天也不会融化。那时候，大家就会发现，我们正在经历一个冰川时期。在另外的10500年间，地轴会画另外一个半圈，也就画出了一个完整的圆，地轴又会指向原来的方向，极星也就变回到原来的那颗星。但是，到那时候，南半球的情况会发生逆转，因为南极点会距离太阳很远，南半球就会经历冰川时期。因此，根据天文学理论的推算，每个半球都会轮流经历冰川时期，一种相似的较长时间的春季。

赫歇尔先生非常怀疑上述事件发生的影响。不过,正在研究这一主题的克罗尔先生则指出,当地球处于远日点时,北半球经历冬天,气候严寒,肯定会形成大量的冰雪,在短暂的夏天也不会融化。因此,年复一年,事情会持续进行,在一个半球冰雪积聚,而在另一个半球长时间享受温暖的春天。然后,在经历10500年以后,事情再反转来轮流下一阶段。

不过,克罗尔先生发明了将高偏心率的间接影响,与冬季时地球处于远日点时的情况相结合,得出了新的结论,他的这些论断非常具有独创性。他指出冬季时积聚的冰雪通过周围冰雪的直接辐射,会降低夏天的温度。当温度处于0℃或0℃以上时,冰不会出现。当冰处于0℃以下的状态时,太阳光照射在它的表面,就像照射在人的脸上一样,冰也不会立刻融化,太阳的热量只能将冰缓慢地融化。不过,冰雪都是很好的反射物,太阳的热量投射在它上面,冰雪会将太阳光反射回空中,太阳能就不能传到地球上。另外,由于冰雪的折射,使得空气变冷,因此空气中会形成厚厚的云和雾,由于云雾的阻挡,地球能收到的太阳热量就更少了。在炎热的夏季,水蒸发后会形成大量的水蒸气,它们遇到冷空气会迅速凝结成云雾漂浮于空气中。冰雪就更不会融化,它们就会更快速地积累起来。

众所周知,海洋的洋流会对气候造成巨大的影响。我们所处的欧洲西部或西北部地区,气候适宜,在很大程度上得益于墨西哥湾暖流。如果没有随着这股暖流而来的温暖,我们的冬天应该会像加拿大的冬天一样寒冷。这股伟大的暖流将墨西哥湾和大西洋赤道地区的巨大热量带到了这里。克罗尔先生相信,引起海流运动的主要动力是风,尤其是信风。风的形成肯定是由于赤道地区和极地地区气温的差异,温暖的空气从赤道地区上升,然后飘往极地地区;而极地地区寒冷的空气下沉,弥漫于地球表面而浸润到赤道附近。因此,克

罗尔先生认为,如果某个半球的平均气温下降,那么信风会更加强烈地被吸引到另外一个半球的极地地区。所以,当北半球处于冰川时期时,信风会更加猛烈地刮向南半球,带去温暖。现在,墨西哥湾暖流是巨大的赤道暖流,它开始时向西流,然后沿墨西哥湾和美洲大陆沿岸向西北流。信风在北半球,从东北地区吹向赤道,比相对的南半球的信风风力更加猛烈。所以,赤道地区的暖流多被带向了南方,而不是北方,故而墨西哥洋流流量大大减少。同样地,克罗尔先生认为,吹向北方的信风风力会更加强劲,因此风会向北吹并带去极地地区更多的水蒸气,那些水蒸气后来应该都形成了冰雪。在这里,虽然克罗尔先生的论断很有独创性,但仍有很多反对他的声音。现在,我们也来听听这些反对的声音,看看他们都说了些什么。

第一,存在严重缺陷。认为上述观点有严重问题的人认为,天文学家们依赖的公式原理不能被用作推算太早以前的事。他们观察到的现象最多只能追溯到 2000 年以前。因此,我们没有理由依赖他们关于 300 万年前或是 8 万年前地球偏心率的计算结果。因此,这一理论存在缺陷,是不牢固的。

第二,不能以偏概全。反对上述结论的人认为,即便我们不理会他们的那些缺点,也相信计算出来的结果值得信赖,那就是在过去的 300 万年中,有过 4～5 次偏心率高的时候,而且持续时间长,甚至当地球处于远日点时,北半球依然处于冬季的观点(二分点岁差的结果)。可是,我们应该思考一下整个地质时期,不能只看其中的一部分,要纵观形成分层岩石的地球历史。更不应该的是,他们不应该用年去衡量地球历史年代,应该用百万年才对,这样,我们是不会有异议的。不过,我们要考虑到,在这漫长的时期里,海洋、河流、湖泊中能形成 10 万英尺厚分层的岩石,而且有机世界也发生了很大的变化,比如:鱼、爬行动物、鸟、哺乳动物的进化。因此,这肯定是个漫长的过程，要完成这一过程，至少需要 1 亿年时间，这也是地质学家能接受的最小值。当然，也有许多人倾向于接受凯尔文勋爵的观点——5 亿年。保守说，这期间可能存在过 130～160 个冰川时期。与之不同，根据冰川作用的痕迹判断，许多地质学家努力证明的，曾出现过 10 个不同的地质时期。这些痕迹出现在圆的砾石和角砾岩上，但是并不能作为充足的证据，以至于大多数冰川作用的案例都被驳回了。人们普遍认为，某二叠纪的沉积物中有冰川作用的痕迹是真实的，但是也仅限于那一个地方，或许在始新世和中新世的沉积物中也会有其他的痕迹存在。到此为止，想必不说大家也应该明白了，如果天文学的理论是正确的，那我们应该去发现更多、更加丰富的冰川作用的痕迹。当然，从冰川摩擦作用后的砾石不足以证明一个冰川时期，有可能的是，他们只是证明了在那个地方曾出现过冰川，就像现在在阿尔卑斯山中发现的砾石那样。

第三，指代模糊不清。对于冰川时期的冰川，看起来仅仅是覆盖了北半球的一半，而并不是全部，在西伯利亚和阿拉斯加的大部分地区都没有冰盖发现。人们甚至认为，冰川时期的北极地区，肯定比现在的北极气候更加温和。不论怎样，那时候的西伯利亚还有足够的植被，为数量巨大的长毛象和其他动物供给食物。正如我们知道的，有人在那里发现了数以千计的长毛象象牙；再就是，几个世纪以来，长毛象象牙贸易一直进行，而且贸易量居高不下。

第四，证据匮乏。再者说来，如果他们的理论是正确的，那我们就应该能找到每个半球的冰川时期、温暖时代相互转换的证据。到目前为止，很显然，人们在新西兰等地并未找到冰川时期出现的有力证据。

第五，引证缺乏严谨。詹姆斯·盖基教授等人努力展示英国的冰川沉积物中，其中包含着温暖的间冰期的记录，这些记录记载的是

层次分明的沙层、砾石层、泥煤层等。不过,这些记录若是用作解释冰川前进或后退,似乎更加合理。人们认为的温暖的间冰期的推断必须被抛弃。

第六,证据经不起推敲。人们了解冰川期的时间很短,许多地质学家并不明白刮痕、冰碛石、羊背岩如何能像今天天文学理论所要求的那样,存在那么长时间。人们都知道,岩石上精致的刮痕在2万多年的时间里受大气的影响,早就应该被破坏风蚀掉了才对。

我们努力证明的著名理论,不巧被人们从六个方面遭到质疑。在这六个问题的联合进攻下,这个所谓著名的理论被地质学成功逐出了推测的领域,这一结果令我们欣慰。

一直以来,我们都在思考一个问题——冰川期形成的原因。这也是整个地质学中最难解答的问题之一。现在我们将这一问题定位成尚未解决、仍有争议,是比较明智的。不过,在这之前我们也提到过,一些地质学家跟随查尔斯·莱伊尔先生的引导,他们相信地理的变化可能引发气候的改变。达纳(Dana)、勒孔特(Le Conte)、莱特(Wright)、贾米森(Jamieson)等人,相信欧洲北部初期的升高与美国有很大的关系,这里有足够的证据证明海湾和河谷确实升高了。海湾就是被淹没的河谷,苏格兰海岸周围有很多这样的海湾。苏格兰、威尔士还有斯堪的纳维亚半岛上的山脉升高,肯定会造成降雪量的增加,夏天更加凉爽。邦尼教授认为,冰川期的气温本不需要那么低。下面,我们来展示冰川沉积物的沉积顺序,这是根据詹姆斯·盖基教授的理论,按升序排列的。这可能会对读者,尤其是旅行者有帮助,虽然不是所有地质学家都认同盖基教授对沉积物的这种解释。

表 5-1　大不列颠岛上冰川沉积物的地层顺序

大不列颠岛上冰川沉积物的地层顺序

续表

1. 韦伯恩（Weybourn）峭壁和希利斯福德（Chillesford）泥土	1. 夹杂明显的北极动物群的海洋沉积物
2. 克罗默市的林土层	2. 温暖气候条件下的动物群：象、扁嘴海雀、犀牛、河马等
3. 埋藏靠下的冰碛和冰融水	3. 广阔的冰盖造成的光滑的冰碛石
4. 冰碛石、纯净水、陆地堆积物；墨里湾流域；爱尔兰海流域、拉纳克郡、埃尔郡、爱丁堡等地；赫塞尔地区的砾石；苏塞克斯海滩沉积物；塞特尔洞穴等	4. 北部和温暖气候的动植物群；史前象属；犀牛；爱尔兰驯鹿；灰熊；狮子；鬣狗等
5. 埋藏靠上的冰碛和冰融水	5. 扩展到英国中部地区的冰盖所造成的光滑的冰碛石
6. 位于古老的泥炭沼之下纯净水冲击层，冰川后的冲击物占很大部分	6. 温暖气候下的动植物群；爱尔兰驯鹿；赤鹿；史前牛属
7. 冰碛和山区的晚期的冰碛石；苏格兰100英尺宽广的海滩；北极的植物化石层	7. 冰碛石堆积物和河谷冰川；北冰洋的动物群；长达1000~1600英尺的雪线；北极的植物群
8. 埋藏靠下的森林炭层	8. 温暖气候条件下的动植物群
9. 覆盖森林碳层的泥；冲积平原粘土和海拔较高的沙滩；河谷冰碛石；冰斗—冰碛石	9. 山区的小的冰川；长达2400~2500英尺的雪线
10. 埋藏靠上的林碳层	10. 温暖气候条件下的动植物群
11. 覆盖上一林碳层的泥；海拔较低的沙滩；海拔较高的河谷冰碛石；冰斗—冰碛石	11. 在海拔最高的地方的小面积冰川；长达3500英尺的雪线

詹姆斯·盖基教授在他的书中，详细地阐述了一个似乎不可能发生的时间组合。他认为，曾有过六次冰川期和五次气候温暖的间

冰期！这些独创性的构想或许适合地质学的学生们品评玩味。然而，由于盖基教授在地质学领域声名显赫，人们因此相信这些理论已经得到过验证。尤其是那些崇拜权威的人，他们就更相信盖基教授的这些言论，也正因为如此，盖基教授错误的理论给人们造成了无法想象的伤害。

  谈论冰川地质学，对许多的读者来说可能是一个枯燥乏味的话题。不过，只要你抛开这一想法，亲自走向大山、去到田野或者公路，亲自检验冰川沉积物；捡起鹅卵石，弄明白它到底从哪里来；观察"成层的巨石"，上面可能明明白白地讲述着冰川的作用，那么你就会发现，研究冰碛就像是了解一个全新的世界，你定会对它倍感兴趣，兴致盎然的。就像查理斯·金斯利（Charles Kingsley），他能在每个灌木篱墙上看到天使留下的脚印，每块卵石下都蕴藏着一篇史诗。而它们，就在你的脚下。

第六章 人类的古老性

要深究人类，探索人类，需以人为高度，从人类自身的角度出发。

——亚历山大教皇

人类从远古走来，经历非凡，时日之长，他的古老性确实令一般生物望尘莫及。谈及人类的古老性，确实是个饶有兴致的话题，因为了解他物，需先了解自己的前世今生，从哪里来，往哪里去才对。关于这一话题，地质学家和古生物学家认为，人类很有可能起源于第三纪中较早的时期。他们的这一提法，是建立在已获得的哺乳动物发展证据上的。哺乳动物开始于始新世时期，在接下来的中新世和上新世时期稳步发展，到更新世时期达到顶峰。

中新世和上新世时期猿的出现与发展，给人类的古老性加上了限制，因为我们不能把原始人类放到高级人猿之前，就像不能把马车放到马匹之前一样。正如达尔文所坚信的，人类是从人猿进化而来的。如果真是这样，那么我们就要相信人类出现在人猿之后。基于这些原因，人们应该相信人类的产生不会早于中新世时期。可能是中新世以后的某些时期，但是，不幸的是，"人猿与人类之间的过渡关系"或"类猿人类"还未出现，或说还未被发现。也就是说，他们的化石埋藏于地层中某个不知名的地方，还未被考古学家挖掘出来。在

这里,我们必须将注意力限定在已确定的部分,也就是立足事实,而不是天马行空的想象。

为此,本章向读者介绍我们当前所收集到的证据,以及这些证据所指向的方向。不过,如前文暗示,到目前为止,地质学家们还未找到代表人类古老性一面的答案。为此,当我们渐渐走近冰川前那片遥远、晦暗的时代时,我们必须小心谨慎,相机而行。

对于这个专题,下面我们分两部分讨论:一是文明人的古老性;二是未开化人类的古老性。这一眼看过去,这样的划分似乎显得有些武断,但是不要忘了,那些城邦,什么法典,这些全都只有文明人才干得出来的事,未开化的人类却只能穴居。这也正是如此划分的理由所在。提及文明人,根据最新的调查结果显示,埃及胡夫金字塔已经有将近6000年的历史;当然,据说还有一些其他的金字塔,如埃及萨卡拉(Sakkara)的金字塔,宣称它比胡夫金字塔还要古老一些。这些古老建筑,不正是这些文明人智慧的象征吗?

威廉·佩克先生(William Peck)在他的《天文学指南与地图》(*Handbook and Atlas of Astronomy*)一书中,提出了一个关于黄道星座的起源的理论。如果他的理论是正确的,那么黄道星座已经有了14000年的历史!他认为黄道星座之说起源于古埃及。当首次被创造出来时,十二个黄道星座都与自然景象有直接的关系,这些自然景象包括:四季的景象、尼罗河的出现与消失、太阳的东升西落等。对于古老的尼罗河三角洲居民来说,那些都具有神秘性,都是受人摩拜的对象。现在,已经无法追寻到黄道星座与这些景象之间到底是什么关系。黄道星座的标志也失去了它原本的意思。我们指望着佩克先生应许的关于这一主题的作品,如果他能成功地建立这一理论,他就对考古学做了很大的贡献,因为他为最早的文明部落的出现时间提供了线索。我们相信,如果有部落能够观察星象,赋予其名称,

根据太阳记录它们的位置，那么这个部落的人就可以称作是文明人。在幼发拉底河河谷较低的地方，那里与埃及的纬度十分相似，先是居住着阿卡德人，以后居住着古巴比伦人。从早期开始，这两个民族便互通往来、交流甚密，但这不会影响到黄道星座之说起源于幼发拉底河河谷这一理论①。

毫无疑问，早期的人类，甚至是现在的土著人，都将月亮视为第一个计时器。白天与黑夜是明显的自然现象，它们与人们的生活息息相关，我们几乎不用说"天"是一个时间的划分单位。"月"是"天"的下一个时间单位。人类并没用很长时间便注意到了月相的一个周期是28天。那时候的人类日复一日地观察月亮在星星中的位置，观察它的升起与落下，然后发现月亮在28天之后，回到了原来的位置。当然，观察太阳在星星中的运行轨迹就不那么容易了，所以关于太阳运行轨迹的发现相对晚了一些。但是，那时候的人们通过观察太阳东升西落，以及它与周围星星的位置，发现了太阳的运行轨迹。那就是在经历过春夏秋冬四季以后，太阳回到了原有的位置。然后又再一次开始了它在星体间的旅行，即"一年"。人们也很容易地注意到了，那正好是农历的13个月，每个月有28天（也就是364天）。之后，人们将太阳与月亮明显运行相结合后，得出了1个月有30天的结论。

太阳的运行轨迹如今被分为12个部分，而不是13个部分。当然，这些部分可以通过某些星体的组合或星座标记出来，每个星座都有它们的名称。正如我们看到的，这些名称与季节相关，还有太阳运行到它们那里的日期。这些事物的掌握，为黄道星座起源之说提供了有力的证据。因为12×30等于360，之前的人们都认为一年有360

---

① 弗林德斯·皮特里教授（Flinders Petrie）和豪沃斯先生都反对这一理论。作者并不坚决支持这一理论，但是这一理论十分有趣，所以在这里介绍给读者。

天。为此,人们认为太阳运行一圈是360°。这样看来,黄道星座之说被创造出来之时,很有可能仅是作为一种大概的日历看待,这个日历能将一年划分成12个部分或是12个月。那时候,通过这些星座的指引,当太阳运行到哪里时,人们就知道那是哪个月份。

在罗马,人们发现了一个大理石做成的、坐落于阿特拉斯山上的天球。人们相信,它是模仿了欧多克索斯(Eudoxus)的天球,在它上面描绘有不同的星座,因为欧多克索斯曾在公元前380年游历到过埃及。当然,不排除希腊人从埃及人那里得到了这些星座的名称,另外在其他方面也学到了不少东西。在这里,作者还有另外两本重要的书籍,书中向人们展示了天气与太阳处于不同星座时的联系。每一个喜欢观察星星的人都会注意到,在某一个特定时间点,如晚上8点,天空中会有不同的星星升起或落下。人们会将这些与季节联系起来,因为他们在冬天看到的一些星星,在夏天可能又会看到与此不同的另一些星星,这是地球绕着太阳公转的结果。不过,这一点上古人会认为是太阳在运动,而不是地球。他们将太阳运行的轨迹称为黄道面,实际上,那个平面是地球绕着太阳公转形成的。换句话说,这个人类想象出来的平面穿过了太阳和地球的中心。欧多克索斯的作品已经丢失了,我们知道的关于他的内容都是来自阿拉托斯(Aratos)的一首诗。阿拉托斯与欧多克索斯两人间相差有一个世纪,在阿拉托斯的诗中包含有对星座的描述,这些描述取自欧多克索斯的《现象》(*Phainomena*)。圣保罗也曾引用阿拉托斯的诗中的内容,这首诗是最流行的古老作品之一。

岁差是一个非常缓慢的改变,是地球轴线上的摇动。因此,整个地轴在太空中画出的是一个圆锥形状,而北极点画出的是一个圈。你可以想象一下这样的画面:北极点在太空中,在星星中,画出了一个数百万英里长的圈,在约26000年的周期勾勒出一个圆锥来。在上个章节中我们说过的是 21000 年，这是因为还有另外一个作用力，即著名的"拱点的变革"。我们从地球上看，岁差让星星变得缓慢但明显移动了位置，相应地，这些星座也已不在原来的位置了。因此，这些人们想象出来的星座图案，在被创造出来的时候，看起来姿势自然；而现今许多都已变换了位置，有的甚至完全颠倒逆转了。同样地，北极星也一直在变换，如今的北极星已经不是胡夫金字塔建造时的北极星了。根据佩客先生的说法，天马座、仙女座、仙后座都被颠倒逆转了。佩客先生说，"我们已经展示了黄道星座，起初是用来将太阳年划分为 12 个部分的。很有可能，每一个星座都代表着不同的意义，如一年中的季节、主要天气情况、太阳到达每个星座的时间与每个星座之间的作用力。每一个星座都有命名，但是在大多数情况下，星座图案与它的名称并不相符，古老星座组合的名称多与一些物体名称一致，这些物体是在天空或地球上频繁发生现象的典型代表，特别是'伟大的太阳神'的努力和胜利，当他每年绕着星空旅行时，他努力打败了黑暗这一邪恶力量。如果真是如此，那么黄道星座被创造出来时的象征物体，会是一些特殊国家的代表物。如果是埃及，它们就会与尼罗河关系密切，因为尼罗河是埃及人的母亲河，是古老的埃及人赖以生存的唯一一条生命之河。随着尼罗河洪水定期流经埃及，埃及实际上就是'尼罗河的馈赠'。"

因此，人们自然就能想到，如果黄道星座起源于古埃及，那么许多星座都会与尼罗河的出现与消失息息相关（尼罗河每年会定期泛滥或断流）。这一情况我们后面展示，这里，我们首先应该了解埃及的气候，每年这些星座出现的时间点，根据具体情况去确定，这些星座与尼罗河或埃及的天气有什么联系。否则，想要理解十二星座惊人的意义、明白它们为什么被选中，用于标记一年中的重要自然事件的意义，是不可能的。

在古埃及，太阳年似乎开始于冬至日，那时人们开始播种。3个月以后，也就是三月份，到了春天（春分），人们就开始丰收了。这看起来有点儿早，但是我们必须知道，埃及的土壤十分肥沃，这是因为尼罗河洪水过后，会沉积下来肥沃的土壤；还有埃及处于北纬30°，与欧洲北部相比，这里光照更加充足。当然，在收获之后，人们会给他们的农作物称重、买卖交易，然后向地主交租，向法老手下的官员们纳税（那时候国王就是整个国家的主宰者）。在接下来的3个月中，人们的生活就不那么容易了，由于可怕致命的南风或非洲热风会肆虐当地大约50天左右，高温热浪是容易引发瘟疫的。到六月中旬后（夏至），当地的情况会有所好转，尼罗河水位也开始上升，直到八月份淹没所有埃及的土地。洪水泛滥最多会持续到九月末，到十月，河水慢慢退去，回到原有的河道中，这个国家就恢复了原有的面貌。在十一月，河水过后沉积下来的肥沃土壤覆盖了大片土地，新一轮耕种就又可以开始了。在十二月，人们又继续播种。

现在，当太阳处于这些星座之中时，埃及正在发生的事情与星座名字的象征意义大不相同。我们只有回到14500年前，才能找出这两者之间的对应关系。在那遥远的时期，天琴座中的织女星十分明亮，与天极挨得很近；另外一个明星，处女座中的角宿一星（Spica），与春分点距离很近。一眼看过去，这似乎是一个非常令人震惊的推论，但是，除此之外，我们没有解释太阳每个月在星座中的位置，以及古代埃及的国事家事（丰收、天气等）之间有着怎样的对应联系。

让我们先从处女座开始。当太阳处于处女座的时候，正是丰收的时候。正如前面提到的，丰收是在春分时节，那时候太阳正好要穿过赤道①。

当探寻星座意义时,我们发现处女座一直被看着象征丰收的星座。亚里度(Arato)在他的诗中这样写道,"她手中拿着明亮绚烂的玉米穗",即明亮的角宿一星。如果我们按照太阳每年在黄道星座中的运行顺序,下面要说到的就是天秤座。正如一些人想到的,天秤座不是最近刚被命名的星座。在"捡拾玉米穗的少女"之后,就是象征着"给农作物称重、平衡数目、交纳税款"的星座了。我们要知道,在古代埃及,没有钱币,只有可以称重的金银,就像亚伯拉罕(Abraham)要买麦比拉洞时,要给钱称重才能付钱给希泰人(Hittites)。

太阳下面要进入天蝎座了,再后面就是射手座。这两个星座象征着在每年夏至日或仲夏之前两月里发生的重要事件。正好是在四月份,致命的南风开始了,它带来了死亡与破坏,太阳和它有很大的矛盾。南风将沙漠中大量的沙粒吹到了埃及,在一片飞沙走石当中,星系盘模糊不清。太阳要进入的星系,正好形成了天蝎座的爪子,象征着破坏与邪恶,也就很好的代表了这一时期。这场可怕的争斗会一直进行到五月份,最终以太阳的胜利告终。射手座是一个弓箭手将手中致命的箭射向天蝎座,有什么能比射手座更好地象征太阳的这一胜利呢?太阳在这场战斗中努力战胜了邪恶,这也是"圣乔治与龙"这一传说的原型。

有的楔形文字,甚至是更早的阿卡德人的文字有对黄道星座的记载,它向我们展示了星座所象征的意义。因此,在楔形文字中,称射手座为"强壮的人""点亮雄伟城市光明的人";太阳进入摩羯

---

① 为了老师和其他人更加方便,我们想补充一下,乔治·菲利普先生(George Philip)在弗利特街(Fleet Street)出版了一个非常好的地球模型,被一个玻璃圆罩罩住,里面赤道、黄道、十二黄道星座全都被清楚地模仿出来。对于年轻人来说,这个模型可以描述出太阳每年的运行状态,其实是由于地球绕着太阳公转而造成的视觉错觉,这一点很重要。

座——一头山羊——是在六月份，也就是夏至日所在的那个月。塞斯教授说，根据幼发拉底河文明的发现，六月被称为"光明之父"，因为那个月在一年中白昼时间最长、最明亮。但是，在欧多克索斯时期，摩羯座所占据的位置几乎相反，离冬至日很近，就像阿拉托斯诗中所说"那时候，太阳光倒退"。若查阅"惠特克年鉴"，情况也是如此，上面记载着太阳进去摩羯座是在十二月下旬。因为羊这种动物习惯爬山，而太阳每年的这个时候都会爬到天空中的最高点，所以摩羯座似乎与这一事实相关。另外，关于摩羯座还有一个有趣的地方，这只山羊曾有一条鱼尾，就像在一块巴比伦石头上，它与大英博物馆中展示的一份原始手稿一样。当尼罗河水位开始上升时，太阳进入这条尾巴的区域。

对古人来说，河水水位的上升与下降很是神秘。希罗多德（Herodotus），一位爱唠叨的老绅士曾说到这样一个现象，即由于南方某座远山积雪融化，雪水流入河中，造成河水上涨。七月份太阳运行到水瓶座——水神，就是字面上的意思，水瓶中的水"泼洒到这片土地"，造成尼罗河的水位持续上涨。水瓶座周围的星座也验证了这一说法。南边的鱼，即双鱼座在水中游弋；可怕的海怪（塞特斯），即鲸鱼座，在水中自由玩耍。

接下来的黄道星座是两条鱼（双鱼座）。这种说法十分准确，因为那时候鱼很多。当太阳运行到双鱼座时，正值秋分时节，也就是九月份，那时尼罗河河水开始退去。不到一个月，太阳就运行到了白羊座——一头公绵羊，这时河水退去，人们能在草地上放牧，很安全。在白羊座的附近是波江座——一条蜿蜒的河流，可能也代表水神（如果尼罗河不是水神的话），这时候，河水再一次退回到原有的河道中。

这一时节，人们可能会向上天献祭一只公羊，白羊座可能就暗示着这种做法。接下来便是耕种土地的时候，太阳运行到金牛座，人们用牛耕犁，金牛座形象地象征着人们那个时节的行为。金牛座中的昴宿星座似乎也与农业相关，正如阿拉托斯的诗中所展示的。接下来太阳就运行到了双子座——一对双胞胎。对古希腊人而言，它们分别是北河二和北河三。但是，对古埃及人而言，它们就是两个小孩子。十二月份是古埃及人产羊的季节，这两者之间看起来存在关联。御夫座在双子座旁边，但不在黄道十二星座之中，它的星座图案是一个男人抱着两个孩子，所以，御夫座似乎和双子座象征着同一个意思。

太阳现在运行到了最低点，是太阳这一年运行中最重要的部分。到目前为止，人们认为这时候正是夏至时分，天气炎热，万物退化；螃蟹这种生物倒着走，应该说是横着走，正好用来象征后退，巨蟹座因此得名。不过，佩克先生认为情况并非如此。他认为，太阳运行到天蝎座时不是夏至日，精确地说正好相反，是冬至日，那时候白昼最短，光明与黑暗之间激烈地战斗。他认为螃蟹是埃及人的圣甲虫，而且古埃及人认为昆虫总是象征自我创造与生命的延续，他们坚定地相信人类灵魂不朽，所以对他们而言，螃蟹是神圣的，与人类灵魂不朽有关。如果真是如此，那么巨蟹座正好象征着复兴与胜利。太阳下一个进入的就是狮子座——一只狮子。因为狮子座很大，所以太阳要完全穿过需要花费较长的时间。开始进入是在一月。2个月后，快到春分时节，太阳才完全穿过狮子座。到二月中旬，太阳会变得越来越强烈，农作物会快速生长，或者，换句话说，太阳光会大量快速地投射到地球上，就像狮子一般。过了春分就标志着太阳打了一场胜仗，狮子也形象地象征着胜利。过了春分，太阳就进入天球上半部分，在这部分，光与生命也息息相关。

现在，我们跟随着太阳的步伐，沿着它每年的道路，穿过各个星座。有些读者对这类话题很感兴趣，我们推荐可以阅读一下佩克先生的书，内容实用且有许多丰富形象的插图。如果前面的分析正确

的话,那这一理论与其他解释相比,就更好地解释了十二黄道星座,与此同时,为我们计算世界上最古老文明的产生时间提供了基础。我们在前面提到过,已经死去的大主教厄舍尔曾编纂了一份年表,许多人认为这一年表与《圣经》相吻合。但是,如今受过教育的人中没有人会相信世界只有4000年历史。

关于青铜器时代的时间,有一点是毫无疑问的,那就是,人类发现青铜艺术——铜与锡的合金,一定是很久以前的事情。但是,我们没有任何数据能帮助计算出它的古老性。根据一位权威人士的说法,古埃及人在建造金字塔时很可能使用了青铜,那就证明青铜已经有大约6000年的历史了。那青铜器时代持续了多长时间呢?在欧洲,它是什么时候被铁取代的?这些问题我们留到后面继续解决。

现在,我们继续思考关于人类古老性的多种多样、有趣又相互交织的证据。正如我们一直所做的,先不管地质学家们的争论,我们先假定旧石器时代的原始人类曾生存于冰川时期,那么从旧石器时代的原始猎人捕猎长毛象、驯鹿等或灭绝或迁徙到北边地区的野兽开始,到如今已经过去多少年呢?是否有什么计算方法,哪怕是粗略的计算方法呢?这还有待于人们的进一步思考与探索。我们已经看到,当解决人类古老性问题时,人们并不信赖天文学的思考研究、计算方法,但似乎可以从纯粹的地质学研究中获得一些帮助。有的时候能够粗略地计算出时间长度,甚至可能对某种地质学的发展产生影响。我们必须指出,这些时间有时仅是用来提供某种时间限制,而不用太精确,就像某些地质学家认为人类有8万年的历史那样,那是不符合逻辑的,不论从推理方面,还是从理论依据方面,都是站不住脚的。

有很多史实需要以时间作支撑,下面这些或许是最重要的:第一,尼罗河三角洲的存在时间;第二,密西西比河的存在时间;第三,尼亚加拉大瀑布的存在时间;第四,河谷的侵蚀速度;第五,作为基座的巨石;第六,格陵兰岛冰的流动情况;第七,洞穴中石笋的形成;第八,泥煤堆积需要的时间。

其中几个主题在查理斯·莱伊尔先生的作品、约翰·卢伯克先生的作品(《史前时期》)、博依德·道金斯先生的作品(《寻找洞穴》和《英国的早期人类》)中已得到充分讨论。这里,我们没有必要细致地讨论计算过程;我们只需陈述我们当的研究的结果,还有大概运用的方法即可,这对完成我们当前的学习目的就足够了。

这里,让我们先开启第一个主题——尼罗河三角洲。为了弄清楚尼罗河三角沙洲每年的沉积速度,霍纳先生(Horner,在英国皇家协会和埃及政府的共同资助下)做了一些调查研究。跟随拿破仑远征军到达埃及的法国科学家曾得出结论,冲击沙平均沉积速度是每世纪5英寸。然而,霍纳先生更喜欢自己独立做调查研究、总结观察发现。通过研究黑里欧波里斯(Heliopolis)的方尖碑,他发现,从公元前2300年开始,这个石碑就被立于此处,到1850年,也就是4150年的时间里,冲击土层厚度为11英尺,即每个世纪沉积3.18英寸。同样的方法也被用于拉美西斯二世(犹太人的镇压者)的雕像。霍纳先生发现如今的三角洲的泥沙表面高于平台,也就是雕像坐落的地方,10英尺6.75英寸。假设平台在地表下14.75英寸,那就是沉积了9英尺4英寸厚的泥沙。列普修斯(Lepsius)认为,拉美西斯二世的统治时期为公元前1394年～公元前1328年。假设他统治期间(公元前1361年)建立的雕像,那雕像已经有3211年的历史(到1850年),那么沉积速度为每世纪3.5英寸。

因此,霍纳先生就知道了平均的沉积速度,他向下挖了很深,在大约39英尺深的地方发现了一个陶器,它就在沉积的沙漠细沙上。因此,根据泥沙的沉积速度判断,这一陶器至少有13000年的历史。

不可否认,这种计算方法有很多不确定因素,但是,如果很多这种调查方法的结果一致,那么人们就可以认为霍纳先生所采用的调查方法或多或少都是可信的[①]。地质学家相信上面提到的计算方法只能用于计算,到最近的时期或更新世时期,就是石器时代早期的猎人生存的时期。如果这个计算结果是合理的,那么很明显,我们就有了计算人类古老性的方法。这些方法中的一些,看起来只能用于计算冰川时期后的时期,例如,古老的冰川带来的作为基座的巨石。那么我们也可以很稳妥地假定泥炭层也是冰川后的东西。关于河谷的侵蚀,我们知道,自冰川时期以来,河谷都被侵蚀变深,测量河谷侵蚀深度也是推断时间的一种方法。另一方面,一些其他的方法,如研究尼亚加拉大峡谷的侵蚀,可直接将我们带回到冰川时期。但是我们的目标仅仅是获得时间限制,并且向读者展示一些地质学家们渴望了解的那个时期的古老性,还有人类的古老性,但是这种计算方法并不能得出确信无疑的结果。

下面我们来开启第二个主题——密西西比河。若干年前,曾有人努力计算过很多固体物质沉积下来形成的三角洲,这至少需要多长时间。汉弗莱先生(Humphrey)和阿博特先生(Abbot)经过仔细调查,估计出密西西比河三角洲这片约12000平方英里[②]的土地上,沉积物的厚度超过528英尺,大约1/10英里,悬浮沉积物的厚度为1/1245英里。他们二人运用自己的计算方法,几乎知道了密西西比河每年的排水量,也是这样的水流冲击大量的沙石来到下游,然后沉积到较低的河床。莱伊尔曾得出这样的结论,密西西比河三角洲肯定有至少33500年历史,或许更长。

---

① 当豪沃斯教授读到这里时,他告诉我们霍纳出土的陶器来自马其顿人。如果真是如此,那么霍纳先生的计算结果就是错误的。

② 英美制面积单位,1平方英里约合2.6平方千米。——译者注

曾有人努力想要计算出著名的尼亚加拉大瀑布的存在时间,也就是我们要讲的第三个主题。初看起来,这个问题似乎与人类古老性毫不沾边。然而,地质学家自信他们有证据证明从冰川时期开始,山涧的大部分都因为受到河流的侵蚀而被加深了。若事实真是如此,那么它与我们正在思考的问题便相关了。因此,如果能有方法计算出山涧侵蚀的时间,无论多么粗略,都是令人感兴趣的。尼亚加拉瀑布的崖壁是石灰岩的,瀑布的常年冲蚀,使得石灰岩崖壁不断坍塌,致使尼亚加拉瀑布逐步向上游方向后退,到现在,已经后退了7英里。毫无疑问,尼亚加拉峡谷便是瀑布水流冲击侵蚀而成。最外面是石灰岩,石灰岩的下面则是易被水流侵蚀的松软地质层,激流能够从瀑布顶部的悬崖边缘笔直地飞泻而下,正是松软地层上那层坚硬的石灰岩所起的作用。我们不知道是什么控制着大瀑布的后退速度,但是,诸多原因中最重要的应该是水量、岩石的硬度、位置以及下沉的速度。大瀑布当前所处的位置看起来十分有助于水流快速侵蚀。贝克威尔(Bakewell)通过收集当地传统居民的说法,和查阅历史文献记载等,推断出大瀑布后退的速度为每年3英尺。莱伊尔通过个人的观察,得出结论是大约每年1英尺。如今瀑布已经后退了7英里,现在7英里就是36960英尺,与莱伊尔估计的35000年相差不多。

另一方面,根据地质学家最新的估计值,答案与贝克威尔的结果相近,也是每年后退3英尺。在这一基础上,我们就知道了尼亚加拉大瀑布大约有12000年的历史,有人说"马蹄瀑布"在48年的时间里后退了104英尺,或者说是大约每年2英尺。在此基础上,那就是有18480年的历史①。不论这些估值哪一个被采用,它们一定能帮助证

---

① 豪沃斯先生再一次前来拯救,他告诉我们,斯宾塞先生(Spencer)和其他的美国地质学家再一次检验了这个问题,得出的结果与莱伊尔的结果很不相同。

实我们前面章节提到的观点,即关于冰川时期比较相近的情况,而且能帮助反对克罗尔和詹姆斯·盖基的人,认识从冰川时期到如今有8万年历史的观点。

第七章 人类的古老性(续)

"当自然第一次创造出人类,当高贵的土著人在野外丛林中自由奔跑时;人类,已注定将开启一条通往文明殿堂的慢慢征程。"

——屈莱顿

现在我们来讨论第四个主题——河谷的侵蚀问题。原始人类曾居住在河畔某一高处的洞穴中,河水顺着河谷蜿蜒流淌。这里,要是我们能大体估算出从那时开始,河水侵蚀河谷的平均速度该是多好的一件事。当然,我们应该掌握一种计算时间的方法,通过这种方式,我们就能计算出从旧石器时代到今天究竟过了多少年。在汉普斯特德公园(Hampstead Heath)海拔较高的地方,人们发现了许多砾石,其中还夹杂着旧石器时代原始人类的工具,就像在泰晤士河谷发现的那些一样。通过这些,人们极其渴望能从中获得一些关于泰晤士河和索姆河河床被侵蚀速度的依据。约瑟夫·普莱斯特维奇先生说,看起来这些河流在那时候侵蚀河床不超过80～100英尺。较古老的地质学流派根据地质运动的一致性(莱伊尔曾详细地解释说明何为地质运动的一致性)认为,要想达到这样的侵蚀过程至少需要数千年。不过,新兴的地质学流派在某种程度上接受了普莱斯特维奇的观点,他们认为在1万～1.5万年的时间足够了。人们相信在冰河时

代后期，大量的冰雪融化，加之降雨量的增加，河床被侵蚀速度会大大加快，所以将现在河床的侵蚀速度用到那时候是荒谬的。

如果那些海拔高地上的砾石从开始形成，到今天都有 8 万多年历史的话，那么河流的侵蚀速度该是多么缓慢呀！我们来看看这将意味着什么：8 万年的时间，法国北部和南部的河流仅侵蚀了它们河谷的 80~100 英尺。我们取最低值 80 英尺计算，那侵蚀速度就是每 1000 年 1 英尺，这似乎有点儿太缓慢了吧，简直让人贻笑大方！我们知道，在冰川时期过去之后，河流的侵蚀速度有时比以往更快了，就连已经去世的克罗尔先生在世的时候也不得不承认这一事实。在这样的事实面前，我们试问一下，是不是今天的地质学家都同意这种缓慢的侵蚀速度呢？不过，克罗尔先生也曾讲：如果今天的河流侵蚀速度那么快，那么在冰川时期河流侵蚀速度又会是多少呢？

由于受到河水的侵蚀作用，如今的大陆地表每年都会下降，人们通过精心计算、刻苦研究，今天已经得出了一份详细的、重要的研究成果。若将上文中的侵蚀速度与当前地表的侵蚀速度相比，那当是荒谬愚蠢至极的事①。

地质学家们通过严密地观察、精确地计算，得出了现在密西西比河每年的运输量。这一数量表明，密西西比河沿岸大片的土地（749267.2 万平方英里）每年都有大量的砾石、泥沙涌入河中，被河水带走，以每年 1/6000 英尺，或以 6000 年/1 英尺的侵蚀速度造成地面下降。地质学家们也检测了其他的大型河流，更加仔细地观察了密西西比河的情况，基于密西西比河如此庞大的流域面积，流经之地的气候各不相同，河水携带着大量的砾石、泥沙，冲刷侵蚀着沿途的河

---

① 在冰川之后，一些作家又提到了"洪积纪"，那时候的河流冲击力强于现在的 20 倍，面积也是现在的 20 倍。为了保险起见，我们假设这些砾石来自冰川时期后，但是我们相信它们是来自冰川时期。

岸。如此一来,上面得出的侵蚀速度就更加可信了。为此,地质学家们将这一侵蚀速度用作北半球气候温和地区的平均侵蚀速度。如此大面积的流域侵蚀与河谷侵蚀大不相同。相对来讲,河谷侵蚀速度更快,因为水流的流速较快。然而,根据上文的内容,在地质时代末期,泰晤士河侵蚀河床的速度是 1000 年/1 英尺,而不是 6000 年/1 英尺,是现在整个国家平均侵蚀速度的 6 倍。对于作者来说,这样的推论是名副其实的"归谬法"。作者知道,以前还没有人将归谬法用到过这方面。

现在,我们用一种不同的方式来估算时间。关于旧石器时代人类的古老性,我们就选择更加合理的 15000 年代替 8 万年。然后,我们假设河流的侵蚀作用也是在那个时间段进行的,这样我们就能获得一个更加可信的河谷侵蚀速度。15 比 80,大约是 1 比 5。如果侵蚀速度上涨五倍,那就是每 1000 年 5 英尺,而不是 1 英尺。虽然这只是一个平均速度,但是看起来也是十分缓慢的。如果我们将讨论中的这些砾石归于冰川时期,那么情况就更加突出了。因为根据克罗尔先生所说,冰川时期开始于 25 万年前。所以,如果泰晤士河和索姆河在 25 万年的时间里,将河谷侵蚀掉了 80 英尺,那么侵蚀速度就是每一千年 1/3 英尺! 运算过程是:$80 \times 1000/250000 \approx 1/3$。

对于那些高海拔砾石具有的古老性,约瑟夫·普莱斯特维奇先生说:"关于索姆河河谷,我的第一感觉是那批高海拔的砾石应该起源于后冰川时期;中间的平台是由于冰川末期以及冰川过后的洪水的侵蚀作用造成的;海拔较低的砾石形成了最后的平台。从那时开始,总体上来说,整个分层都被看作是冰川时期过后的产物。但是,根据莫尔蒂耶在人类学方面的考证,整个河谷分层的时间应该更古老一些,他将这些河床归于第四纪时期的开始。或许我们的河床起点不同。"在提及某种发现之后,他继续说道:"因此,我推断,在亚眠

市的索姆河河谷、巴黎附近的塞纳河,还有索尔兹伯里市的埃文河海拔较高的地方发现的河床、山洞等,都可以追溯到冰川时期,而不是追溯到冰川时期最早的阶段。[①]"

在抛开河流侵蚀这个话题之前,我们先思考一下基岩上出现的一些砾石,也就是第五个话题——"基岩砾石"。这些砾石发现于英国的湖泊地区,还有约克郡的部分地区。众所周知,那里的山多为石灰岩构成,而这些砾石就坐落于这些山上。显而易见,这些砾石就是我们在第四章提到的"漂砾",它们脱离母岩,旅行了很远,来到如今的地方。那么,它们是如何来到今天这个地方的呢?一些地质学家认为它们是被冰山带到了这里的。但是,这种说法是来源于一种理论,就是冰川时期这个地区曾经发生下沉。不过,这一理论在现实中却面临诸多困难。其他的人认为这些砾石是从冰碛中被冲刷出来的,这种说法也存在着一定的真伪。

麦肯尼·休斯教授曾经对"基岩砾石"做过研究。在剑桥大学时,我们曾从他那里学到很多知识。他的解释令人满意。他曾在地质学会(Geological Society)发表过一篇论文,他认为曾有冰盖覆盖了英国大片的土地,冰川退去后,也就是冰川在融化过程中,将这些"基岩砾石"留在了这里。有时候,这些砾石还被冰川带到了山上。普莱斯特维奇先生曾在《地质学》(*Geology*,第一卷,第 45 页)一书中,描述了一块"基岩砾石"的样子:在克拉珀姆(Clapham)和约克郡的塞特镇的石灰岩山上,散布着大量的"基岩砾石",他描绘的只是其中之一。这些石灰岩曾受过冰川作用的影响,覆盖其上的"基岩砾

[①] 在东安格利亚(East Anglia)的冰碛泥下面,司格特池利先生发现了石器,他认为属于旧石器时代,一些地质学家也接受了这一推论。但是这些石器周围并未出现灭绝动物的遗骸,在那里发现的动物骨骼是来自最近的动物种类。因此,我们不能接受这一推论。(参见第四章)

石"并未保护到它们,它们又被雨水缓慢地侵蚀分解了,只在1～3英尺高的基岩上留下这些砾石。这一描述让作者感到震惊,让他感觉到了我们似乎有了一个精密的计时表,通过它就可以计算出从冰川退去到今天具体过了多少年。

普莱斯特维奇教授在他的论文中描述了这样一种看法。他说:"基岩的顶端是光滑的,由于受到冰川作用的影响,它上面有了条纹出现。因此,我们可以说是有了古老的冰川版画。"总体来说,这些基岩高约12～20英寸,有的只有3～7英寸,它们的平均高度在1～2英尺。该论文见书后,人们也对书中提及的内容展开了讨论。哈金斯教授认为,我们对侵蚀速度还不确定,因此不能计算出有价值的结果。有些地质学家很追捧天文学计算出的结果,他们坚持认为从古老的冰川融化到今天确实已经过去了8万年之久。不过,我们有足够的证据证明他们的这一计算结果是错误的。不过话说回来,这篇论文至少证明了约瑟夫·普莱斯特维奇先生相信我们的观点是正确的。关于古老的河谷侵蚀速度这一问题,我们不免想问:那些聪明的地质学家们就相信,在经历漫漫8万年的时间洗礼,风化侵蚀等作用就仅仅使这些"基岩砾石"所在的石灰岩,下降了那么1～2英尺吗?

对于8万年这一说法,普莱斯特维奇等人又提出了另一个问题:冰川作用后留在岩石上的条纹、细沟等是如何保留下来的?在8万年漫长的时间里,暴露在外的岩石多受风、霜、雪、雨、烈日的暴晒而侵蚀、风化,为什么表面依存有精细的纹路?作者也无法回答这一问题,正如我们看到的,至今还没有地质学家能将这个问题解释清楚!

下面我们来讨论第六个话题——格陵兰岛冰的流动。普莱斯特维奇先生曾收集材料,想计算出格陵兰岛的冰来到英国、覆盖英国大

面积的土地需要多长时间。他以 500 英里①为单元,想看看需要多长时间。根据最近人们对格陵兰岛冰川的观察,大陆上的冰大约以每 8 年或 12 年 1 英里的速度前进。因此,那时候的冰川或者冰盖,用了近 4000 年～6000 年的时间才到达了英国。

当然,不能根据现在阿尔卑斯山上的冰川前进的速度,去估算那时冰川的前进时间,因为它们现在移动得比那时候要慢。根据普莱斯特维奇先生的计算结果,来到欧洲和北美洲的大冰盖,从形成到扩展,从一开始逐渐变冷到最后冷空气逐渐减少,所需要的时间至多不超过 25000 年。

罗素先生(C. J. Russell)在一篇论文中提到一些重要的数据,关于大陆冰川消退时的速度。在阿拉斯加"冰川缓慢地后退,或许已经后退了 100～150 年。在 18 世纪,亚库塔特湾(Yakutat Bay)的冰川后退了 4 到 5 英里,冰川湾(Glacier Bay)的冰川后退了至少 15 英里。"若是根据这一消退速度来估算古老的英国(800×800 英里)冰川,普莱斯特维奇先生得出了这样一个结论:那时的英国冰川可能是在 3000～8000 年的时间里完全消退的。虽然这些计算结果仅是大概值,不过,它们却非常有效地证明了前面提及的,约 20 万年的估计值是不合乎常理的。

根据普莱斯特维奇先生的说法,从冰盖完全融化到今天已经过去了 1 万年。梅勒德·里德先生(Mellard Reade)认为,从兰开夏郡的海拔较低的冰碛沉积物来看,它距今已经过去了 5.7 万年。当然,里德先生是这样来计算的,在过去的 4 万年时间里,冰碛堆积抬高受到各种侵蚀;在 1.5 万年的时间里,冰川期过后的河床等开始形成,如

---

① 邦尼、豪沃斯等地质学家认为冰滑动 500 英里是不可能的。笔者也这样认为,但是不会改变这假设——仅仅是一种假设。

河口的淤泥、泥煤层、林土层（克罗默市）等；在2500年时间里，吹来的风沙覆盖了这些沉积物。这里，我们实际上很想知道里德先生，他对"基岩砾石"这一形成时间有何看法，可是未能如愿。

另外，还有一些地质学家想努力计算出洞穴中的钟乳石沉积速度，这也是我们的第七个话题。不过，我们需要再次指出，如果是根据近些年来沉积的速度计算，那这样的做法毫无意义。因为我们必须要考虑到，石器时代早期的降雨量比现在大很多。降雨量大，流经石灰岩地区的地下水就多，再加上洞穴，就会沉积下来更多的碳酸钙。关于那时候的气候情况，我们还没有任何确凿的证据来证明它，不过这所有的证据都是研究这一话题的重要因素。博依德·道金斯教授曾充分讨论过这一话题，他通过引用他人的观察，展示出每年有1/4英寸的钟乳石沉积下来。以这个速度，20英尺厚的钟乳石可能需要1000年。

最后，我们来探讨一下第八个话题——泥炭层。人们为得出泥炭层厚度增加的速度，已经进行了精密的计算，并且以不同的方法，严密观察着泥炭层的成长速度。经过观察发现，这个速度有时候不超过每世纪1英尺。但是，在那个时候，每世纪4英尺、5英尺，甚至是10英尺是最为普遍的。由于今天与那时空气湿度、气温等相差很大，因此我们不能相信这一计算结果，更不能相信泥炭层厚度增加的缓慢。

普莱斯特维奇先生也曾写过关于泥炭层的文章，并讨论过要多长时间才能形成瑞士著名的杜安坦泥炭层（Duernten beds）。他认为，从某种意义上讲，这一泥炭层属于"间冰期"，因为它被发现时处

于两个冰川沉积物之中①。其中夹杂着树的沉积物,如松树、紫杉、桦树、橡树等。据说,这些树木与现存的同样树木属于一个品种。泥炭层里面还包含有动物的遗骸,如属于亚洲象属的古象、洞熊、牡鹿、大野牛或原始牛。这里还记录着一段美妙故事:冰川曾在这里暂时退去,和瑞士其他的冰川退去时一样,动植物开始繁茂地生长,当冰川再次卷土重来后,这些动植物的遗骸就被保存在了冰碛石中。但是,许多地质学家对此有不同的解释,他们更倾向于相信其中的一个"间冰期",正如我们所看到的,"间冰期"仅存在于他们的想象中。我们在这里要思考的问题,是杜安坦泥炭层的形成用了多长时间。与那些5～10英尺厚的沉积物不同,杜安坦泥炭层有12英尺厚,这十分罕见。其实,我们应该称它为褐煤层,因为里面木头比泥煤多。人们假定要想形成杜安坦泥炭层,需要60英尺的泥煤凝缩成12英尺的褐煤,或者说是5英尺的泥煤凝缩成1英尺的褐煤。一些地质学家拿一个世纪形成1英尺的泥煤来计算(前面已经说到了,这个速度太慢了),那60英尺泥煤就需要6000年。另一方面,普莱斯特维奇先生认为,泥煤的原有厚度是24英尺,所以只需要形成36英尺的泥煤;沉积速度可能是每世纪2～4英尺,所以要形成杜安坦泥炭层,只需600～1000年就足够了。许多地质学家都认为这一计算结果比较合理。

前面我们详细阐述了几种事物详细的计算过程,目的一是向读者展示人们在这些领域已经采取的措施;二是地质学家们都认为,要完成地质学的改变,得经过很长的时间,我们通过展示计算过程,能将这一时间大大缩短。在这里,人们不能太过死板地应用莱伊尔地质力量一致理论,因为在原始时期,地质学的变化一定比现在更加剧

---

① 豪沃斯先生写道:"现在,我们应该完全推翻这一说法。很明显,杜安特泥炭层应该属于冰川时期之前的某个时期,因为它位于所谓的冰川时期的泥炭层之下。"

烈、更加迅速。在作者看来，今天有许多岩石上保存着冰川作用后的条纹，单就这一点就足以证明，从冰川世纪到今天，根本不存在那么长的时间，"基岩砾石"就已经证明这一推断的正确性了。

通过对事物的计算，我们获得了许多有价值的一手资料。不过，若是单一取之而不联系整体，那它的价值就失去了意义，若是把所有放在一处考虑，它们的价值就会更加突出，因为它们所指向的是同一个方向，那就是与地质学家中的天文学流派们计算出的时间大不相同。

这里还有一种说法在地质学上占有很大的分量，许多博物学者还有生物学家都支持这种说法，它就是：如果从冰川时期到今天已经过了8万～10万年，那么比起前文提到的河岸侵蚀、沉积物堆积变化，动植物或是人类将会发生更大的变化。不过，我们相信，就像所有大自然的变化一样，人类、动植物进化过程也会是缓慢的，但是，我们无法相信，这种缓慢会缓慢到如此程度！

下面，我们会提到另外一些证据，它们大多数是地质学方面的，当然也有小部分不是。据报道，在不同地区的第三纪时期，人们在地层中找到了原始人类的石器，有的是上新世时期的，有的是中新世时期的。中新世时期的古生物骨头化石，其表面有凹槽、打磨过的痕迹，因此，许多权威专家认为，这些骨骼化石曾被原始人类用石器打磨、切断过！另外，人们还发现了一些非常古老的原始人类的头骨化石，对此地质学家已经进行过诸多讨论了，不过，我们还是有必要再次提及它们。最后，我们还要讨论一个非常有趣的话题，就是最近在爪哇岛上的一些新奇发现。

很长时间以来，地质学家都希望找到智人曾在第三纪时期存在过的证据。通常，人们会把更新世时期归为另外一个时期，就是第四纪。实际上，人们已经找到了大量原始人类曾存在的证据，就像读者

143

在前面关于河砾石、洞穴等章节中读到的那样。那么,问题来了,我们能不能将原始人类的存在时期追溯到更早呢？第三纪时期有人类吗？地质学家把第三纪时期分为了个阶段：上新世、中新世、渐新世和始新世。

1844年,一位著名的古生物学家,基思·福尔克纳大胆提出了自己的看法。他认为,在欧洲,人类曾存在于第三纪末期。我们发现,早在1844年,福尔克纳就去过印度。他相信印度的神话故事会给我们研究的方向提供线索。神话中出现的大怪兽,或许就是以原始时期的巨龟、巨蟒、鹤为原型创造的,人们在印度北部的希瓦里克山(Siwalik hills)的上新世地层中,找到了这些古生物的遗骸。这仅是一种推测,因为直到今天,都还没找到确凿的证据证实它。但是,它也不失为一种研究方法或者说调查方向。

诺埃特林教授(Noetling)很喜欢收集脊椎动物的遗骸,尤其是砾岩中的遗骸。很久以前,这些动物跑起来就像一条暗红色的带子,它们穿过小山、峡谷。一两年前,诺埃特林在绘制缅甸仁安羌大油田(Yenangyoung Oilfield)的地图时,在4000多英尺厚的上新世地层下面,他发现了大量的三趾马等哺乳动物的骨骼化石,它们都属于上新世时期。另外,诺埃特林还找到了一些石片,嵌于砾岩中,部分伸出砾岩。毫无疑问,这些石片是被人工敲击下来的,是人类的作品。

当然,地质学家对这一发现都很感兴趣,因为这一发现似乎满足了他们长期的心理愿望。不过,这一发现有个致命的缺点,它剥夺了这一发现的所有价值。缺点的发现者是我们的校友奥尔德姆(R. D. Oldham),奥尔德姆是一位有能力的地质学家,他在印度地质调查局工作。他的父亲曾管理领导过印度地质调查局很多年①。

奥尔德姆先生在谈论这一话题时说:"如果人类在中新世时代就出现在伊洛瓦底河谷之前,那就必须先要解决两个问题。第一,那些石片是不是来自中新世时期。第二,它们是不是人类起源时期的石片。这里第二个问题我们不打算继续谈论,先来说第一个问题。在今天的出土过程中,如果这些石片部分嵌于岩石当中,这就需要解释了:遗址在一片延伸进山谷的坡地上,山谷由于受到侵蚀,已经伸进了高原;山坡的顶端连绵起伏,忽陡忽缓,上面的铁质砾岩露出地表,暴露于空气当中,大约有 50 英尺长,8~10 英尺宽,是我们寻找生物化石或原始石器的好地方。由于风雨的侵蚀或搬运作用,那里没有土壤或沙子,但是覆盖着一层薄薄的铁质砾石。诺埃特林博士为我指出,就是在那表面发现了石片。在通常情况下,人们会毫不犹豫地把某块岩石上发现的零碎物质归于那块岩石。但是,这里情况完全不同,石片或化石嵌于一片岩石当中,而这片岩石竖直地立着,光秃秃地暴露在空气当中,由于长年的风化侵蚀,岩石已经松散。"奥尔德姆推断这些石片,很有可能是从上方高原被冲击下来的,落在了山坡上,最终嵌在了风化侵蚀后的岩石表面。后来人们发现不仅在露出的砾岩表面有这些石器,在上方高原上也分散着石器,这一事实证明了奥尔德姆的推断!所以,到目前为止,人们所说的在缅甸发现了中

---

① 作者的老师颇具天赋,这里想谈一些个人的回忆,对老师做出公正的评论。作者和奥尔德姆在拉格比(Rugby)师从詹姆斯·威尔森先生(James M. Wilson),学习地质学。威尔森老师讲课生动有趣,激励着所有对自然科学感兴趣或是热爱自然的人。我二人经常坐在一桌听课。我们会询问老师不懂的问题,还会把从周边矿井、深坑中发现的化石交给老师,我们相信老师一定会给予我们正确的引导、温暖的鼓励。在新建的拉格比学校博物馆中,展示着大量的当地出土的古生物化石,大多是学生利用半日假的时间收集的。后来,威尔森先生成为克利夫顿大学的校长,现在是曼彻斯特的国家教会领班神父。地球上有许多巨大的石头,上面的痕迹就记录着地球的历史。许多拉格比学校的学生如今回忆起第一次听威尔森先生讲解如何"破解"这些痕迹时,都感觉十分荣幸。

新世时期的人类工具,仅是我们虔诚期盼的结果吧。

不幸的是,很多地质学家认为第三纪时期人类石器的发现,都同上面的缅甸石片一样,最终被断定是错误的。我们有必要简单说一下这些情况,因为人们在这些问题上会向某些作家寻求指导,这些作家却会引导人们错误地相信这些事件是真实的!例如,阿贝·布儒瓦(Abbé Bourgeois)在法国卢瓦尔—谢尔省(Loir—et—Cher)的庞特列维(Pontlery)附近的特奈(Thenay)地区的中新世地层中,发现了原始人类的石器。跟上面的缅甸石片一样。对于这批石器,人们心存两个疑点:第一,能否确定它们就是原始人类用过的打火石。第二,它们是不是确实来自中新世地层。对于问题一,人们的看法相对一致,因为它确实就是打火石的形状。关键的问题就在第二个上,权威学者约瑟夫·普莱斯特维奇提出了一种简单的解释,他说石器和地表的砾石混在一起,然后掉在深坑中,最终和下面的地层混在一起,不论是中新世时期,还是上新世时期的地层,这种情况很容易发生。如此看来,特奈石器与缅甸石片就有点类似了。现在,我们假设布儒瓦先生发现的石器不是在原地,而是从某处掉下来的。当然,这种情况不是没有可能的。

1872年,在布鲁塞尔举行的考古学家和人类学家大会上,詹姆斯·盖基教授说,"对于阿贝·布儒瓦先生提交检验的石器,大会上的各位专家观点不一,有的赞同这些中新世时期的石器是人类起源时期的石器说法,有的则反对这种说法。一方面,沃尔索(Worsaae)、德马留斯(d'Omalius)、卡佩利尼(Capellini)、莫尔蒂耶等专家与布儒瓦意见一致;另一方面,斯廷拉普(Steenstrup)、菲尔绍(Virchow)、弗拉斯(Fraas)、德索尔(Desor)与布儒瓦意见不一;卡特弗奇斯等人则保留意见,等着其他的证据出现。"

在通常情况下,人们要想在这些粗糙的石器上找出原始人类做过的一些标记,那是很困难的。不过,人们又不得不去石器上努力寻找,以证明这些石器上图案的设计就是遵循了某个式样。这两者的证据看起来都很重要,不过石器的设计图案是最主要的,也就是石器上由某种物体敲凿或打磨出的一些缺口。根据特奈石器上所有的描绘画像,我们也可以肯定地判断出特奈石器是真正原始人类的石器,因为有些石器上面有火烧后的痕迹。

下面,我们来讨论另一件事情。在沙特尔(Chartres)附近的圣普雷斯(St. Prest),有人在上新世时期古老的河床中发现了某种古象的骨骼化石,它们与一片沙石混杂在一起。据说,在骨骼化石旁边还有粗糙的石器,原始人类可能使用过这些石器,因为骨骼上留有特殊的缺口、痕迹,这些痕迹就是我们这里要讨论的主题。有权威人士认为,是原始人类留下了骨头上面的痕迹,人们可以利用这些痕迹追踪到第三纪原始人类的足迹。但是,麦肯尼·休斯教授和约翰·埃文斯先生两人独具匠心,他们认为是鱼的牙齿啃咬的痕迹留在了这些骨骼上! 这很有可能就是正确的答案。根据塞缪尔·莱恩先生(Sameul Laing)在《人类起源》一书中所给的骨骼化石的图案,我们很惊讶地发现上面的凹槽,它们看起来几乎都是半圆弯曲形状的,根本不是直的,这就表明不是人类留在上面的痕迹。鲨鱼的牙齿非常锋利,能直接咬断骨头,人们也确实发现了很多这样的断骨。因此,如果说是鲨鱼咬出了骨头上的痕迹,这种说法十分令人怀疑。不过,休斯教授给我们提供了一幅蛇颈龙的骨骼化石,上面就有这样的痕迹。现在,如果这些古象骨骼化石仅是上新世时期的骨骼,而不是启莫里阶黏土中的次骨,那就有可能正中某人的下怀,被错误的说成是人类在这些骨头上留下的痕迹了。当然,在今天这种情况越来越明朗的情况下,硬要说成是人类所为,那绝对是不可能的。这里,也确实有一些骨骼上的痕迹曾被用来证明原始人类曾生存于第三纪时期,然

而古象骨骼上的痕迹与那些骨头上的痕迹是不相同的！例如，在瓦尔德·阿诺（Val d'Arno）的上新世地层的中上层，就曾发现过犀牛的骨骼化石。

下面我们要说一下最近的发现——爪哇遗骸。对于这件事，人们都曾在杂志、报纸上讨论过。有权威人士认为爪哇地区的遗骸代表了"人猿与人类之间的过渡"。这些都是人类学家期盼已久，都曾渴望看到的最亮眼部分。

不过，到目前为止，人们还未发现和爪哇遗骸一样的原始人类化石。之前发现的比利时斯拜人类头骨、尼安德特人头骨、堪斯达特（Kanstadt）头骨，还有圣埃德蒙兹伯里（Bury St. Edmunds）的头骨碎片，诺利特的下颌骨，这些原始人类的人性水平都较低，不过，他们确实是人类（参见第三章）。上面提到的原始人类的头骨，额头平扁且窄小，头盖骨低且隆凸，眉骨突出且粗壮。但是，从他们的能力来看，他们确实是人类。另外，斯拜出土的骸骨是完整的、能明显看出他们是人类，虽然他们的腿型弯曲，呈弓形，但这并不影响他们作为人类所固有的特征存在。这些骸骨的出土，对我们研究人类的起源意义重大，我们可以用它们来解释其他没有四肢，仅有头盖骨的遗骸。据估计，尼安德特人的平均脑容量是 1200cc[①]，类人猿的脑容量仅有 500cc。

已故的赫胥黎教授曾充分思考过整个问题。他认为至今为止，人们知道的所有的原始人类遗骸都具有人类的特征，与类人猿不太相似。与生存至今的黑猩猩、大猩猩、长臂猿相比，从第三纪地层中出土的类人猿最古老的骨骼化石也没有和人类相像。很明显，人类和类人猿之间区别很大。

---

① 毫升（cc），英美制容积面积，1 毫升合 0.001 升。——译者注

1894年，尤金·杜布瓦博士声称，他在印度尼西亚的爪哇地区，发现了一些生物的遗骸，他和一些专家认为的，那就是猿人。

1891年，杜布瓦博士在爪哇地区发现了这些遗骸，具体位置是肯蒂尼山（Kendeny hills）南坡的某个地层中。那里覆盖着黏土、沙子、火山石等凝聚一起的凝灰岩，凝灰岩有1100英尺厚，由于受到梭罗河河流的侵蚀，它逐渐形成了河道。在它的河道下面埋藏着一些上新世时期的海洋沉积物。不过遗憾的是，虽然这一地层的真正时期很重要，但至今还未被人们确定。杜布瓦博士认为它们属于上新世时期，和它下面的沉积物属于同一时期。据说，地层中埋藏着穿山甲的骨骼化石，体型巨大，是今天生存于爪哇地区的穿山甲的三倍；还有剑齿象、河马、鬣狗和不同品种鹿的骨骼化石。1891年9月，杜布瓦博士受荷兰政府派遣，在这里做勘探时发现了讨论中的遗骸。他先是偶然发现了一块头盖骨化石和一颗臼齿。第二年春天，在同一个河床、距离不远的地方，他又发现了另一颗臼齿和一块大腿骨。这是一个很重要的线索，因为，大腿骨和头盖骨不是来自同一个体，人类、猴子或是任何其他的动物。如果根据普通人的头盖骨尺寸计算，这块头盖骨太小，与这块大腿骨并不相配；但是，又比今天最大的类人猿的头盖骨更大。据估计，因为这块头盖骨的主人还未发育完全，所以脑容量仅是发育完全的欧洲人的三分之二。这块大腿骨表明它的主人身材较高，一定是属于直立行走的动物，就像人类。据推算，这一动物身高应该有5英尺5英寸。1895年1月，杜布瓦博士曾在柏林人类学学会上，就这一话题发表了自己的论文。与此同时，克劳斯博士宣称他认为牙齿化石是来自一只类人猿，头盖骨化石是来自一只长臂猿，大腿骨来自人类！杜布瓦推断人类与猿人的某些特点时说，他们都已经融合了。因为杜布瓦相信他发现的骨骼化石是来自直立行走的猿人，并为它取了个名字叫"爪哇直立猿人"。可是，菲尔

绍却十分反对这一观点。

在都柏林皇家学会的一次会议上,坎宁安博士(Cunningham)表达了他的看法。他认为爪哇地区发现的头盖骨和大腿骨很明显是来自于人类。因为这块头盖骨,额头平扁且窄小、眉崤显著且粗壮,和尼安德特人长得很像。不过,嘴部前突,这也是猿人的明显标志。脑容量也是一个重要的考察点,在这里,我们有必要提一下,欧洲人平均脑容量是在1400毫升～1500毫升。之前已经提到的,最高级的类人猿的脑容量也只有500毫升;尼安德特人的脑容量是1200毫升;现在讨论的爪哇头盖骨的脑容量是1000毫升,比尼安德特人少了200毫升。为此,杜布瓦等人认为爪哇头盖骨的动物是介于人类与类人猿之间。就脑容量而言,比起1000毫升与500毫升之间的差距,1000毫升更接近1200毫升。因此,将爪哇头盖骨的动物命名为"猿人"或是"爪哇直立人",看起来是比较合适的。

在莱顿(Leyden)举办的国际动物学大会上,杜布瓦博士展出了爪哇骸骨,还有一些其他的骨骼和头盖骨,以做比较。值此之际,美国著名的古生物学家马什教授(Marsh)表示支持杜布瓦博士的观点。1895年11月,皇家都柏林学会讨论了这一问题,大不列颠和爱尔兰人类学学会又一次讨论了这一问题。虽然,这一爪哇头盖骨看起来明显属于人类,但是正如坎宁安博士所说的,"远远低于现在已知的所有人种"。然而,解剖学家罗森博格教授(Rosenberg)认为,大腿骨属于人类,但是头盖骨属于非常高级、高度发达的猿人。比起头盖骨,有更多的权威人士认为大腿骨明显属于人类。都柏林顶级的牙医皮尔萨博士(Pearsal)认为,那些臼齿很明显属于人类,但是比今天人类的牙齿大,就像类人猿的牙齿一样,牙齿尖端很锋利。大腿骨之所以大,后来表明其实是人类得过一种病,就是部分肌肉会转化成骨骼,几乎只有人类会生这种病。

对于爪哇骸骨这一非常重要的发现,解剖学者持有不同的观点,总结如下:

(1)那些骸骨全都来自同一种个体——类人猿。

(2)那些骸骨全都来自人类,但是这种原始人类人性处于较低的水平,比已经发现的所有原始人类都要低。

(3)那些骸骨全都来自"人猿与人类之间的过渡动物",代表那"缺少的一环"。

(4)那些骸骨全都来自生病的人类,骨骼形状大小等怪异全是由疾病引起的[①]。

人们希望在爪哇地区能发现更多、更加完整的遗骸,早日解开人与猿的神秘面纱,找出一种令人满意的答案。大腿骨与头盖骨是否属于同一动物,这一问题的确吸引人。另外,比起其他动物,这一动物很有可能就是人类。再一次强调,地质时间是最重要的。如果我们假设这些爪哇遗骸来自更新世时期,那么这一生物就不可能是人类,因为,正如我们所知道的,在更新世时期——距现在最近的地质时期,智人已经发展得相当成熟了。

因为爪哇骸骨吸引了众多的注意力,所以我们在这个事件上讨论了很多。当然,读者希望知道关于人类古老性的最新消息,也就是人类的出现能被追寻到哪个地质时期。现在,正如我们看到的,更新世时期就是我们知道的关于人类的最早期,超过这个时间,我们一无所知,这一点人们没有异议。不过,我们满怀信心,我们相信有碍我们前进的阻挡会被清除、困难的瓶颈会被打破,就像曾经被打破的所有障碍那样。在追求真理这条漫长的道路上,我们的科学工作者

[①] 《自然》,1895 年和 1896 年 1 月 16 日和 30 日;《自然科学》,1894—1896 年;马什教授的论文(带有照片);《美国科学杂志》(Amer. Jour. Science),1896 年 6 月。在马什教授的这篇论文的第 481 页,有杜布瓦博士所做的爪哇头骨复原图,长得非常像类人猿。

们——这支"长胜军"终有一天会再次迈上一个新台阶。即便在困难如山面前,只要他们不断地掘进,就算是前进了那么一小步,但是迈出的每一步都将是进步,都是引导科学工作者们越过黑暗,走向光明,走向真理的一大步。

如今,在克伦威尔路的自然历史博物馆中(地质学长廊,第一展台,第一展柜),人们可以看到用石膏做成的爪哇头盖骨模型,还有一些其他古老的头盖骨模型。

——笔记

第二部分
石器时代晚期与青铜器时代的人们

第八章　湖上居民

　　第一纪的古代遗迹(除了我们在《圣经》中能够看到的)已长眠于历史的长河之中,或早已被人遗忘;静寂之后,它们又慢慢出现在一些寓言诗里,或者我们能够查阅的一些历史记载和资料上。于是,有关一些遗迹的谜团或事件慢慢被后来出现的史记文学所替代,它们在已经逝去和灭亡的事物间徜徉、游走。

　　　　　　　　　　——弗朗西斯·培根《古人的智慧》序言

　　17世纪,弗朗西斯·培根在他的《古人的智慧》一书的序言里如上写道。从那时开始,有不断被人们发现的遗迹不禁使我们大声疾呼:今人改变了一切!在世界的很多地方,历史上各个文明时代的遗迹被人们挖掘出来,并公之于众,由此,对过往今来人类的经历,我们有了渐进的了解,慢慢读懂了我们的过去。而当摄影师把感光底片浸在显影液里的时候,人类历史的轮廓也如照片上所显现的那样,逐渐呈现出了它清晰的轮廓。当然,历史细节的完全显现,对于现今的人类来说,那也就是个时间问题了。这一部分,我们着重来探讨古老的湖上居民。所谓湖上居民,多是指这些原始人类在水上用树桩等建造房屋居住,下面我将展开详述。不过,这里先来看一下一些作者在书中的亲历记。

对于湖上居民的情况,希罗多德曾是这样描述的:时间大概是在公元前500年左右,他们的住所新奇独特。对于房屋的设计,希罗多德是这样讲的:原始人类将很高的木桩置于湖中央,然后在木桩铺上木板。湖岸与这个驻地由一座狭窄的小桥连接,那些木桩支撑着木板平面。最初,这些小屋是由居住在上面的人共同拥有,后来他们开始有了新的规定:当一个男人娶妻成家后,他就要为他的妻子在湖中打下三个从奥布鲁斯(Orbelus)山砍伐来的木桩,建造一个新的小屋。每个男人都不只娶一位妻子,他们在木桩上建起的小屋,地板上都设有一个活门,可以通向湖面。为了安全起见,他们的孩子腿上都会系上一根绳子,以防止孩子们贪玩而从活门掉进湖中。他们饲养的马匹和其他牲口,一般都喂食鱼和饲料,因为这里的鱼非常多,如果男人们把一个空篮子从活门放到湖里,不一会儿,就能捞上满满一篮子鱼来。

不过,不同作者笔下的湖上居民,情形是不一样的。另一位作者是这样描写的:说起里奥尼河,那个地区(位于黑海以东)是湿热泥泞的天堂;那里水源丰富,树木茂盛,常年降雨量充沛。这里的居民多居住在湿地沼泽之上,他们在水上用木材和芦苇建造起房屋居住。由于这里运河河道横贯整个地区,水上交通十分发达,即便他们不进城或去往市场购物,他们的每一步出行都离不开树干做成的小船,用它作为代步工具,穿梭往来于河道之上。用于居住的人多,人们又不注重生活垃圾的处理,这些东西往往都被丢弃于河道,垃圾在太阳的照射下泛着腐臭,也污染了河水。为了防止感染疾病,人们平日很少喝生水,他们喝的水都是被烧开之后饮用的。加之河流流速缓慢,水质污浊,一旦下雨河水上涨,他们的居所就会处于垃圾的围困之中。

根据罗马博物学家普林尼(Pliny)的描述,考契人[Chausi,居住在德国海(German Ocean)沿岸的弗里斯兰人(Frisians)和其他部族]

的房屋通常建在人造土堤上,一旦海水涨潮,他们的房屋就会被围困其中。普林尼在他的著作《博物志》(Natural History)中说:"我目睹了考契人的生存条件,无论是大考契,还是小考契,他们都生活在极北地区(Far North)。在这样的气候条件下,他们居住的那一人片土地每天早晚都要经历海潮上涨的吞没,由此,人们会产生这样的疑问:考契人生活的这片区域究竟属于大陆陆地,还是海洋中的一个小岛?"

普林尼在作品中还写道:"在那里有一群可怜人,他们会根据海水涨潮时房屋能否被淹这一事实,将家安在较高一些的山丘上,也就是海水涨潮后淹不到的地方。在那些地方,他们搭建起小木屋,过着听天由命的生活。当海水从四面八方涌来时,那个山丘(最后的救命稻草)也不能庇佑他们时,他们就只好如水手一般在船上与海潮抗争。海潮退去后,他们恍如遭遇了海难的水手一般,如果幸运的话,可能在海水退潮时抓捕到一些由潮水带来的鱼。他们不像其他相邻的部族那样,能在自己的土地上养羊,靠获取羊奶来维持生存,或为了抵御猛兽的入侵,清除房屋周边的灌木丛,或者在房子周围栽上木桩,围上栅栏。岛上部族,他们最有可能的就是把沼泽地里的莎草和灯芯草搓成细线,用来编织成捕鱼网。在北方寒冷的季节里,为了能吃到热乎的东西以御寒,他们会徒手挖泥砌灶,灶风干后便可用来烹煮食物。他们的饮水来源于大自然的雨水,在部族当中你会看到,家家户户都会在自己的住所前挖一个坑来收集雨水。尽管人们生活艰辛,但是他们都有爱好和平不喜欢被人奴役的心,即便遭到强大罗马人的入侵,他们也会奋起反抗,绝不做对方的奴隶。"

在河流、湖泊上支桩建造水上建筑,这个方法至今仍被很多原始部落沿用。有旅行家曾指出,在马来群岛、新几内亚岛、委内瑞拉和中非等地都曾见到这样的建筑。1499 年,奥赫达·韦斯普奇(Ojeda

Vespucci)和其他旅行者们在马拉卡波湖(Maracaybo),就曾发现了一个印第安人的小村庄。在那里,房屋都建在水上,下面用木桩支撑。这便是委内瑞拉这个名称最早的来源,意思是"小威尼斯"(Little Venice)。而新几内亚的巴布亚人,则用竹子在河岸边建造他们的居所。卡梅伦上尉(Captain Cameron)在非洲中部见到的湖上村庄,多是人们在莫利亚湖(Lake Mohrya)上修建的。那里的高脚桩屋相互独立,人们只有乘独木舟才能进入到这片村庄。在马焦雷湖(Lago Maggiore)、瓦雷泽湖(Varese)、伦巴第(Lombardy)的加尔达湖(Garda)、卡皮塔纳塔(Capitanata)的萨尔皮湖(Lake Salpi),以及意大利的其他地区,人们都能看到湖上民居的影子。澳大利亚和匈牙利也发现了一些。这些湖上村庄,也早已被日本人熟知和利用。在凯勒博士的著作中,人们就发现了一幅取自日式茶盘上的湖上民居图画,它是亨利·伍德沃德博士(Henry Woodward)寄来的。在欧洲,我们在法国也发现了湖上民居的遗迹。法国的贝里(Berry)就坐落在一处遗迹的原址之上,位于早已干涸的沼泽的正中心。听说在侏罗山(Jura Mountains)也有湖上民居。而在法国上加龙(Haute-Garonne)省的比利牛斯山谷、阿列日省、奥德省(Aude),以及东比利牛斯省(Eastern Pyrenees)和朗德省(Landes),还有贝阿斯省(Bearn)高原上,都能找到很多泥泞的洼地和固定在其中的木桩。

在英国,高脚桩屋式的湖上居所便已被克兰诺格(Crannoges)形式的居所所代替,它和我们马上要介绍的柴笼结构(Fascine structures)极为相似。据芒罗(Robert Munro)所说,能在以下地区找到克兰诺格:塞特福德(诺福克,Thetford)附近的雷恩坦湖区(Wretham Mere),圣埃德蒙兹伯里(Burry St. Edmunds,萨福克)附近的巴顿湖区(Barton Mere),芬兰区沼泽地带的克罗兰(Crowland),伦敦、格拉斯顿伯里(Glastonbury)附近(现在正在挖掘中),在南威尔

士布雷肯（Brecon）附近的兰格斯湖（Llangorse Lake），离伯克郡（Bershire）赫米蒂奇（Hermitage）不远的地方，霍尔德内斯（Holderness，约克郡），英国一些地区的湖上，都可以看到这样的湖上居所。英国的民居我们在后面介绍，这里只描述其湖上居所的地理特征①。

费迪南德·凯勒先生在晚年，将全部的心血都投入到了瑞士湖上居所的研究之中。下面这份表（表8－1），是他列出的位于瑞士和意大利的一些湖上居所，其中大的湖泊名称多与现有的村庄对应②。

表 8-1 湖上民居的名称

湖泊	居民数量
康斯坦茨（Constance）	24
努斯鲍曼（Nussbaumen）	1
普费菲孔（Pfaffikon）	5
格里芬湖（Greifensee）	2
苏黎世湖（Zurich）	6
楚格湖（Zug）	6
巴尔代格湖（Baldegg）	5
森帕赫（Sempach）	6
瓦维尔（Wauwyl）	5

---

① 《瑞士及欧洲其他地区的湖上民居》(*The Lake Dwelling of Switzerland and Other Parts of Europe*)，费迪南德·凯勒博士著（1878年，第二版），是迄今为止有关湖上民居的权威著作。读者还可以参看约翰·卢波克爵士、道金斯博士和詹姆士·盖基教授的作品，我们其他章节也作了引用。芒罗的《欧洲的湖上民居》(*Lake Dwellings of Europe*)也是一部介绍全面的著作，且附有精美的插图。还有一部著作——《古老的湖泊》(*Antiquités Lacustres*)[洛桑·布立德，Bridel et Rouge，1894年]，由瑞士沃洲（Vaud）政府资助的两位瑞士学者撰写——我们现在只读过其中的一部分，相信在最终完成后，将会成为这一学科中最好的著作。

② 这个项目在纳沙泰尔（位于瑞士、伯尔尼、康斯坦茨和苏黎世的博物馆中都配插图进行展示。于1875年拍摄的比尔湖（Lake Bienne）的照片存放在伯尔尼博物馆。那一年，比尔湖的水位要比现在低几英尺。

续表

湖泊	居民数量
因克尔(Inkwyl)	1
勃艮第湖(索洛图伦州) Burgaschi(canton Solothurn)	3
莫塞多夫(Mooseedorf)	2
比尔湖(Bienne)	22
纳沙泰尔湖(Neuchatel)	50
莫拉湖(Morat)	16
日内瓦湖(Geneva)	24
路易塞尔(Luissel,贝城附近)	1
安锡湖(Annecy)	2
热湖(Bourget)	8
默库拉戈(Mergurago)	1
博尔戈蒂奇诺(Borgo Ticino)	1
圣马尔蒂诺博纳尔贝尔戈(San Martino,没有找到木桩)	1
瓦雷泽(Varese)	7
加尔达湖	6
菲蒙(Fimon,意大利维琴察附近)	2
卡斯蒂奥内(Castione,特拉马拉河床)	1
共计	208

湖上民居很早就出现了，在石器时代尤为盛行。虽然在铁器出现后他们便基本上销声匿迹了，但在英国，那些克兰诺格一直作为本地的湖上民居，继续留存于历史的长河之中(表8—2)。芒罗认为，石器时代的湖上民居仅在中欧的一些特定地区出现过，在与阿尔卑斯山两山接壤的湖泊中。这个地区包括伦巴第(Lombardy)、莱巴赫

（Laibach）、巴伐利亚（Bavaria）、瑞士和萨伏伊（Savoy）的湖区。热湖上的民居仅出现在青铜器时代，这里暂不列入讨论范围。不过，以后的研究可能得出的结论不一样，继而推翻这个观点。

表 8-2　各时代湖上居民定居点

石器时代	
美伦（Meilen）	位于苏黎世湖（Zurich）
王恩（Wangen）	位于康斯坦茨湖（Constance）
罗伯逊（Robenhausen）	位于普费菲孔（Pfaffikon）
莫塞多夫（Mooseedorf）	位于莫塞多夫（Mooseedorf）
青铜器时代石器时代	
莫林根（Morigen）	位于比尔湖（Bienne）
埃斯塔弗（Estaver）	位于纳沙泰尔湖
莫尔日（Merges）	位于日内瓦湖
铁器时代石器时代	
拉泰纳（La Tene，在马林附近）	位于纳沙泰尔

毫无疑问，石器时代定居点（民居）的特征，完全没有金属制成的用具，只有大量使用过的木头、动物骨头和角，以及燧石或其他类型石头制成的用具、器皿和容器。这些定居点一般靠近海岸，最远也不超过 300 英尺。而到了青铜器时代晚期，距离已经超过 1 000 英尺。石器时代湖上民居用的木桩也更粗一些。由此可见，出不出现金属用具，不能作为评判的唯一标准。上表中的特征和迹象，可以帮助我们了解史前时代湖上民居生活的具体一段。

另外，湖上民居使用的陶器，从整体上看，质地粗糙，胎体里掺杂着沙子，而且样式简单。应该说，这时期的湖上居民已不把自己所居住的周围环境作为首要目标了。因为，他们可以很轻松地躲避外来的袭击，圈养的牛羊也不害怕在晚间被人偷走，因为有了关养它们的圈棚。也可以想象，夏日里住在湖畔的居民肯定要比住在陆地上舒

服得多①。

这里,我们先来介绍一下这个新领域的研究历史。1829年,由于疏浚港口,人们在与奥贝米伦(Ober Meilen)相对的苏黎世湖,挖出一处湖上民居的遗迹,并发现了大量被埋的木桩和生活物品。不过关于那次挖掘,却没留下任何的文字记载。但随后在1853年和1854年间,由于冬天的寒冷和极度的干旱,瑞士境内的河流水位急剧下降,甚至跌到了历史的最低点,一些低浅的海岸变成了干涸的陆地,而之前一些不为人知的小岛,也随着水位的退去显露出来。施泰法(Stafa)之石,曾在1674年达到最低水位,而1854年的水位比它还要低1英尺。那时,住在美伦(Meilen)的埃普利先生(Aeppli)告诉离他家不远的苏黎世人类工业遗迹发现协会,有可能通过施泰法之石这片干涸之地,发现它早期的一些历史秘密。于是,凯勒博士便开始了他最著名的研究,从而首次揭开了瑞士早期生活在湖上的原始人类。

当地的湖上居民,从奥贝米伦和杜立肯(Dollikon)之间的小海湾找来大批的木桩、鹿角以及工具。用来修缮自己的花园,加筑房屋的围墙、通道,用泥填补缝隙。这便是早期的湖上民居遗迹。人们从这里挖出大批的文物来,其中就包括一些被研究者称道的极具价值的物品。一些物品就从发现湖上民居的湖底泥煤中挖出,它们大部分埋得很深,但也有没被掩埋的,仅散落存于湖底。"沉屋侧畔千帆过",这些沉睡千年的物品在渔民们的凝望中经历了千年!它们都是经过的大型船只打捞上来的。

前面讲到的通道,它是沿海并排而立的木桩搭建而成的,木桩之间用枝条交叉编织成网以固定和连接,之后再在上面涂上陶土。桩

---

① 著名的布莱克莫尔博物馆里藏有一套漂亮的湖上民居的小模型,是由马克斯·哥辛格(Max Gotzinger)于巴塞尔(Basel)创作而成。大英博物馆也藏有保存完好的湖上民居的出土文物。

与桩之间的枝条连接结构可参看插图(图6)。图中,通道一部分陶土已经脱落,露出了中间的部分,可以看到里面枝条纵横相连的结构。在这个最早被发现的湖上民居里,人们居住的房子都用湖边生长的茅草或芦苇盖顶。每户都有一个用三四块的石板搭建而成的灶台。房屋木桩有的底端有被加固的痕迹,有的一头是经过煅烧后变尖的,还有的明显有被石斧或青铜斧子砍过的痕迹。青铜凿子留下的痕迹和石斧砍过的痕迹是不一样的。尽管不知那些长木桩是如何被打进湖底的,但后来人们发现用来支撑房屋的木桩在被插入湖底后,人们是可以用碎石将木桩周围河床垫高的。

湖上民居建造多种多样。其中,石器时代原始人类建造粗糙的"施泰因贝里斯"(steinbergs),就是用那些施泰因石块和杂物堆起来的窝棚似的湖上居所。还有位于苏格兰和爱尔兰的克兰诺格,以及凯勒博士笔下描述的瑞士柴捆构造的湖上民居。这种后来出现的湖上居所,不是把房子建在由若干木桩撑起的平板上,而是用树枝和小木桩从湖底一层层铺盖至湖面水位线,然后再在上面铺上平台建上房子。木桩用在这类结构的湖上民居中,主要起到支撑上面房屋和压实基座树枝的作用,同时也将木桩深深钉入湖底。这种柴捆结构的湖上建筑,一般出现在石器时代的小型湖泊和沼泽地上。

建造任何一种湖上民居,无论是现今的干栏式样房屋,还是柴捆式建筑,还是克兰诺格人工岛,都需要投入大量的人力物力,几乎全部落人一起动手才行。克兰诺格的建造方法大概就是这样:首先,它们要选择好地理位置。克兰诺格一般建造在小型苔藓湖上,湖边长满了草和芦苇,周围是茂密的树林。石头在这种建筑结构中也零星可见,因为河床里都是又稀又软的泥和腐烂的蔬菜,这些东西是易于发现的。在房屋建造中,人们先用树桩和断树枝建造出人工岛,然后再在上面盖上土,压上石头。

图 6 青铜器时代,生活在瑞士的湖上居民:一个夜晚的场景

在这个人工岛周围,是一圈又一圈的木桩,它们被做成了岛的围栏,这些木桩起到了固定松软地面的作用。有的地方会把这些木桩用榫接的横梁固定在一起,多数用交织在一起的树枝来连接和固定。有的人工岛周围会被三圈以同一圆点为中心的木桩圈围住,同时以这一圆点为中心,向四周成放射状摆列一行行木桩。也就是说,那些湖上居民建造出了一个蛛网结构的居所。有的地方,人们可以通过一座木质的舱梯登上人工岛,有些则是石质的堤道,它们通常稍稍被水没过底部,于是只有那些知道堤道路线的人才能使用。有证据表明,有些堤道设计蜿蜒曲折,只有与部落亲近的人才能借助已被水没过的路线抵达人工岛。否则,只能乘船前去了。

如前所述,深而松软的泥塘很难使人们将木桩固定,于是,相互交叉的横梁便被当作系杆来把木桩连接并固定起来。这种方式被沃尔斯洛芬(Wolslofen)和其他与苏黎世毗连的湖上民居所沿用。在一些地方,人们还用木板来代替木桩。有些地区因为湖底尽是大片的蕨类植物、枯树枝之类,所以人们会在上面压一层原木,尺寸均在 4 英尺×6 英尺之间,然后再在上面涂抹大量混着砂砾和石头的陶土。

根据上面所描述的这些湖上民居的房屋形状,我们可以推断出他们的房子呈方形或者长方形。当然,为了今天人们的观光,破坏特鲁瓦翁人(Transwal)湖上民居原有的遗址,在上面重建的观点是不对的。不过,也有少数房子是圆形的。这不奇怪,我们已经在罗马的图拉真纪念柱(Trajan's column)上找到了证据,上面记载着日耳曼人在陆地上建起的一座座圆形小屋作为居所,而罗马士兵正要点火烧掉这些房屋。对深埋于泥煤下的湖上民居遗迹的发掘,丰富了我们对同一时期民居方面的认知。这一发现后来被罗伯特·芒罗博士发表,公之于众。芒罗博士曾说:"一直以来,我们对湖上民居的建筑结构仅限于:它们是用陶土混着木材、炉石砌成的底座,然后在水上撑起一块平板,再在上面盖起小木屋;房屋底座用横梁交织连接的木桩加以固定,木屋最后以茅草盖顶。但是近来,根据巴特舒森里德(Schussenried)湖上民居研究者,弗兰克先生(Frank)确切的信息,我们了解到,并没有证据证明图拉真纪念柱上所指的那处民居已被大火焚毁,是由于民居周围芦苇的迅猛生长而被人主动遗弃的。所以,这里的一些房屋有可能是因为自然风化而坍塌的,还有一些可能是被过度生长的苔藓给覆盖了,就此尘封地下,隔绝千年。这一点,通过发现这个湖上民居遗址被苔藓深埋的房墙就可证明。基于已知的信息,弗兰克先生马上对这一遗址进行了抢救性发掘,并在那些支离破碎的文物受到破坏之前,启动了一项重建的保护计划。感谢弗兰克先生,我有幸参与了这项计划的实施并投入了对它们的研究。这片民居长 36 英尺,宽 23 英尺,并被一堵墙分隔成两个房间。其中里间稍大一些,基本上与外界隔绝,只在两个房间中间的隔墙上开了一扇通往外界的小门。房间里没有物品,房间外却有大片的石堆,看起来像灶台。屋子的墙壁是由劈开的木桩竖立起来围成的,木桩间的缝隙用灰泥填充。两个房间的地面由四层并排的木柱排列构成,每两层木柱间都涂上一层厚厚的灰泥。这种铺地方式在周围芦苇疯长

的环境里非常必要,它可以阻止芦苇通过地板的缝隙长进屋里。要知道,就是因为这些芦苇,才使这些居民后来不得不放弃自己家的。"

在瑞士的湖上民居遗址中,人们没发现多少燧石,却从中发掘出了大型的用具,如斧头。这些斧头是用闪长岩、蛇纹岩等硬度较高的石头制成的,有些还是用玉石做成的。玉的出土是一件令人惊奇的事,因为当地并不产玉,它们是从远东进口来的。湖上居民遗址中玉的发现,说明当时这里的居民曾经和其他国家进行过商业贸易。那时的玉多在中国、印度和埃及有过开采,欧洲当时还不产玉。不过,这个话题还是引起了人们的争议。尽管大量的研究数据显示,欧洲没有玉的原产地,但有些地方政府仍然宣称在当地发现过开采玉的场地。他们认为,从湖上民居遗址中发现的很多玉碎片有经过打磨、加工的痕迹,说仅康斯坦茨湖里就发现了4000多种玉石,其中有两种矿石与玉石非常相似,即辉石和暗绿石,在这些湖上民居遗址中也能找到,就欧洲史前墓石碑也有用类似石头制成的。有报道称,史前人们使用过玉石(或辉石)的迹象,在英国一个古墓中就有被发现。有关石器时代人们使用工具、制造工具的情况,约翰·埃文斯爵士在他的著作中就有描述:锤子上的钻孔是人们在软木和沙子的帮助下完成的。制作斧子,通常先将楔形石块卡进鹿角一端的卧槽里,然后再把这段鹿角绑在木质或角质的手柄上,这样一把斧头就做成了。

对于石器时代瑞士湖上民居的了解,我们主要来源于对罗伯逊湖上民居遗址的挖掘。那里原先有很深的湖水,在岁月的沉淀中,湖底如今慢慢变成了沼泽。整个罗伯逊湖上的民居,人们大约用了100 000多根木桩来支撑这些建起的房屋。在房屋搭建过程中,这些木桩通常被切割成了长12英尺,直径9英尺的圆木。这些木材大多是雪松、橡木,以及山毛榉木,人们将它们一根根整齐地排列在一起,随后在上面用榫接的形式钉上横梁,在梁上放置由多根横梁钉成的平台,最后才可以在平台上盖起小木屋。正如前面介绍的那样,这种湖上居所多为一层的小木屋,木屋之间看上去显得比较拥挤。梅西科姆先生(Messikomem)在罗伯逊附近的尼德威尔(Needville),发掘出两座这样的小屋;同时还在罗伯逊还发现了四处独立的、具有湖上民居特征的房屋,它们的面积在99英尺×30英尺。通过对出土物品的分类整理,梅西科姆判定,湖上民居中的每一间小屋里都有灶台、织布机、磨盘和磨刀石等物品。每一个湖上民居大概占地750平方英尺,和在舒森里德发现的湖上民居的面积差不多,伊尔根豪森那里的情况也是如此,只不过尼德威尔的要小一些。在这些湖上民居里,也会有豢养动物的地方,牛羊们白天在河岸上活动,只有到了晚上,人们才会将它们赶回到湖上的屋中休息。这样的景象在图8-1上有所体现。图上画着:奶牛群正在通过桥面从岸上回到屋中,桥上有一个男人正在吹着号角,两个人扛着刚刚狩猎回来的一头鹿。

湖上居民日常的主要活动应该就是捕鱼了。这一点,从如今许多博物馆的收藏中就能看出,它们就是从这些湖上民居遗址中挖掘出来的,其中有贝壳、动物骨头,青铜制成的鱼钩等。在罗伯逊湖上民居遗址中,人们还找到了一些用紫杉木制成的长矛。其中一根长度可达5英尺,而且至今保存完好。在石器时代,人们多用燧石,动物的骨头或角,制成武器——箭头和矛头,并用沥青把它们与箭身或矛身相连。人们用燧石做成的小锯锯齿整齐,还配有木质手柄,精巧好使。另外,在湖上民居遗址里,人们还能随处看到原始人类用动物骨头做成的锥子,这些用品多是他们用来缝制衣物用的。他们用的船只多为掏空的树干做成,这在很多遗址中都能见到。

对于湖上居民的穿着服饰,这里很少能找到可以参考的依据,不过有一点是值得肯定的:那时的羊毛被人们广泛用于制作衣物,尤其在同一时代的早期。不过,还有证据证明,那时的人们已经掌握了织

布的方法了。因为这一证据，是从罗伯逊和王恩的湖上民居遗址中被证实的。在那里，今人已经找到了纺轮、陶制的纺锤和纬纱管，还包括线团和粗麻布碎片。这些可以让人轻易联想到，转动的纺轮纺线机，还有人们织布时的场景。野生亚麻是他们所用的主要原料。凯勒博士甚至提到，他还看见过亚麻制成的衣物，只是不知道这些衣物是否完整。正如古代的不列颠人那样，这些湖上居民擅长布艺和编织。有些遗址中发现了熟皮，甚至还发现了鞋楦，这说明那时的人们已经会使用皮革了，他们把皮革缝制成鞋或者做成皮凉鞋。不过，即便是在石器时代，人们对个人服饰也是存在审美观的。当然，人们还会利用贝壳（包括现存品种和化石）、染色的卵石、肉食动物的牙齿，骨质或角质小片、石质或陶制的珠子，甚至人的头骨等，将它们穿起来做成垂饰或项链。让·雅克·埃利兹·勒克吕先生（Jean Jacques Elisee Reclus，1830年—1905年）在他著名的著作《地球》（*The Earch*）中提到，1860年，一块奥地利阿尔卑斯冰山在缓慢地漂移至阿赫伦塔尔（Ahlental）的途中，一具保存完好的、着古代服饰的尸体被抛至水面，他应该是在千年前被族人遗弃至此，从此便沉睡于冰山之中的。另外，人们从爱尔兰的泥炭层中，也曾挖掘出身穿动物皮毛制成衣服的遗体。这些东西的发现，能帮助地质学家们更好地掌握古代湖上居民的体貌特征，不过还无法判断他们生活在什么年代。

湖上居民用的石斧，关于上面的孔是如何凿成的，有的地方已有明确的证据表明，这些孔是他们借助木管完成的。这从一些地方发现的还未完成的石斧可以看出，石斧原石的中央有一个孔还未被完全打通，石芯还在。由此有人推断，这是当时的古人用木头和沙子在硬石上制作石斧时留下的。同时，人们还发现了一些刻有凹槽的石块，应该是用狭窄的薄木条磨制而成的。在罗伯逊湖上遗址，还发现

有木块掏空后制成的盘子、木碗和长柄木勺。

大量的、样式各异的石器时代或青铜器时代的陶制器皿,从这些湖上民居遗址中被发现。不过,虽发现有陶器,却未发现制作陶器的旋盘！这让人觉得,这里所有的陶器可能都来自于手工制作,且器型完美。不过,陶器的烧制却不尽人意,应该是在明火上炙烤而成的。石器时代的陶器尤为粗糙,通常胎体烧制后都会出现很多石英颗粒。而陶器上的装饰也极为简单,多由简单的线条或指甲刻划出的印记组成。线条很少是弯曲的,也没有用来代表动物的图案。人们在王恩湖民居遗址中曾发现过一个花瓶,上面的图案像是一种植物。平底大酒杯或其他酒器也是陶制的。石器时代的类似器皿通常用陶瓷环来支撑。由于没有证据证明在这个时代人们已开始使用桌子,所以上述器皿应该在当时都是摆放在地上的。

还有一些奇特的月牙形的器物,它们的材质有木质的、石质的和陶质的,这些器物底座是平的。由于是月牙形,它们曾一直被认定是一种宗教象征,因为月亮通常被看着人膜拜的对象。不过,经研究发现,这些器物多是女人、男人们用的靠头枕。在这些古老湖上民居的遗址中,发卡也随处可见,一般是骨质的或青铜的。青铜质的发卡艺术性很高。因此可以想象,一位妇女睡觉时不可戴着一头的发卡睡觉,她得有东西将头托起来,这便是最初的睡觉靠枕。不过,那时女人们的发式已经相当丰富了。古埃及人曾使用的枕头,在今天的大英博物馆人们是可以看到的。像这样的枕头,在今天一些非洲土著居民中还在普遍使用。因此,如果今天的湖上居民们崇拜月亮,那他们就肯定会把枕头做成月牙形状。而且,在那个充满迷信的时代,把枕头做成月牙形也是一种驱邪或供奉月亮女神的方式。作者更倾向认为,这些枕头的形状更像是母牛的角。在埃及,奶牛被看作是神圣之物,爱神哈索尔(Hathor)的头就是奶牛的样子。所以,对古代湖上

居民来讲,人们很有可能把奶牛的大角作为神圣吉祥物加以信奉,当然也可能对月亮的崇拜有关。

人们在莫林根湖上民居遗址中,还发现了青铜器时代的一些空心小球碎片,后来被地质学家却认为类似小孩摇铃那样的玩具。其中有两件非常完美,现存于伯尔尼博物馆中。它们装饰精美,中空有一块陶质小片,当被摇来摇去的时候,就会发出叮叮当当的响声。人们都知道,如何哄小孩开心,不让他(她)哭泣,这是一个很值得居民中大人们关心的问题,希望这些玩具对哄孩子确实有所帮助!由于古代没有橱柜,人们的食物可能大多储于陶罐之中,一些饰品或大人们的装饰品也多装于陶罐保存。

早期湖上居民佩戴的臂钏和项链,大多是用骨头和贝壳制成的,后来才用到了青铜。很多青铜臂钏、耳环、金属项圈(或项链)、手链、胸针等饰品设计精美,制作精良。值得注意的是:这些饰物在制作完成后,肯定是光鲜亮丽的,有些发卡上还镶有鲜红的珊瑚、珐琅,也有的是石头,镶琥珀的一定更加漂亮。另外,考古学家对当时人们吃的食物也有了一些发现。最初的时候,他们仅掌握了一些基本的农业常识。随着时间的推移,人们的农耕技术越来越娴熟,甚至渐渐代替了野外狩猎,种植成了人们赖以生存的生活方式。在一些湖上民居遗址中,今人并未发现青铜器时代有野生动物遗遗骸的存在,相比家畜的饲养,在那时候已经很大程度上得到了改良,这一点已被吕泰迈尔教授(Ludwig Rütimeyer)的研究所证实。早期石器时代的人在家中仅豢养小型犬、小公牛、绵羊和山羊,而到了青铜器时代,这些动物的体型渐渐变大,人们也开始养马了。这时的马体型应该还比较小,也比较瘦弱,因为从很多像莫林根这样的遗址中,人们就曾找到过马的骨头。此外,还能找到笼头、套马器这样的器物,说明那时期人们也开始了喂养驴子。最早的欧洲原始牛(Bos primigenius)经过人们的驯养和杂交之后,品种也逐渐多起来。不过,那时期的狗体型会比今天的大,养猫和鸡这样的家禽也已开始出现。

在表8-3中,是瓦维尔和莫塞多夫湖上民居遗址出土的石器时代,以及奈达(Nida)遗址中出土的青铜器时代,人们饲养动物的数量和当时野生动物数量的对比情况。

表8-3 野生动物和驯养动物数量的对比

野生动物	瓦维尔	莫塞多夫	奈达
棕熊	若干	若干	—
獾	若干	若干	—
貂	很多	若干	—
松貂	很多	若干	—
臭鼬	若干	若干	—
狼	一只	—	—
狐狸	很多	很多	—
野猫	若干	若干	—
海狸	若干	很多	—
麋鹿	一只	一只	一只
野牛	—	一只	—
欧洲野牛	一只	一只	—
牡鹿	非常多	非常多	非常多
狍	若干	很多	—
野猪①(驯养动物)	若干	很多	—
家猪	一只(?)	—	很多
马	若干	—	很多

---

① 这是一种沼泽猪,非常常见。吕泰迈尔教授认为这种猪一开始是野生的,后来在奈达及其他湖上民居被驯化。需要注意的是,这时并没有出现猫。有人会说,没有猫,那些老姑娘该怎么生活呢?那可能就是这个时候还没有老姑娘吧——大体上应该是这样。这时也没有出现很常见的家禽。至于老鼠,应该是没有留下可被找到的遗体。

续表

野生动物	瓦维尔	莫塞多夫	奈达
公牛	非常多	非常多	非常多
山羊	若干	若干	很多
绵羊	一只	若干	很多
狗	若干	若干	很多

王恩湖水位较低的时候，人们曾在那里的民居遗址中挖掘出土了大量炭化的玉米。洛尔先生（Lohr）说，他在不同时期共挖出多达100蒲式耳（英斗）炭化玉米。同时，还找到了一些麦饼，应该是人们用石磨把麦子磨成粉后烹制而成的。观察挖掘出的谷物，谷穗中的每一只上都有10～11颗谷粒，谷粒要比现代的小。此外，人们还培育了大麦、小米和豌豆。人们还出土了青铜器时代的燕麦和矮秆蚕豆。那些麦饼，形状扁而圆，大约1英寸厚，直径4～5英寸。在罗伯逊遗址，人们发现过罂粟籽饼，却没有冬麦、黑麦和大麻，也没有发现过现代常见的蔬菜。水果和梅子有被使用过的痕迹，但没有证据证明当时的人们种植了它们。不过，这些植物他们确实是种过的：苹果、梨、李子、黑刺李、樱桃、覆盆子、黑莓、草莓、榛子、山毛榉坚果、栗子和罂粟花。今人甚至疑惑，是否从这时开始，人们就开始种植葡萄了，但是经赫尔教授证实，在王恩和斯特科伯恩（Steckborn）遗址中确实找到过葡萄籽。

湖上居民这一事实看来影响巨大，因为在大多数有关远古事件的记述文献中，都曾提及湖上民居的事。如《摩西五经》（Pentateuch）、《荷马史诗》（Homer）中都有提到。那时的埃及人，也已开始广泛应用麻布。但所有的湖上遗址，都未曾发现有罂粟的使用，当然也没发现任何记载有关罂粟的书籍。燕麦和黑麦在《出埃及记》和《荷马史诗》中没被提到，当然也没有出现在同一时期的遗迹中。

曾写过湖上居民故事的特罗扬先生（Troyon）认为，瑞士青铜器时代由一个新种族开创，新种族征服了旧石器时代的人们，但这个说法并没有被人们广泛接受。凯勒博士认为，从新石器时代到青铜器时代的过渡应该是平缓而自然的。而从青铜器时代到铁器时代的新旧交替也是如此。不过，就湖上民居的考古发现中，有很多与斯堪的纳维亚、法国以及英国的考古挖掘相同的地方，比如坟墓、坟堆（或古坟）、石圈、石板墓等。这些证明，古代湖上居民并不是一个单独的部族。例如，青铜器时代湖上民居遗址中发现的晚期陶器、饰物和用具，与上述地区的石板墓和石圈里发现的古物十分相像。

但是，维周教授却认为，在青铜器时代，当地湖上民居的原住民也确实潜移默化地融入了新种族。有很多像特罗扬先生写的作品中，都提到了湖上民居频频遭受大火吞噬的情景，于是就有人草率断定，一个种族的消亡往往就是这样被灭绝的。但是，凯勒博士认为，火灾的影响被夸大了：这些房屋的构造材料确实易燃，拿茅草盖屋顶，人们肯定能想到这一点，尽管周围有湖水，房屋的频繁着火可能无济于事，可是，这里却没有引起火灾的导火索，它又怎么会着火呢？在青铜器时代晚期向铁器时代发展的过程中，瑞士古老的湖上居民与罗马帝国曾发生过一场激烈的战争，前者被征服后就从历史上消失了。在它们覆灭之前，铁器文明已经登上历史舞台。对于罗马人来说，他们有着较为丰富的知识、严明的纪律、钢铁作为武器的使用，还有士兵们强壮的身体等，应该是战胜这些湖人的关键。

考古学家们普遍认为，青铜器时代人们的生活简约淳朴，那时候，他们还未发现铁，也不知道写字这回事。在青铜器时代，法国等地的石板墓墓碑上没有任何文字，英国的石圈也是如此。因此说，湖上居民铁器的使用，应当是一个新种族文化与湖人文化相互融合的结果。

位于伯尔尼附近的蒂芬诺（Tifno）战场，以发现大量铁质武器和器皿而闻名于世。这里挖掘出了大量的双轮战车残片，上百柄佩剑，盔甲的碎片、长矛矛头、戒指、金属搭扣，以及各类装饰物、器皿、碎陶片和玻璃片，同时还发现了30多枚高卢人和马萨利奥特硬币，这些都证明这里当时是罗马帝国的战场。在比尔湖中小岛上，我们也发现了40枚罗马硬币，但之后再也没有发掘出晚于这个时期类似的大型湖上民居了。

芒罗及其他学者认为，随着纯铜器的出土，人们可以断定，石器时代后是存在一个过渡时期的。这时人们使用的是纯铜，而不是青铜（青铜是铜和锡的合金）。很明显，器物的形状也都模仿了古人造的，扁平铜斧就是很好的例证。

位于纳沙泰尔湖畔的马林湖上民居遗址属于铁器时代，人们从那里挖掘出了大约50把铸剑。这些剑装饰精美，并配以铜做的剑鞘。著名的泰纳（La Tene，法语"浅滩"的意思）水上驿站（暂且这样称呼）经常被古物研究者谈论。"泰纳"这个名称来自附近的渔民，应该是当时那里水位急速下降所致。以前泰纳被认为是另一个普通的湖上民居，只不过是属于铁器时代。因为那里不但发掘出了大量的木桩，还发现了很多锻造精美的铁器。由于水位的下降，泰纳在1876年干涸，但当时并未开始任何挖掘工作。到1880年，马林一所学校的校长沃加先生（M. E. Vouga）开始了他的挖掘工作，他在湖底发现了一层又一层的罗马人的遗物。于是，有关泰纳仅为另一处普通的湖上民居的观点被推翻。它俯瞰着康斯坦茨和日内瓦之间的主干道。这样的地理位置，再加上发掘出的文物多为战争武器，都说明这里曾是军事战场。此外，大量的人类骸骨也从这里被发现，很多头盖骨已破裂，说明这里曾发生过一场激烈的战斗，最后以罗马人的胜利告终。在这里发掘出的大部分武器和器具的样式比较奇特，很难辨别其归属,但也可以断定不是罗马人的,反而与弗兰克斯爵士(Wollaston Franks)描述的"凯尔特晚期"器物的特征十分相像。它们应出自恺撒领导的赫尔维西亚人(Helvetii)之手。赫尔维西亚人应该是凯尔特民族的一支,我们在说到早期铁器时代还会提到他们。在最后判定他们到底属于哪个或哪些部族之前,古文物研究者们做了大量的研究。已故的凯勒博士认为,他们应该不是从一开始就来自凯尔特部落,这种说法缺乏证据。

那些土冢、墓室以及欧洲的古坟都足以证明,这里曾是一个不同种族的遗址,应该是早于凯尔特人出现的部族,后人多称他们为前凯尔特人(Pre Celtic)或伊比利亚人(Iberian)的分支。这个生活于新石器时代的种族,应该就是那些古代粗石墓碑(比如石圈、墓室)的建造者。古文物研究者们会根据他们狭长的头骨,矮小的身形与别的部族加以区分。

芒罗博士表示,中欧最早的湖上民居建造者,其实是那些在新石器时代进入该地区的移民。他们经过黑海地区以及地中海海岸,而后向西延伸至多瑙河及其支流,一直汇入瑞士大中枢湖泊地方,并在这里安居下来。当然,这些民居的遗址也曾引起了在小亚细亚(Asia Minor)旅行的游客们的注意。

不过,这里并没有发掘出很多人的骸骨。1876年以前,人们对古人是如何处理同类尸体的方法毫不知情。也就在这一年,有人在纳沙泰尔湖上一个小型的民居遗址——奥韦尼耶(Auvernier)中,发现了一些石墓。石墓证明,这里死去的人并没被葬入湖中,而是被装入石棺存放。在这些石棺中,有一副石棺是由4块厚厚的花岗岩石板做成的,上面盖着大石板。石棺内放置有10~15具骸骨,他们成坐姿摆放,或据一些古文物研究者所说,他们个个呈蜷缩状,膝盖抵着下巴,呈坐姿沿棺椁四周摆放,头颅抵着棺壁,脚朝石棺中心。石棺两侧另

有一个装有骨头的小石龛。除了骨头，石龛内还有一串用野猪牙或狼牙串成的项链（其中野猪牙和狼牙被钻了孔，或许是为了做成项链用），一把用蛇纹石制成的小短斧，以及青铜做的戒指、发卡和珠子。附近还埋着一个孩子，他虽未葬在石棺之中，但身上也佩有一些项链和琥珀珠子。琥珀一般是青铜器时代和晚石器时代的标志，因为它在当时是一种外来品，是经由波罗的海贸易航线来到这里的。吕泰迈尔教授宣称，这里的遗迹和他曾勘察过的位于奈达、美伦、罗伯逊及瓦维尔的那些是属于同一类型的。总而言之，它们属于早期的青铜器时代，也就是属于石器时代到青铜器时代的过渡期。而这种用石棺保存骸骨的方式就是"锡安（Sion）之法"。

在蒙特勒（Montreux），人们也发现了一些遗骨，他们有些被存放在石棺之内，身边有的有青铜随葬品，有的没有。佛勒博士（Forel）也描述过在莫尔日（Morges）和圣普雷（St. Prex）发现的同一时期的墓地。在圣普雷还发现了装有骨灰的古瓮和墓地。这是非常重要的一点，因为这说明在当时已经有了墓葬和火葬两种殡葬方式并存。在下一章我们会提供一些证据，证明在同一地理方位两种墓地的存在。

真正石器时代的墓葬，是已故的莫雷尔·法蒂奥先生曾在普里（Pully）附近发现的查特拉德公墓（Chamblandes）。从那里出土的野猪牙齿有40颗之多，上面都被钻了双孔，摆放在墓内逝者的胸膛上。这些野猪牙应该是缝制在衣物之上做装饰之用的。遗骨通常朝东摆放。此外，那里还出土了被钻孔的贝壳、大量的燃料（多为黄色和红色）、海洋多孔贝壳、人的头盖骨制成的护身符项链，以及看起来由珊瑚、圆形鹅卵石做成的珠子，一块圆形的锤石和一把漂亮的蛇纹石斧子等。在皮埃罗－波蒂（Pierra－Portay）和查特拉德（Chatelard），人们也发现了相隔不远的石器时代的墓地。

这里我们来总述一下英国的人工小岛。以下这个剿匪故事中，曾提到16世纪时发现于爱尔兰的一处岛堡:"说的是曾经有个叫杜阿塔格·奥康纳(Dualtagh O'Connor)的人,是个臭名远扬的卖国者,他罪恶滔天,长期四处流窜,招兵买马,盘踞一方。按照他的规矩,杜阿塔格在科斯特罗盖(Costelloghe)国边境、罗斯科蒙郡(Roscommon)、拉夫巷(Lough Lane)的天然小岛或人工小岛上建造了防御工事。几天前,我看准时机,带人在夜里突袭了那里,并在天亮前包围了那个岛。在接下来的七天里,我封锁了岛上和外界的一切联系。同时,我从阿思隆(Athlone)调来潜水船,把一些大块的铁片运到小岛底部,从而把它彻底封起来。就这样,我们在第七天攻下了那个小岛,我方无一阵亡,并救回了受伤的约翰老弟。当我的弟兄们登上小岛时,我们发现,岛上大约有26个人,其中7人是杜阿塔格的子女。而杜阿塔格自己和其他18个同党跳水逃跑了,我们在湖边的一间小木屋里发现他们中大多数人已经淹死。有人说杜阿塔格也被淹死了,但真相不得而知,当时天刚刚破晓,雾又大,他可能趁机逃走也说不定。爱尔兰人就这样轻而易举地占据了这个地方。"

已故的罗伯逊博士(J. Robertson)曾这样描述苏格兰人工岛:"在苏格兰的人工小岛中,要属福法湖地区(Loch of Forfar)最引人注目。这座小岛是以圣玛格丽特(St. Margaret)的名字命名的。圣玛格丽特是苏格兰国王马尔科姆三世(King Malcolm Canmore)的王后,死于1079年。这座小岛主要是天然形成的,人们仅用木桩和石头加固过。史上记载,曾有人在1508年对这座人造防御工事做过研究。另外一处人工岛遗址位于苏格兰莫雷(Moray)的露辛多布湖(Lochindorb),爱德华一世曾在1303年去过那里,并修筑了防御工事,使其初具城堡的规模。1336年,爱德华三世带领他的强兵良将穿过了阿索尔(Athole)和巴登诺克(Badenoch)山口。第三处人工岛位于阿伯丁郡(Aberdeenshire)的金港湖(Loch Cannor or Kinord),这处人工岛最

早记载于1335年,苏格兰国王詹姆斯四世在1506年曾到访过这里,直至1648年,这里一直都是个战略位置极为重要的要塞。而就在那一年,苏格兰议会命令把这里的防御工事拆除。金港湖人工岛遗址占地约1英亩,仅有一些用作防御的石墙和一排木桩构成。金港湖地区还有一处人工岛遗址,面积更小一些,还是仿造的。金港湖人工岛被拆除40年之后,又一人工岛建成于斯特拉斯派(Strathspey)艾兰湖(Loch an Eilan),这里四面环山,被称为'困难和战争时期国家的守护者',因为它的地理位置易守难攻,人们在遇到战争危险时,可以将这里用作存放物品和保护孩子。同时,被发现的还有用橡树干挖空后做成的独木舟,与在爱尔兰人工岛遗址里发现的十分相似。这里发掘出的青铜(黄铜)器皿主要以厨具为主,样式很常见,但不太像是古物。此外,人们还在这里发现了鹿角、野猪尖牙,以及家禽家畜的骨头,还挖掘出石斧和国际跳棋或西洋双陆棋的棋子碎片。①"

---

① 目前已有很多湖上民居的文献记载,已为我们提供了大量珍贵及详尽信息的芒罗博士就列出了469篇(本)参考文献,大多数是法语、德语以及意大利语的。

第九章　生者住所与死者长眠地

在这些暗示中，一部人类的编年史得以幸存。

——华兹华斯

上一章，人们通过对瑞士湖上民居遗址的考古发掘，出土了大量丰富、保存完好的文物。这一研究成果，对我们了解新石器时代、青铜器时代湖上居民的生活状况，都起到了很好的帮扶作用。居于湖上，对于古人来说，可能优点明显，尤其处于那个部族间征伐频繁的年代，居于湖上有芦苇等天然屏障做掩护，易于隐蔽，不易受到外族攻击。饮食方面，有唾手可得的水产品，夏日还有湖边难得的清凉享受。当然，这也不一定是他们居住的唯一选择。在那个时代，湖泊可能并不随处可见，对于人数众多、分布广泛的原始同胞来说，总有先入为主的，后来者就只有生活在陆地上了。

这一章我们主要讲述生活在陆地上的古人，并了解他们的生活习俗、宗教信仰等情况。了解湖上居民，我们可以通过他们的遗迹，走进他们的真实生活。了解陆地上生活的古人，我们则要借助他们的坟墓了解了。生与死，两个不同的方面，却展现着古人不同的存在印记。这些画面或许并不完整，但我们的考古发现，已经将他们生活的大致轮廓勾勒出来了，就等着后来者不断完善，为他们添砖加瓦。

这里，我们无法就此通过些神秘小屋、古人的墓穴，或其一些人类的居所，来判断史前人类的生存印记，因为这些东西还都有待进一步发现。目前，我们能做的就是通过一堆堆的贝壳和某些类型的碎片，看看从它们中能否找到些古人的蛛丝马迹，这就是丹麦的"贝冢"（kitchen middens）现象。这种东西，一般在海滨就能见到，特别是在利姆峡湾和卡特加特海峡更是随处可见。有些地方，这些贝壳堆或贝壳滩（也就是"贝冢"）都有5英尺高，有些则高达10英尺。宽度一般是150～200英尺，长度有的接近350码①。在一些低缓的海岸，这些贝壳堆都比轮船满水位线高出几英尺，而在海岸陡峭的地方，高出的就要更多了②。

　　有些地方的贝壳滩曾由海滨向内陆延伸有8英里那么远，不过现在看来，很大一部分地方已经被看作是内陆新增的"土地"了。这些内陆土地形成方式独特，多由海水涨潮时冲上岸的贝壳等沉积物的不断堆积形成。丹麦的西海岸基本上找不到这样的贝壳滩了，主要由于潮水凶猛，即便曾经有遗留在海岸上的贝壳，也早就被潮水卷走了。贝壳滩中主要是一些蚝壳、海扇壳、蚌壳及玉黍螺的壳堆积而成。曾在这里生活过的人们应该是以水中贝类为主要食物，因此在内陆地区我们是无法发现这些贝壳踪迹的。

　　在很多贝壳滩上，考古研究者们发现了炉底石，它们以小平台的方式堆积起来，并有火烤的痕迹。一些已经勘查和挖掘过的贝壳滩会露出一层黑炭，更加证实了炉底石在这里的应用。但是，根据卢伯

---

　　① 英美制长度单位，1码约合0.9144米。——译者注。
　　② 贝壳滩里的大多数物种都已经被仔细检验过，上万种物种被存放在哥本哈根的精品博物馆中。由斯特恩斯特普教授（Steenstrup）、福尔赫哈默教授（Forchhammer）和沃萨埃教授（Worsaae）组成的鉴定委员会将检验的结果用丹麦语向哥本哈根科学学院呈上了六份报告。莫洛先生（Morlot）为这些报告作了一篇非常精彩的序，发表在1860年的《伏多瓦教派的记忆》第六卷中。

克先生所言，在某些地方，原始人类似乎在临海的地方做饭，所以贝壳和骨头会和沙子、砾石混到一起。或许，这些原始人类生活在帐篷、小屋中，我们也有理由认为这些帐篷、小屋被搭建在贝冢①中的某个空洞、洼地上。在哈费尔斯，人们发现了一个小型贝冢，呈指环形状，中间包围的地方以前可能有居民居住过。

根据不同种类的贝壳，我们发现，远古时候的海扇、蚌、玉黍螺比今天的都大。并且，那时的牡蛎数量之多，不过今天都已经消失了。基于这些事实，莱伊尔先生推断出，与现在相比，那时的北海和波罗的海之间更加通畅，位于两者之间的日德兰半岛在不久之前还是一个群岛。

在那里，人们发现了大量的原始人类的武器、工具，它们全是由骨头、角、贝壳、石头做成的，生活在这里的人似乎还不知道金属的存在。这些物件制大多制作粗糙，几乎没有被打磨平整过。另外，人们还发现了现在所谓的"贝冢样式"的粗糙斧子，它们制作粗糙。还有石片、箭头、投石以及大量的骨头碎片。

这些出土的文物，它们属于那个年代，目前还无法确定。由于它们制作粗糙，所以一些权威人士估计，它们属于新石器时代刚开始的阶段；其他人认为它们属于新石器时代晚期，因为更加文明的人生活在内陆，而且能生产出打磨光滑的武器，比如人们在丹麦、斯堪的纳维亚泥煤中发现的这类文物。不过，有一件事是确信无疑的，那就是它们不属于旧石器时代，根据前文的记述，在旧石器时代，生活于欧洲的动物今天大部分已灭绝了。另外，现在的欧洲自然地理面貌与那时差别很大，在旧石器时代，还没有贝冢出现的海岸线。

---

① "贝冢"这个名称来自丹麦语"kjokken"（厨房的意思）和"modding"[废石堆的意思，和我们当地方言中的"中间的"（midding）这个词差不多]这两个词。

因为没有发现一点金属，所以考古学家们相信它们属于石器时代。贝冢所属的时期是一个重要的问题，虽然至今还未解决，但是有证据证明前面推论的正确性。即使那时候其他地方已经属于青铜器时代了，发现的贝冢也是代表了新石器时代的文化水平。某些文物，比如出土于丹麦古老的泥炭沼较低位置的独木舟，据说与贝冢属于同一时期，也就是新石器时代。我们必须记住，所谓的石器时代、青铜器时代，大部分同时出现在不同的地区，绝不可能所有地区都同时经历青铜器时代。

从贝冢中发现的动物骸骨，本身就是很有价值的记录，向我们展现了以它们为食的人类日常的生活和习惯。我们在贝冢中只发现了一种家畜，那就是狗，这暗示了我们很多内容。从根本上讲，那些原始人类是猎人，而非农民，因为他们并未饲养其他家畜，例如牛、绵羊、山羊、猪等。此外，人们还发现了很多牡鹿和野猪的骸骨，但是并未发现驯鹿的骨头，虽然斯特恩斯特普教授坚持认为情况并非如此。人们频繁发现的野牛骸骨，使人们相信野牛是这些原始人类最喜爱的食物。尤利乌斯·恺撒见到过这种野牛，这种野牛在恺撒死后仍然存在了很长时间。尽管俄国沙皇曾在立陶宛森林中饲养过欧洲野牛（urocha），但至今并未在这个贝冢中发现它们的骸骨。

此外，人们还发现了鲱鱼、山鳕、鳕鱼、比目鱼、鳗鱼的骸骨，另外还发现了数种鸟类骸骨。属于不同时代的贝冢还出现在苏格兰高于海平面近 50 英尺的地方。可能在苏格兰东部的福斯湾（Firth of Forth）、圣安德鲁湾（St. Andrew's Bay）、安格斯海岸（Shores of Forfarshire）、莫雷湾（Moray Firth）或外赫布里底群岛（Outer Hebrides），还有可能在爱尔兰，在北美洲也被发现过。在火地岛的海岸生活着一些文明程度较低的原始人类，他们主要以水中贝类动物为食，完全不知农业为何物。以下是达尔文先生对他们的描述，这些描述能帮助我们了解生活在丹麦海岸的人们的生活状况。

"这些居民主要以水中贝类动物为食,由于海水侵袭,他们需要不断地改变住所。不过,总在一段时间之后,他们就会回到曾经居住过的地方。根据那些堆积如山的古老贝壳就能看出,这些贝壳一定重达数吨。时间久远,这些贝壳上面都生长着不同种类的绿色植物。根据这些植物,人们从很远的地方就能看到这些贝壳堆……生活于火地岛的人都住在棚屋中,这种棚屋尺寸大小和圆锥形的干草堆相似,十分简陋,只有数根断枝插在地上,断枝上面简单地铺着一些干草。整个搭建过程不会超过1小时。不过,这种棚屋只能使用几天……接下来的时间,我们把比格尔船停在了离北方不远的渥拉斯顿岛(Wollaston Island)。我们走在海岸上,与6个火地岛人一起拖着一艘独木舟。这里的土著人是我见过的最可怜、最悲惨的人。正如我们看到的那样,生活在东海岸的土著人穿着骆马皮制成的长袍,在西海岸的土著人则穿着海豹皮。总体来说,生活在小岛中部地区的部族,他们大多穿的是水獭皮,有的人只穿着一些零碎的水獭皮,大小和手帕差不多,几乎不能遮住他们的背部,最多只能遮住腰部。他们用线穿过水獭皮悬挂于胸前,有风的时候,这些水獭皮会从身体的这边吹到身体的另一边。不过,在独木舟上的这些火地岛人完全赤身裸体,甚至有一位成年女性也是如此。有一次下大雨,雨水瓢泼般地打在她黝黑的身上,顺着她的脸部、胸部往下流……这些可怜的人发育迟缓,他们的脸上还画着白色的颜料,看上去可怕又丑陋。他们的皮肤肮脏油腻,头发都杂乱地打上了结,说话的声音刺耳难听,就连行为举止都粗俗土著。望着这样的人,你很难相信自己怎么会与他们生活在同一个世界,属同样的生物……在风雨交加的夜晚,五六个人全身赤裸,像动物一样蜷缩着睡在湿滑的地上。无论什么时候,只要海水退潮,他们就到岩石上去捡拾贝壳。无论夏天还是冬天,女

人们要么跳到海中捡拾海蛋，要么静坐在他们的独木舟中，拿着一条非常细的线，投放到水中钓鱼。如果他们杀死了一只海豹，或是发现一头漂浮在海上的腐臭的鲸鱼，他们就会举办宴会以示庆贺，然后分食那些腐败变质的动物尸身，好的时候，他们还能伴上些看上去没有一点儿滋味的浆果、蘑菇。饥荒的时候，他们会吃掉死去的或濒临死亡的同类，甚至吃掉自己年迈的父母。"

下面，我们来讲一下土坟，土坟是印欧人种和其他种族埋葬逝者的地方。在希腊有大量的土坟。印欧人将其称为小山或土堆。在达达尼尔海峡的海岸，仍能看到这种巨型土坟，根据古希腊传说，这些土坟中埋葬着荷马时代的英雄，像阿喀琉斯（Achilles）、普特洛克勒斯（Patroclus）等。雅典人在马拉松平原建造土坟，用来埋葬死在那里的人。这些土坟最大的曾有30英尺高。很多土坟周围都环绕着一圈石头和墙。据狄奥多罗斯（Diodorus）所说，塞米勒米斯（Semiramis）曾在宫殿周边地区埋葬了她的丈夫尼努斯（Ninus），用一个大型的土丘覆盖在了逝者身上。鲍桑尼亚还（Pausanias）提到，人们将石头收集起来，盖在拉伊俄斯（Laius）的坟墓上。拉伊俄斯是俄狄浦斯（Edipus）的父亲。维吉尔（Virgil）说，德塞努斯（Dercennus）——拉丁姆城的王，死后就被埋在了土坟中。最早的历史学家说，古时候的塞西亚人、希腊人、伊特鲁里亚人、德国人等都用土坟埋葬死者。中国人也有相似的习俗，这个民族从石器时代就有这一传统，如今一些巨大的、十分古老的土坟就埋葬着他们古代的王。毫无疑问，在北美，许多大型土丘都是坟墓，但其他的地方不一定如此。在古埃及，土坟逐渐演变成了金字塔。

荷马曾描述过建造赫克托尔（Hector）的土坟的全过程，他将这一场景生动地展现在我们面前：连续9天，人们都用牛车拉着木头，运送到火葬的地方。然后，把木头搭建成火葬用的柴堆，再将尸体放上去。在持续燃烧24小时之后，用奠酒浇灭残余的火星。死者的朋友将死者的骨头从火灰中拣出来，放到金属骨灰瓮中，再将骨灰瓮放置在一个空墓穴或石棺中，之后用合适的大块石头埋起来。最后，一个古坟便建造成了，然后再举办丧葬筵席。

特洛伊地区的坟墓，就像威尔特郡的"长型坟墓"一样，被放置在显著的位置，就是为了让它显眼。荷马的《伊利亚特》（第七卷，第84～90行）也证明了这一点。赫克托尔向一名希腊人发起挑战，二人一对一单挑。如果赫克托尔赢了，他要将对手的尸体还给希腊人，这样希腊人能为死者在达达尼尔海峡的海岸建造一座坟墓。很久之后，若是有人航行到这里，他就可以说："那边是一座坟墓，死者死于很久以前，是在与赫克托尔的决斗中被杀死的。"一根石柱（如今石柱的原型）通常被竖立在土坟上，这样能使土坟更加显眼。例如石碑（στηλη）。这些石柱通常尺寸较大。在《伊利亚特》（第十一卷，第370页）中，我们读到帕里斯精于剑术，在对战狄俄墨得斯（Diomede）时，他躲在伊洛斯（Ilus）的坟冢的石柱后面，射伤了狄俄墨得斯的脚。由此可见，这些石柱尺寸很大，能隐藏和保护一个人。在世界上许多地方，竖石都标志着坟冢的位置，但是有时也只是为了纪念某些事件。我们会在第十一章具体讨论这一有趣的问题。

荷马也说到了阿喀琉斯的葬礼（《伊利亚特》，第二十三卷，第166行），葬礼的细节与青铜器时代、铁器时代在欧洲建造坟墓的人的习俗一致。文中描述道，人们为阿喀琉斯的尸体穿上带有刺绣的华丽长袍，放到柴堆上，再把软膏、蜂蜜的罐子放到尸体旁边。在柴堆中杀死羊、牛。将阿喀琉斯火化后的骨头连同他的挚友普特洛克勒斯（Patroclus）的骸骨一同放在金瓮中。然后将其埋入高高的海峡，并建造一个大型的土坟，这样，子孙后代从很远的地方就能看到。

这些土坟，有着古老的时间，久远的年代，我们应很好地利用它

们，因为它们能为考古学家提供某些需要的线索，证明考古学家们发现的真实性。希罗多德（Herodotus）曾描述过塞西亚人葬礼的习俗：当首领死后，塞西亚人将死者的尸体放到地下石室的床上，里面还有死者所需的所有物品，能让死者在另外一个世界里活得舒服，这些事情都处理完后，盖上棺盖。当然，首领去世，首领的一位妻子也会被杀死，作为首领的陪葬者放到首领身边。平日给首领上酒的侍从、驾驶战车的车夫及其他仆人、战马都会被杀死放到坟墓中，然后再用土将坟墓填满，堆成一个高高的大型土坟。古老的塞西亚平原上有大量土坟，都能证明以上描述。

尤利西斯·恺撒曾说到高卢人的葬礼："他们的葬礼豪华宏伟。死者生前所有常用的东西都被放到柴堆上一同火化。甚至他的宠物也会被杀死，火化之前，死者喜欢的奴仆、侍从也会被一同火化。"恺撒也说到，如果首领死因不明，他的妻子就会受到严酷的折磨，最后被火烧死。

土葬的传统一直被延续下来，直到公元后，如今存在的古坟多为史前时期的。其中一些坟墓的修建日期为人所知，例如死于公元950年的丹麦小村庄耶灵（Jellinge）的赛拉·戴恩布拉女王（Thyra Danebod）和高姆王（King Gorm）的坟墓。他们的坟墓直径达200英尺，高50多英尺，里面的墓室长23英尺，宽8英尺，高5英尺。这个墓室由巨大的橡树板搭建而成，不像石器时代或青铜器时代的墓室，那时的墓室是由石头构成。在中世纪，这些坟墓曾遭到过洗劫，近年来，有人再次进入墓室，仍旧发现了一些有价值的文物，其中还包括一个银杯。在引进基督教之后，异教的习俗很大程度上依然被保留了下来。哈拉德王——"老王"高姆的儿子、继承人，据说他曾将基督教引入丹麦、挪威全境。他建造了一座石室，里面放着"老王"高姆的尸身，石室顶部立着一根制作粗糙的石柱，人们在石柱上用卢恩符号

刻上了纪念性的内容。另外，石柱也是人类救世主的代表物！瑞典乌普萨拉（Upsala）的国王冢，据称埋葬着欧丁神（Odin）、托尔（Thor）、弗雷娅（Freya），在大小、高度方面比得上耶灵的那些坟墓。1829 年，人们打开坟墓进去后，发现了一个装满骨灰的瓮，还有一些金的装饰品，根据上面的工艺，人们认出它是 15 世纪或 16 世纪的坟墓。

在一些古老的文献中，有时也会提到坟墓。圣·格列高利（Gregory of Tours）曾讲述过这样一个故事，故事大体上是这样的：马克莱乌（Macliar）从他的哥哥沙瑙（Chanaon）那里逃出来之后，和康诺莫（Chonomor）一起避难，康诺莫是布列塔尼人的伯爵，沙瑙命令康诺莫把马克莱乌交出来，康诺莫将马克莱乌藏到了一个墓穴之中，"就像对待其他逝者一样，他给坟墓留了一个通风口，以便空气进入。"然后，康诺莫向使者展现了马克莱乌的坟墓，并向他们说，马克莱乌死了，已经被我给火化了埋在这里！

丹麦的传说故事，还提到 8 世纪中叶齐格德·金（Sigurd Ring）在布罗瓦拉（Braavalla）的一次战斗中打败了他的叔叔哈罗德·海尔图特王（King Harold Hildetans），他清洗了他的尸体，并将尸体放到了哈罗德生前的战车中，埋在了事先为他准备好的坟墓中。并将哈罗德的马杀死了，连同马鞍与死者埋在了一起。这样，哈罗德既可选择骑马前去瓦尔·哈拉殿堂，也可以选择乘坐战车去。齐格德·金为此还举办了一场追思宴席，之后，他命令在场的首领把他们的装饰品、武器扔进坟墓中，以纪念哈罗德王。最后，下令让人仔细封闭坟墓。

时间进入到维京人统治后期，那里的人多采用不火化尸体而改为土葬。一些大型的维京坟墓中埋藏着装备齐全的船，就像船曾在海上航行那样，船的主人被安放在甲板的房子里。1880 年，在桑讷菲

尤尔(Sandefjord)的古斯塔德(Gokstad),发现的船便是如此,如今这艘船被存放在克里斯蒂安尼亚(Christiania)。

许多古人都有这样的习俗,把死者的坟墓变成和生者的住所一样。在意大利早期的居民中,伊特鲁里亚人和其他的种族便采用这种方法,在意大利古城亚伯隆加的大墓地中,人们发现的骨灰瓮便可以证明,这个骨灰瓮十分奇特,那时人们用树枝、动物毛皮搭建起棚屋,这一骨灰瓮与粗糙的棚屋十分相似。在伊特鲁里亚人的坟墓中,我们看到坟墓中的壁画与他们房子的内部装饰风格很像。

下面我们要讲的这个例子很典型,它的坟墓也很大。在大英博物馆中展示的利西亚人早期的坟墓,整体结构很明显,是复制或模仿了生者居住的木质建筑物而修建的,筏夫也被用石头复制雕刻出来。有的坟墓墙壁上嵌着镶板,武器悬于其中,有扶手的椅子、凳子也全用石头雕刻出来,放到了地下坟墓中。瑞士的湖上居民使用棚屋形状的骨灰瓮,很明显也是模仿了生者用树枝简单搭建成的棚屋。

这些早期能够满足人们休息,远离外界,起着庇护作用的棚屋的搭建,或许就是后来建筑艺术的发端。维特鲁威(Vitruvius)生动地描述了人类早期,建筑艺术逐渐演变的过程。他指出,在开始的时候,人类会去模仿鸟巢、野兽的巢穴,然后用树枝、小枝建造出藤架。随着技术的提高,他们创造出了自己的棚屋,棚屋带有草皮围出的墙壁,还有芦苇、树枝的加固。当然,也有的作家想努力弄明白洞穴、棚屋、帐篷这三个原始住所的前后顺序。在这里,主要以打鱼、捕猎为生的部落,以农业为生的部落,以游牧生活为主的部落分别建造了洞穴、棚屋、帐篷这三种原始住所。当然,气候、建筑材料等因素也会影响原始住所的形式。在斯堪的纳维亚半岛,我们发现当地人不使用带有石室的石冢、带有墓室的长型坟墓、石桌,而是使用"通道式坟墓"①或"齿轮群陵"(gang graber),里面经常发现呈对折姿势的尸体。它们似乎就是生者的住所,也是死者的坟墓,属于旧石器时代。"通道式坟墓"中有一条巨石搭建而成的通道,开口几乎都是朝向南方、东方,从来不会朝向北方,通道通向一个大型的中间石室,石室四周放置着死者,通常呈坐姿状。还有另外一个奇妙的、重要的事实,那是生活在北极的种族住所,即爱斯基摩人的冬之屋(winter house)和西伯利亚人的"土窝子"(yourt),它们与"通道式坟墓"十分相似。

西伯利亚人的"土窝子"包含一个位于中间的房间,稍微低于地面,由石头搭建而成(有时也是木材搭建)。"土窝子"上面堆积着大量的土,从外面看,整个"土窝子"就像是一个土丘,开口朝向南边。据库克船长(Captain Cook)所说,茨基人(Tschutski)生活在亚洲最靠东北的地区,他们的冬之屋和西伯利亚人的"土窝子"十分相似,特别像一个顶部呈拱形的地下室。

生活在阿留申群岛的居民,他们建造的住所一半位于地面之上,一半位于地面之下,通常都比较大,被分成许多隔间,一个家庭住一个隔间。当有人死去后,人们会将他(她)的身体对折,埋在这些隔间里。拉普兰人的棚屋或甘美(地下城)与"通道式坟墓"十分相似。

斯文·尼尔森教授(Sven Nilsson),这位受人尊敬的瑞典考古学家,他认为"通道式坟墓"就是模仿住宅而建造的。实际上,从某些意义上讲,它们就是住宅。尼尔森教授也认为早期的人类搭建的第一所房子,就是模仿更原始的住所——洞穴开始的,这一理论具有独创性,值得人们相信。对此,尼尔森教授是这样解释的:史前人类不得

---

① "通道式坟墓"(passage graves)是一种史前墓室,由巨石砌成,有一长长的墓道通向墓外,主要发现于西欧。此类墓最初有大土堆覆盖,现在土堆大多已消失,大部分始于新石器时代。——译者注

不寻找住所,他们发现山洞夜里可避寒凉,盛夏可避暑热。许多古老的传说故事都提到了这一点。希腊最古老的居民便居于山洞之中。在萨莫耶德人之前,生活在西伯利亚的人居住在地下室中。西西里的狄奥多罗斯(或是狄奥多罗斯·西库路斯)表达过相同的看法,他称之为"溶洞中的冬天",虽然荷马笔下的库克罗普斯(Cyclopus,独眼巨人)天赋异禀,但现实中他们不过是石器时代一个古老种族的余部,这些人们生活在青铜器时代,吟游诗人曾对他们大加歌颂。

正如一些语言学家所讲,生活在黑海和里海周边国家的居民,他们的文明程度较高,欧洲的传说故事也已提到过这些地区。生活在旧世界南部和东部的民族,将死者埋在他们祖先远古时期居住过的地方。因此,希泰族将死者埋在山洞中,亚伯拉罕(《创世纪》,第二十三卷)从希泰族那里买了麦比拉洞,以埋葬他的妻子撒拉(Sarah)。很长一段时间之后,犹太人也习惯将死者埋在洞穴、地下墓室中。尼尔森教授想象出这样的情形:居住在高加索地区山洞中的人类,被强大的部落驱逐到平原地区,失去了山洞依赖的人们便开始用石头或木材搭建人工洞穴。据尼尔森教授推断,这便是早期建筑艺术的产生。

在更靠北的地区,古老的土著人会寻找或搭建一座山洞,山洞中要有一条指向太阳方向的通道或走廊,动物大多也有这种本能。有大量的证据证明,在旧石器时代,整个欧洲的所有洞穴里都几乎居住过原始人类。但是,如果这些土著人迁徙到了平原,他们就不得不收集石块,人工搭建洞穴或建造地下住所。另外,这些原始人类还会搭建起带走廊的房子,算是对山洞生活的回忆。由此,我们总会发现他们建造的走廊或通道,总是指向南方这一事实。

提到古老的突雷尼人,艾萨克·泰勒教士(Canan Isaac Taylor)说:"在人们的眼里,大量的大型建筑物都是突雷尼人的坟墓,因为他们的坟墓都是集风格与实用于一身的,因此显得十分宏伟壮观。他

们的这些坟墓，都是世代相传的式样，又都表达了世代相传的信仰，也是为了世代相传的同一目的而精心打造的。这些坟墓的类型模仿死者生前居住过的房子，传达了灵魂不朽的信仰，这是重要的事实，也是突雷尼人对世界宗教思想的贡献，目的是祭祀祖先的灵魂，那是突雷尼人的宗教。突雷尼人信奉'万物有灵论'，他们相信，无论是有生命的，还是无生命的，所有东西都是有灵魂有神谕的。就连死者生前用的武器装饰品、器皿等物品也都有灵魂。人死后，其灵魂仍然可以使用这些物品的灵魂，仍然需要食用食物的灵魂，而奴隶、马、狗的灵魂仍然要继续服务死者的灵魂。因此，当我们打开古老的突雷尼人的坟墓时，我们会发现死者的长眠之所完全模仿了他生前的住所。死者依然享有他生前的必需品——坟墓中埋葬着拿着长矛和箭的战士，拿着器皿和饰物的女人。在婴儿的骨头旁边，我们还发现了看门狗的骨骼，它是婴儿忠实的伙伴，人们杀死了它，为了让它勇敢、机智的灵魂引导无助的婴儿灵魂通向那片未知之地，安全度过那段漫长的旅程而一直陪伴着他。无论从哪个方面来看，坟墓与生者的房子都极其相似。唯一的区别就在于：坟墓更加持久耐用，更加昂贵。突雷尼人的坟墓是家族冢，同一代的死者被埋葬在同一房间里。"

把最后一件礼物带到这里！
倾诉最后一句悼念之语，
让所有开心的，可能让人开心的，
都与逝者一同被埋葬。

逝者头下藏匿着一把石斧，
他如此果断地挥了挥，
逝者旁边还有一块野猪的腰肉，

因为旅行还长着呢！

将刀子打磨光滑，
在战斗那一天，
逝者能轻易地用锋利的刀锋，
将敌人的头颅砍下！

将战士们都喜欢使用的颜料
放到逝者的手中，
这样逝者能在灵魂之所，
面部红润有光泽。

——席勒（Schiller）

很多年来，人们对大不列颠岛和爱尔兰岛上的坟墓都存有诸多的疑问①。这之前，卡姆登（Camden）②也曾提出过一个想法，当然这个想法在当时很盛行。他说："这些古坟被建造起来，它们或许是为

---

① 关于这一主题最新的、综合性的著作，是来自达拉谟的格林威尔教士（Canon Greenwell）所写的《英国的坟墓》（*British Barrows*），格林威尔教士曾亲自打开了约克郡的232个坟墓，对其进行研究报导。奥布里（Aubrey）、理查德·柯尔特·霍尔先生（Richard Colt Hoare）、斯蒂克利（Stukeley）和图纳姆博士等人也曾写过他们对这一主题的研究。皮特·里弗斯将军（Pitt Rivers，从前名为雷恩·福克斯上将，Lane Fox）也曾对威尔特郡和多塞特郡的坟墓进行过系统地探索，他关于这个专题的著作有很多，《对克兰伯恩蔡斯的探索》（*Escavation on Cranborne Chase*），还有在《人类学》和《人类学研究所刊物》上发表的论文。他在法南姆（多塞特郡）的房产上建造了一座博物馆，里面有他按真实比例制作的模型，漂亮且独一无二，在将军的引导下，作者有幸参观了这座博物馆，感到十分开心和享受。到索尔兹伯里市、普尔市等地游玩的游客，可以去参观博物馆中那些有教育意义的收藏品和美丽的拉默庄园（Larmer ground），皮特里福斯将军，这位伟大的考古学家，慷慨地将其提供给公众参观。

② 威廉·卡姆登（William Camden，1551—1623），英国的古生物研究者、历史学家、地质学者。——译者注

了纪念战死的将士而建,因为从这些坟中,人们发现了骸骨。"后来的斯蒂克利却写道:"在巨石阵周围有45座古坟。我不认为这里面埋葬着曾在这里战死的将士,因为要收集这么多战死将士的尸骨需要花费大量的时间,战士们还有很多其他的事情要做,他们要打败敌人,还要在战斗中保护自己,战死的士兵只能被留下来,成为野兽的美餐。所以,我认为古坟中埋葬的应该是那个时期的大人物,统治者这类。毫无疑问,建造这些坟墓需要花费大量的时间,而且必须是在和平时期,这些古坟只埋着一个人,应该是国王或名人要员等。另外,许多坟墓都在一起,就像是家族冢。古坟形式多样,似乎也暗示了埋在其中的大人物,他们之间有着各自的不同。"

已故的图纳姆博士,生前曾将威尔特郡的坟墓及里面出土的文物进行了分类。伦敦古文物学会对他所做的分类论文进行了出版。图纳姆博士将这些古坟分成了长型坟墓(长冢)、长型带墓室的坟墓、椭圆形坟墓、圆形坟墓。这些坟墓曾经可能是圆盘形、铃铛形或者碗形的。

一般情况下,长型坟墓都是巨大的土丘,大小不一,长度多为100～300英尺,有的甚至长达400英尺;宽度是30～50英尺不等,高度是3～10英尺或3～12英尺不等。长型古坟周围围着一圈沟渠,建造土坟所用的土便是从这里面挖出来的,但是沟渠中有一处未经挖掘过,可能是通向坟墓中石室的入口。通常,长型坟墓呈东西方向,坟墓最东边比其他地方更高、更宽,陪葬物品通常发现于比较突出的位置,约处于地平面的高度或其附近。另外,约有1/6的威尔特郡的坟墓呈南北走向。

长型坟墓多出现于英国的西南方向,如威尔特郡、多塞特郡、格洛斯特郡,不过凯斯内斯郡也有一些。长型坟墓通常都包含巨石建造的石室,还有一条通道,能从外面进入石室。石室形式多样,有的

193

是交叉型，有的分成一个个壁龛，或者就是一条长长的通道，有时候石室彼此分开。当然，读者如要想要了解更多，不妨可以去参考詹姆斯·弗格森先生（Fergusson）的《粗糙的巨石建筑物》（*Rude Stone Monuments*）一书。这些坟墓不会建造在不能供应巨石的地方，就像格洛斯特郡的乌利长冢（Uley），参见图7。人们经常会看到长型古坟周围有一圈围墙，由松散的巨石建造而成，没有灰浆砌合。大家有理由相信，在最初建造完成这些坟墓时，大多数的古坟周围都有一圈竖石排列着。

> 他们用石头标记出坟墓的范围，
>
> 然后快速地用土填补围墙的缝隙。
>
> ——（《伊利亚特》，第二十三卷，第255行）

图7 新石器时代，在长冢边举行的葬礼

在西肯尼特长冢（West Kennet，正如图纳姆博士的复原图）中，长冢外面有一圈巨石墙，2～3英尺高，代表了坟墓的范围，并且隔一段距离就会有一块大型竖石，形成了一个列柱廊，就像印度佛塔周围的那些列柱廊一样。据亚里士多德说，伊比利亚人习惯于在将士的坟墓周围建造许多方尖塔，杀死的敌人越多，建造的方尖塔也就越多。在英国也有很多这类的建筑，因为人们相信，在新石器时代，居住在英国的人类就是脑袋长长的、体型矮小的伊比利亚人。

在苏格兰，石堆冢（carin）是所有坟墓类建筑物中最重要的建筑，它似乎取代了英国其他地方常见的坟墓、土坟等。在很多地方，它们命名了其所在的位置，"carin"这个单词使用频率之高，被作为了它们地名的前缀、后缀。虽然在引入基督教之后，很多人不再建造石堆冢埋葬逝者，但是这一习俗并未完全消失。在苏格兰的石堆冢中，人们发现了大量有价值的饰物，这也证明了埋于其中的逝者地位崇高。在苏格兰高地地区，当地人仍然在使用一句众所周知的谚语——我会在你的石堆冢上加一块石头（Curri mi clach erdo cuirn）。意思就是，若你死去，我会想念你。许多石堆冢都是旧石器时代建造的，其中一些里面还有石室、长廊。这让我们想起了南方的乌利长冢和西肯尼特长冢。在卡洛登（Culloden）战场附近的一小片平原上，有一些大型的石堆冢，还有其他的史前建筑物。这些大型石堆冢周围围着一圈竖石，每块竖石之间距离相等。在附近还有大量的巨石和小块石头围成的圆形围墙。虽然这些小块石头上已长满苔藓、石南植物，但是它们依然标记出了石堆冢建造者的住所，他们或许是凯尔特人之前的古老种族。

位于奥克尼群岛的梅萧韦方墓葬（Maeshowe），是带有墓室的长冢的一个典型例子。从外面看去，梅萧韦方墓葬是一个少了一块的圆锥形的土丘，直径为 92 英尺，高度为 36 英尺，周围有一条 6 英尺深的沟渠。墓室里面有几间巨大的石室，还有一条长长的通道，整个墓葬的平面呈交叉状。最中间的石室高约 17 英尺，与 3 个方形较小的石室相连。通道只有 4 英尺 6 英寸高，或许曾有一扇石门封锁着通道。看似有这种可能，如果建造这一墓葬的种族和拉普人相似，"体

型较小"或是"小矮人",他们能在通道中毫不费力地通过,但是对于随他们而来的、体型较高的凯尔特人,这就不可能了,除非他们弯着腰或是匍匐着向前走。以前人们对梅萧韦方墓葬的内部结构一无所知,直到1861年,一个由精选出来的古文物研究专家组成、来自爱丁堡的探险队打开了墓葬,人们才对它有所了解。在这里,传说故事又一次帮了我们。因为,这个墓葬据说是一个名为"怎么办男孩"(hog boy)的小妖精的住所,"hog"这个词和现在的"how"词义一样。换句话说,由传说,我们知道这个土丘被一个"怎么办男孩"占领了。

从前,来自奥克尼群岛的挪威探险队,曾进入过这个墓葬。这个探险队在中间墓室的墙壁上发现了古代的北欧文字。但是,正如弗格森先生所说,虽然这个刻字十分有趣,也很重要,但是它不能证明这个墓葬就是古代挪威人建造的,最多就是墓葬中的铁制武器是挪威人发明的仅此而已,因为这些铁制武器可能是他们带进来的。在爱尔兰,人们对长冢几乎一无所知,在最早的时候,基督教还未传入之前,人们多用圆形的坟墓或带有墓室的石堆冢埋葬逝者。在爱尔兰,很多坟墓一起出现在某个看似是王室墓地的地方。其中最著名的便是塔拉王族(Kings of Tara)的墓地,位于德罗赫达市之上的博因河畔,包含一组大型石堆冢。其中一个在新格兰奇,是一个由石块和泥土组成的土丘,底部直径为300多英尺,高70英尺。以前土丘周围有一圈大型的竖石,如今只剩下一些残石。土丘中间的墓室高20英尺,有一条70英尺长的通道通向这个墓室。

长冢以及所有带墓室的坟墓,不论是长形的还是圆形的,里面埋葬的尸体通常都未经火化,尸体大多呈对折姿态,就是膝盖挨着头。格林威尔教士曾对约克郡丘陵上的坟墓进行过大规模地探索,总共发现了301具未经火化的尸体,其中只有4具尸体全身平伸的。很显然,在长冢流行的时候,也就是新石器时代或一部分早期的青铜器时代,人们将逝者呈对折姿态放置是那时的基本规则。在许多国家都盛行将逝者摆放成这种姿势。如今非洲的部分地区依然在使用这种习俗,古老的秘鲁也曾流传着这种习俗,从他们的木乃伊就能看出,这些木乃伊呈对折姿势被绑在网中。大体上说,这一习俗是新石器时代的典型特征。在新石器时代,生活在古老的埃及居民也有这样的习俗。为此,人们对它们有不同的猜测。首先,肯定不是因为坟墓地方小,而将逝者压缩成这种姿态,因为坟墓或墓室中还有很多空余的空间。

当然,也有些作家认为,将逝者以对折的姿态埋葬,是为了模仿婴儿在母亲子宫中的样子,因为在某种程度上,无论男人还是女人,前往另一个世界的入口,都应该和来到这个世界的入口相似。这一说法看似荒诞,但却有一定的道理。不过,另外的一个解释还是容易为大众接受,那就是:大多数的土著人用这种姿势休息和睡觉,当他们死去之后也要用同样的姿势埋葬他们。在欧洲北部地区,即便那时的房子一部分埋于地下,在冬天或夏天时也不会很温暖,再加上当地居民的衣服十分匮乏,这种姿势可以让他们更加舒服、温暖。大英博物馆的民族学长廊中有一些大照片,拍摄的是婆罗洲(Borneo)的居民,通过照片我们可以看到,这些现代的土著人便采用这种姿势休息。我们可能会说,原始人类将尸体对折或许是为了方便搬运,尤其是当尸体被用网吊着或用绳子绑着的时候,而非是出于对逝者的尊重。显然,这种说法,还没有人站出来确认。

在法国西部的海峡群岛,从布列塔尼到里昂湾,有许多带有墓室的坟墓,长型的和圆形的都有。根据这些坟墓的建造工艺来看,它们属于石器时代,而非青铜器时代。在所有坟墓中都未发现有金属,这令人十分震惊,不过却发现有金子,从新石器时代开始原始人类已经在使用金子了。在英国和法国,有人认为这些坟墓是脑袋长得长的,

或称为"长头的"种族建造了坟墓。然而,在斯堪的纳维亚,有人说是脑袋长得圆的古老种族,或许是突雷尼人建造了这些坟墓。也正如我们所看到的,这些坟墓中的许多尸体都未进行火化,不过,我们不能将此定为评判的标准,甚至愚蠢地认为石器时代的原始人类从不火化尸体,而到了青铜器时代,原始人类是会火化尸体的。这里有证据显示:人们在英格兰西南部发现的长冢,它们是由长脑袋种族建造的,尸体都未火化,而在约克郡丘陵,人们看到的火化死去的同伴已是那时原始人类定下的规则(格林威尔教士只发现了一个例外)。

在前面我们讲了,坟墓中没有发现金属(除了金子),也很少发现陶器。如今发现的陶器颜色都比较深,而且非常普通,没有任何修饰。比起圆形坟墓中发现的青铜器时代的陶器,它们制作更加粗糙①。

圆形坟墓属于脑袋长得圆的凯尔特人建造的,他们比脑袋长得长的种族出现要晚,这些圆形坟墓的建造者已经具备了青铜方面的知识。这里需要指出的是,我们对所有长冢的看法——坟墓中的骸骨脑袋总长得长的,陪伴他们的没有青铜物件,这些逝者可能是最初埋葬的。而后圆头种族用长冢埋葬的逝者,可能是第二次埋葬,他们通常被埋在坟墓的上层。有些长冢中甚至埋葬着撒克逊时期的骸骨,逝者身体平铺伸展,里面还有铁器。这样,读者便容易记住:长冢和长头种族相关,正如圆冢和圆头种族相关(除了在斯堪的纳维亚地区)。图纳姆先生说:"在长冢中发现长的头骨,说明在威尔特郡的圆冢中盛行圆的或短的头骨,这一形状区别鲜明有趣,也代表了建造这两种坟墓种族的本质差别。"

---

① 在大英博物馆民族学长廊中,有格林威尔教士的珍贵的收藏品,读者应该去参观一下,能对英国坟墓中发现的文物有更清楚的认识。

另外，有人在长冢中发现人的骸骨经常是脱节的、分散的，好像尸体在被放于坟墓之前，身体就被肢解，肉就被剥去了。如果是这样，那坟墓就不是这些骸骨第一处被埋葬的地方了。出于别的原因，这些骸骨可能先被放到了其他坟墓中。这里和斯堪的纳维亚地区的通道式坟墓当中，人们都曾发现成堆的人类骸骨，这表明，至少在一些情况下，这些坟墓曾作为"藏骨堂"或是堆放骸骨的地方，许多民族曾经都这样做过。

图8　青铜器时代，丹麦的一名士兵正向一名女士求爱的场景

（所有衣物、武器、饰品都根据在丹麦出土的文物所画）

在威尔特郡的坟墓中，图纳姆博士发现许多头骨都因暴力而断裂的迹象，于是他得出结论：在首领的葬礼上，奴隶会被杀死以作祭祀，甚至被吃掉。显然，族人在埋葬逝者后，在长冢中举办过宴席，这从人们在墓里发现大量的动物骸骨，比如牡鹿的脚、牛骨（长额牛）、

野猪骨（属欧洲中部野猪）等可以看出。格兰威尔教士起初倾向于这种理论，但是他说："这些人可能是在战斗中被杀死的，或是由于私人争斗而造成了罕见的头骨断裂。一般来说，如果长冢中有一具或几具完整的骸骨，其周围是明显被暴力杀死或是因宴席被食用而断裂的骸骨，那么我们就可以推断，在葬礼上，为了某种目的，这些人被杀死用作了献祭。但是，并没发现有这样的情况出现。"他认为，一些断裂的头骨表面有火的痕迹，可能是被族人进行过火化，但骨头没有完全烧完，而剩下的这些骨头后来被泥土、草皮覆盖，并在大量泥土的重压下而断裂形成。

在青铜器时代，火葬已经成为一些部族的一种习俗。为此，我们看到青铜器时代的一些坟墓变得更小了，且多为圆形坟墓，没有石室。常见的坟墓外侧起保护作用的围石或围墙不见了。事实上，这是一种退化现象。"圆冢，不论是简单的圆形锥体的，还是铃铛形状的，圆盘形状的，都比同一地区（威尔特郡）的长冢要多。而且经过火化再埋葬逝者要比简单的土葬更多，比例至少在 3∶1。不过，人们在火化的骸骨墓葬中发现的陪葬物体，与完整的骸骨墓葬中发现的陪葬物体，本质并无区别，除了石制工具和石制武器（包括制作精美的、带刺的石制箭头）外，墓葬中的青铜器并不常见，不过有一些制作精美的英国黏土器皿——'水杯'和'香杯'存在。对此，我们推断得出：所有这些都属于青铜器时代，因为那时，在英国威尔特郡地区，对逝者实施火葬，是一种较为盛行的葬礼形式，尽管还存在其他埋葬方式。"

第十章　小矮人和美人鱼

赋予小矮人超自然的神力,男女人鱼自由婚配,是人们战胜弱小,追寻美好生活的期待与向往。

——译者

自从已逝的桂冠诗人丁尼生曾写出了《洛克斯利大厅》(*Locksley Hall*)以后,"科学的神话"一词就成了人们口头的热捧。相信很多人读过《神话的科学》(*a Science of Fairy Tales*),就连研究神学、民间传说的学生也从中悟到了调查新领域的方法。这一点,考古学家们当然也不滞后,他们研究了大量令人好奇、被认为纯属虚构的神话故事,想从中找到某些不容忽视的事实存在。

不过,描述斯堪的纳维亚人这样传说故事的作家,他们生活于"铁器时代"。这些作家,他们对使用石制武器或骨制武器的种族了解甚多。在前面的章节中,我们曾提到过塔西佗,他对斯堪的纳维亚人的一些描写:这些芬兰人(Finns)或称芬尼人(Fennis)曾是拉普兰人(Laplander),他们在1800年之前就已经存在,是来自石器时代的远古民族。有一篇传说故事,清楚地证明了这些身材矮小的种族,他们使用的箭头是石制的。这里,想必冒险故事《奥瓦尔·奥兹历险记》(*rvar Odds' Saga*)更加有趣。故事讲述了一个维京人,名为奥瓦

尔·奥兹,他在胡恩(Huneland)的森林中遇到了一位年老的小矮人,小矮人给了他一些富有魔力的石制箭头,并肯定他会用到这些箭头。小矮人的这一判断成真了,因为奥兹借助这些有魔力的箭头杀死了一个老女巫,因为这个女巫曾在一次战斗中杀死了奥兹很多同伴及手下。

先前,爱尔兰、苏格兰的农民也口耳相传着类似的迷信传说。爱德华·劳埃德(Edward Lloyd)曾提到,他在苏格兰旅行中,发现当地人保留着许多不同种类的护身符,这让他十分兴奋。对当地人来说,这些石制箭头来自精灵。在《英国坟墓史》(*Nenia Britannica*,伦敦,1793年,第154页)中,有描述从爱尔兰发现的石制箭头的样子,它们外面都镀着银。书的作者还提到:农民将这些石制箭头称为"精灵的箭头",他们也在外面镀上银,带在自己的脖子上,作为护身符或幸运物,用以阻挡"精灵的射击"(参见大英博物馆中的收藏品)。同样地,斯堪的纳维亚的农民也穿戴着石制箭头,用它们作为护身符,以阻挡拉普兰人箭的射击,正如老话说的"以毒攻毒、以其人之道还治其人之身"。以前,拉普兰人这一矮小种族曾遍布今天的瑞典、丹麦。这是人们从大量古墓中发现的拉普兰人头骨知晓的。另外,这一地区的一些人名还是出自拉普兰人的语言,如今天许多瑞典当地人的名字都融入了拉普兰人的词语"stock"(海峡和水湾)和"garn"(湖泊)。此外,在哥特人(Goths)来到这里之前,拉普兰人可能就已经居住在丹麦这块土地上了。

在这里,我们讲述小矮人、小妖精、精灵、穴居人类的传说故事,有些绝不是虚构出来的,正如人们所知道的,它们与绿草茂盛的小丘都有直接关系。这些小矮人曾被高大强壮、熟知铁器的哥特人驱逐,就像在北美洲,印第安人曾驱逐爱斯基摩人那样,使他们不得不向北逃窜①。

研究神学、民间传说的人会毫不犹豫地道:古老的传说故事中的小矮人纯属虚构,他们仅代表了某种自然的力量。但是,这些小矮人的描写却已经被考古学界发现并证实其存在。另外,对小矮人的描写详细、真实,并不像完全被虚构。当然,在传说的故事中,小矮人确实被赋予超自然的力量,那可能是人们的一种期望吧。这一点,在那时的诗人作品创作中,事实往往被他们夸大,为使作品生动有趣,有意做了修饰、增色。这一点,荷马的作品也是这样做的,不过《奥德赛》和《伊利亚特》背后确实隐藏着大量的历史事实。当一个种族描写另一个种族时,时常有夸大、增强修饰的意味。

因此,当北美洲的爱斯基摩人在向旅行者描述英国人时,就明显有所夸大,充满想象力的成分。他们坚定地相信,白人是长有翅膀的巨人,眼睛一瞥就能杀人,一口就能吞下一整头海狸!所以,当我们阅读奥拉夫·特里格瓦德森(Olaf Trygvadson)的传说故事时,当看到对芬兰人或拉普兰人的描述时,你无须惊讶或大惊小怪。书中提到美丽的甘希尔德(Gunhild)与其他人一起学习魔法:"他们眼睛一瞥就能杀人,因为任何进入他们视线的活物都会立即倒地死亡;当他们生气的时候,大地都会随之震颤。只要他们瞄准猎物,任何猎物都别想逃掉。他们还能像狗一样沿着对方留下的痕迹追踪猎物,不论是在冰地,还是潮湿的土地上,他们穿着魔法雪靴快速奔跑,不论是人类,还是野兽都无法超越他们。"

一些传说故事中提到,说小矮人住在洞穴中,也有说住在地下。

---

① 想了解更多对这一主题的讨论,可参见尼尔森(Nilsson)的《斯堪的纳维亚原始居民》。我们在这里只给出一些权威性较高的论据。

拉埃斯达迪尔斯（P. Laestadius）讲到一个传说故事是这样写的：在一处洞穴中，一个女人喊外屋的人把炒饭勺拿过去，声音正好被洞外的敌人听到，这些人立即闯入洞中，将里面的人都杀掉了。很明显，这处住所与上一章提到的拉普兰人的甘美（地下城，gamme）很相似。在另一个故事中，也清楚地提到小矮人住在一个甘美（地下城）中。

这些原始人类生活在四处分散的村庄中，在被哥特人征服后的一段时间里，他们依然使用着自制的石制工具，正如下面的斯堪的纳维亚人故事中所讲到的那样：一位农民外出寻找他丢失的马，他四处找了一整天，也丝毫没有结果。到了晚上，当他沿着一条荒僻的小路走进森林深处时，他遇到了一位正在工作的小矮人。这个小矮人在察觉到农民离他很近时，显得很惊慌，他立刻扔掉了所有工具，快速逃走了。农民走到小矮人刚才工作的地方，发现他们用过的斧子、凿子和一些其他的工具。但是，农民不能使用它们，因为小矮人在逃走之前，将所有的工具都变成了石头！

在这里，故事真实的一面在于，小矮人使用的工具是石制的，并非金属材质。这个故事表明，小矮人和其他人一样需要工作。但当他们看到征服者时，就会害怕，甚至惊慌失措。这也证明了人们普遍认为的，小矮人精通魔法、巫术。不过，这些神秘的矮小种族，他们的行为并不光明正大，有点儿偷偷摸摸，聪明的背后能偷东西，还不被人发现，以至于人们普遍相信他们可能会隐身。还有些瑞典和丹麦的民间传说故事，曾提到过小妖精或小矮人参加婚礼的过程，说他们可以隐身，然后吃光客人所有的食物，这是一种典型的偷窃行为。今天，在挪威北部的高山上，拉普兰人还在牵着成群的驯鹿四处游荡。当然，这些矮小的种族仍旧在传承盗窃这项古老的技艺。

不过，小精灵与小矮人两个族群间出现的通婚，仅仅是偶然现象，因为女性小矮人几乎没有长得好看的，而且这两个种族在各个方面都大不相同。从传说故事中,我们了解到小矮人长相丑陋,大部分居住在行迹罕至的山洞、小山、土堆中,他们有儿女,有的还有奴仆,据说他们储藏着大量的银、铜!有时他们想借东西,就会在夜晚到村民的房子前借取。但是,他们从不敢跨过门槛,只会站在房子外面,大声喊出他们想要的东西。通常,他们会派一个或两个孩子去借东西。如果哪个村民借给了他们东西,过几天,早上一大早的时候,村民就会在自家门前发现借出的东西,旁边还有酬劳,这些酬劳可能是银币,或是其他有价值的东西。当然,小矮人有时也会举行他们的宴会,场面还很热闹。不过,在一些更古老的传说中,也讲到了小矮人种族与别的种族之间的仇恨。故事是这样讲的:贫穷的小矮人会遭受另一种族的迫害,他们往往被对方用炙热的箭头射穿,或被斧子大卸八块。当然,也有写道小矮人是低等种族,他们有时偷摸盗窃,有时又很慷慨,不过没有人愿意与他们过于亲密。据说,他们胆子也很小。拉普兰人穿着鹿皮制成的灰色长袍,戴着蓝色或红色的帽子,据说小矮人也是这样的穿着。

不过,小矮人和巨人会有所接触。尼尔森教授相信,所有关于巨人(古斯堪的纳维亚语中是 jotnar)的古老传说都起源于小矮人。毫无疑问,对他们而言,哥特人看起来就像是巨人。历史上、传统中,有很多关于小矮人遇到强壮有力的种族时,他们会发挥自己丰富的想象力,创造很多难以置信的奇迹。如,当矮人族遇到巨人时,粗鲁、胆怯的矮人就会产生胆怯和恐慌心理。为了收集一些迦南地(Canaan)古老居民的信息,摩西从巴兰旷野(the desert of Paran)派了一些探子去探听。探子回来报告,说亚衲人或阿纳克子孙生活在那里。探子还补充说:"看我们自己,我们就好比蚱蜢一样;看那些人,他们却是如此的高大、威猛。"全场的小矮人听到这些话,不是大声的喧嚷,就是莫名的哭泣;那一夜,所有矮人国的百姓们都似乎在哭嚎,因为

他们害怕，他们甚至希望重新回到奴役他们的埃及。亚裀人居住的土地，也曾是一片巨人之地；过去，都是些身材高大的人生活在那里。

日耳曼人和古老的德国人也是身材高大的种族。当尤里乌斯·恺撒到达贝桑松（Besancon）时，高卢人和商人称日耳曼人体型高大、身材魁梧，这造成了罗马将士的巨大心理恐慌。一些官员回到家，还有其他的人，大家都抑制不住自己的眼泪，在帐篷中哀叹自己的命运。

下面，我们来继续小精灵的话题，寻找他们在苏格兰、爱尔兰出现的相关证据。这些证据多数来自传统考古学的发现，出土的相关他们的头骨化石，以及神学语言方面的描述。这里，让我们从语言学上找一个例了：读者们是否曾想过"毛地黄"（fox glove）这个单词的意思？为什么用它来命名一种美丽、长势高挑的野花呢？据说，人们曾经坚信有关精灵的传说，相信这种漂亮、细长的红色野花是"精灵的手套"（folk's gloves）。于是，这个有趣的名称便流传到了今天，人们简称它为"毛地黄"！今天，当所有神奇的、魔法的、迷信的东西都被人们抛掉之后，民间传说和童话故事中却保存了某种事实的残余，这已得到考古学和其他方面研究的充分证实。当知道我们还未放弃精灵的传说时，罗斯金先生（Ruskin）和他的追随者们，定会非常的开心！而对于那些顽固的、冷漠的、认为精灵故事纯属胡说八道的科学工作者、思想家来说，这又是怎样的一阵当头棒喝呢！当他们明白不能再鄙视精灵传说，而是在"科学"这一神圣名义之下，被迫尊重精灵传说时，这些人定会感到颜面扫地、无地自容了！

就在去年，作者有幸在街鲁里街剧院（Drury Lane Theatre）观看了瓦格纳（Wagner）的歌剧《唐怀瑟》（*Tannhaüser*），表演可谓美轮美奂、精彩非凡，剧中精灵给作者留下了深刻印象。布景师独具匠心，将精灵女王的地下宫殿布置在一座冰山中——"维纳斯冰山"（Venus—berg），在里面，剧中的英雄被女性小矮人引诱。伟大的作家用语言难以传达当时的场景，遂将剧情与音乐奇妙结合，传递出征服小矮人的人复杂的恐惧心理，他们将这些小矮人看成洪水猛兽，视为带着黑暗力量的邪恶异族。

另外，勃朗宁（Browning）的《哈默林的花衣吹笛人》（*Pied Piper of Hamelin*）是否是另外一个例子呢？故事中的小矮人掌握有魔法，却具有偷偷摸摸的特点。故事中的吹笛人想出了一个聪明的办法，他从镇长那里拿到了他的金币。他又将城市中大批出没的老鼠引诱至河中，所有跟着他的儿童都被引诱到了山中的一处巨大洞穴中。考虑到诗人的诗作超出的常规性，我们可以将故事中出现的高山和神奇的洞穴还有宫殿，看作是一座遍布地下的通道、平原上的小丘陵、小土包等。

当然，也没必要向东走到迈锡尼（Mykene）那样遥远的地方去，寻找隐藏在那些用石头砌成、带有拱顶小房间的土堆，因为表面上看似小山的土堆，那可能就是某个部族的坟墓，也是今天人眼中的"宝库"。通常，中世纪的城堡也建在这样的土堆之上。凯尼尔沃思城堡（Kenilworth Castle）建在一座小山之上，根据当地人的说法，这座小山曾经有精灵居住，这些精灵和其他地方的精灵具有相同的特点。

位于佩思郡的克卢尼（Clume）的"城堡山"（Castle Hill）是另一个例子。"城堡山"是一座大型的、长满青草的土丘，一部分是天然形成，另一部分是人工建造的，上面有一座非常古老的建筑物废墟。一百多年以前，听居住在附近的老人说，他们曾在土丘上看到一个入口，通向土丘之下的地下城。今天，很多被人探索过的"精灵山"（fairy-knowe），它们的顶部都有一个小洞，当人们把石头扔进洞里时，会传来隆隆声，就像石头滚进了地下城中一样。沃尔特·司各特先生（Walter Scott）说，当地的农民对这些地下空间很熟悉，他们普遍认为，山顶的井、深坑，都通向地下精灵的住所。不少的传说故事都

提到，掉进深坑中的人会和地下城中的居民近身搏斗。但是，有时小矮人会先发起攻击。就连纹章学也见证了这些人的存在，因为从小山中分支出来的土著人，曾是苏格兰纹章学中著名的研究方向。许多作家的书籍中都提到了这些传说。这里，我们主要受益于两本书籍：大卫·麦克里奇先生（David MacRitchie）的《见证传说》（*The Testimony of Tradition*，1890）和《芬兰人、精灵和皮克特人》（*Finns, Fairies and Picts*，1893），麦克利奇先生对此做了大量细致的研究调查。

坎贝尔先生（Campbell）记录了一个关于罗斯郡（Ross-shire）的传说：在"盖尔洛赫的茶色山"（The Tawny Hill of Gairloch）中，住着一个小矮人，他让周围的人很是不安。在他被杀之前，他曾杀了许多比他身材高大的人，每当黄昏来临之后，没有人敢冒险接近他的领山。后来，他还是被一名当地战士杀死了，这名战士被人们尊称为"杀死小矮人的人"。在故事中，这名战士——乌伊斯迪安（Uistean）爬上小矮人经常出没的山顶，攻击了从山顶"深坑"出现的小矮人，并将他杀死。

在爱尔兰杜恩镇（Doune）附近的博因河谷（Boyne），有一座大型的土丘小山，被称为博因地下城堡（the Brugh of Boyne）。它甚至比奥克尼群岛的梅萧韦古墓葬（Maes-howe）还大。安格斯·奥格（Angus Og）就住在土丘下面华丽的地下宫殿中。

据说，安格斯·奥格是达努族人（Tuatha De Danann）的国王，有时也被称作"女神达努的子孙"（the Dananns），或是"纯净的原始力量"（the Tuatha Dea）。"Tuatha"这个单词的意思是"人们"。据说，达努族来自"洛克林"（Lochlin，如今的斯堪的纳维亚或德国北部），后来，他们穿越海峡，到达了英格兰。两个世纪之后，盖尔人（或是爱尔兰人）成功入侵了爱尔兰，那个时候，安格斯是达努族的国王。达努族人与盖尔人无法就谈判结果达成一致。于是双方约定,在某个指定日期,到某个城镇的郊区,双方谈判代表偶然遇到的第一个人决定谈判结果。这时候,虽然小矮人精通魔法,但是德鲁伊教教徒众多,他们或被称为盖尔人的男巫,是比小矮人更聪明的对手。他们设计将谈判代表遇到的第一人安排成德鲁伊人,可怜的达努族人并不知道这些。谈判代表遇到的第一个人是悠闲散步的竖琴演奏人。"您今天要做一件伟大的事情了,科学大师!"安格斯打招呼说。"除了带着我的竖琴四处游荡,知道谁因为我演奏的音乐好听就给我更多的支持,我今天还能做什么呢?"这个聪明的演奏师说。"您的任务比这大多了,"安格斯回答,"您要把爱尔兰分成平均的两个部分。"于是,这名德鲁伊的演奏师,在获得双方承诺之后,开始如下发言:"这是我的决定。达努族人,你们已经占领爱尔兰地上世界很长久了,从今天起,爱尔兰地上世界归米利德(Miledh)子孙所有(即爱尔兰人,the Milesians),而爱尔兰地下世界归你们所有。对于你,安格斯·达格达(Dagda)之子,达努族人的艺术之王,我将爱尔兰最好的土房子——白顶的博因地下城分给你。其他的人可以随意选择一座土房子。"没有人反对这一荒诞的决定,所以可怜的小矮人们不得不将爱尔兰地上世界交给盖尔人,"仅保留以仙山(Sidhe)命名的绿草覆盖的土丘,然后小矮人施法将自己隐身,他们就成了"地下堡中的精灵"(Fir Sidhe)或是"爱尔兰的精灵"。

这一传说表明,达努族人居住于地下城堡中,盖尔人让他们住在地下,地上可能会给他们一小片领地,就像美洲北部的白人允许印第安人居住在保护区中一样。于是,达努族人成了爱尔兰传说中生活于地下城堡的精灵。很明显,"brugh"(地下城堡)与"berg"或"burgh"是相同的词,至今还存在于许多地名中,如爱丁堡(Edinburgh)和罗克斯堡(Roxburgh)。相同的词根可以追溯到古希腊的城市珀加蒙

(Pergammon)。

不过,精灵的角色多变:他们有时是恶毒的盗贼,有时是魔法师;有时可爱,有时又可恨。我们都知道,在精灵神话中,精灵必须被抚慰。圣帕特里克先生(St. Patrick)在他的自传中曾这样写道:

> 历经六十载,
> 他将基督的十字架传授于芬尼人。
> 艾琳(Erin)①的土地上一片黑暗,
> 达努人热爱锡德(the Side)。

这些矮人族被征服之后,他们一直坚持着自己高尚的品格。直到今日,爱尔兰的普通人在说到这些地下城堡中的居民时,也称他们为"品格高尚之人"(the gentry)。一首15世纪的盖尔人的诗歌中是这样说的:

> 你,高贵的撒比亚(Sabia)的儿子,
> 你是最美丽的苹果之神(apple rod),
> 不知是哪位博因之城的神灵,
> 与她悄悄地将你缔造。

或许,凯尔特人的神话中就包含着一些矮人族的神,就连使用青铜的人中,他们许多的迷信传说就起源于新石器时代。俄国人也相信"赛德"(Tshuds)的存在,他们或许就是俄国土地上已经消失的超

---

① 艾琳(Erin),达努女神的女儿,达努的土地曾以艾琳命名,现代视艾琳为爱尔兰的化身。——译者注

自然居民。埃及也同样有许多神话传说，讲述的多是第一个王朝第一代国王麦纳（Mena）统治之前，神对埃及的统治。这里，我们可以将俄国的传说与埃及的传说对比着来看。

下面故事的讲解，我们从什勒斯威（Schleswig）海岸的叙尔特岛（Sylt）开始，讲述关于"小矮人的国王芬恩（Finn）"的故事。威廉·乔治·布莱克先生（William George Black）指出："当弗里斯兰人（Frisians）接管叙尔特岛时，在那里发现了一个样子古怪、体型矮小、狡猾的种族。他们居于地下，头戴红色的帽子，食物主要以浆果、蚌、鱼、鸟、野鸡蛋为主。他们使用石斧、石刀来制作泥罐。他们通常在平原的山丘附近活动，夜晚时，会借着月光在那里唱歌、跳舞。他们很少工作，为人虚伪，喜欢偷孩子和年轻女子，他们偷孩子是为了换回被弗里斯兰人抢走的自己孩子；偷女子是为了自己留着生活。这些小矮人一开始生活在草丛中，后来又生活在弗里斯兰人（Frieslander）住过的房子里。他们就像我们的棕精灵（brownie），人们称他们为"顽皮的小精灵"（Puck），人们称布雷德如普（Braderup）附近有树林的沙谷地为"精灵聚居地"（Pukthal）。他们有自己的语言，部分语言至今还常见于谚语、儿童游戏中。在这里，小矮人的国王芬恩的故事，如其他有价值的传说故事一样，引出了一段鲜为人知的历史。故事清楚地说明，曾有相同的小矮人种族生活在弗里斯兰。在那里，我们也曾找到了新石器时代的洞穴，包括那个时代唯一的幸存者爱斯基摩人。"布莱克先生参观了一个绿草覆盖的土丘，据说，那里曾居住着叙尔特岛的芬恩人。他说到1868年，人们第一次科学考察了那个土丘，在土丘中发现了一个火炉，一些小矮人种的遗骸；一些泥瓮，还有石制武器等。

来自苏格兰艾雷岛（Islay）已故的坎贝尔先生曾（J. J. Campbell）指出："我相信在这些岛屿上曾存在过一个矮小的种族，也就是今天

人们称其为的'精灵',苏格兰高地上的人民一直信奉着这点……"这些精灵故事广为传播,几乎所有英国人都相信这些故事的真实性。因为它们与某些存在的事实紧密相连,所以,我相信在这些岛上曾经存在过一个矮小的种族。他们比凯尔特人更矮小,常使用石制箭头,和拉普兰人一样生活在锥形的土丘中,而且熟练掌握手工艺术;他们还时常偷窃别人物品,甚至偷窃别人的孩子。他们或许与生活于沼泽地中的野牛、野马、大型海雀属同一时代,也就是今天人们所指的那些水牛、水马、鲣鸟等这类听起来有些玄奥的生物。

坎贝尔先生认为,在萨瑟兰郡(Sutherlandshire)出现的某个"魔法神兽",可能是驯鹿。喝这些驯鹿奶水的"精灵",或许和拉普兰人是一样的种族,历史上称他们为皮克特人。

根据麦克利奇先生所言,在他童年时代珍藏的小说中,"圣诞老人"(Santa Claus)给人的印象是一位和蔼可亲的人,而这位圣诞老人就是拉普兰人,他喜欢孩子。圣诞老人这一精灵很受人喜欢,曾有德国人还画了一张圣诞老人画像。提到这张画像时,麦克利奇先生说:"那时,德国人认为圣诞老人,这位神奇的魔法师,他身材矮胖,长着大胡子,身上穿着厚重的皮毛衣服,几头驯鹿拉着雪橇,驮着圣诞老人四处游荡,这不仅表明圣诞老人生活在北方寒冷地区,而且表明他和拉普兰人,还有日本的阿伊努人一样都属于矮人族。圣诞老人生活的国家盛产驯鹿,他们懂得如何驯化这些驯鹿,以为自己所驱使。"

《罗兰公子》(*Child Roland*)这个故事之所以很具影响力,是因为"罗兰少爷临于黑暗塔之下……"这句话为世人所熟知(这里讲罗兰少爷孤身前往黑暗塔寻找妹妹一事)。在传说中,小矮人不仅存在,还有偷盗少女的习惯。《罗兰公子》这个故事或许就是一个例子,证明小矮人偷走了罗兰的妹妹属实。不过,约瑟夫·雅各布斯(Joseph Jacobs)也指出:"《罗兰公子》中对小妖精国国王黑暗塔的描写,与近来他们发掘出的'妖精'的住所十分类似。"罗兰在寻找走失的妹妹途中,遇到了养鸡妇,养鸡妇告诉他再往前走,直到遇到一座绿草覆盖的圆形小山,从山底到山顶环绕着一圈圈的小道,只要朝着与太阳行进相反的方向(也就是逆时针),绕着这个小山走三圈。走的过程中,每周一圈都要说'开门,开门'。三圈过后,门就会自然打开,通过这道门你就能见到你的妹妹了!话到这里,有必要补充一下。戈姆先生(G. T. Gomme)曾在他的作品中讲:他相信很早以前就有一个古老的民族,一直生活在大不列颠岛上;他们在凯尔特人之前,但不是雅利安人(non Aryan),是他们沿着山边建造了这条环山小道。作者也曾在剑桥郡、威尔特郡、多塞特郡等地,看到过这样的环山小道。当地村民普遍认为这些小道是天然的,不过,没有任何地质作用能形成这样的小道,这至少在威尔特郡还没有关于这样小道的离奇传说。当然,建造这样的环山小道,其中原因可能在于:那时山谷中树木茂盛,遮天蔽日,对于生活在这一带的人类来说,已经成了通行障碍,不过,要做到开山劈路,道路畅通,对于那时仅会使用石制工具的人类来说,确实是一项天大的工程。

对于这个古老的传说,我们有证据证明当时的妖精国,确实依靠这条环山小道与地上的人类保持着密切的交往。回到《罗兰公子》这个故事,眼前可能为我们呈现出这样一幅画面:绿草如茵的小山上,住着身材矮小的非雅利安人,其中一个小矮人偷了雅利安人的少女,要与其结婚,就在事情即将发生的前一晚,少女的哥哥突然出现,救回了自己的妹妹。雅各布斯先生认为,是米尔顿(Milton)收集了这些有趣的故事,并写进了他的作品《科摩斯》(Comus)剧中。

麦克利奇先生相信,皮克特人不是雅利安人的种族,他的这一结论是否真实可靠,目前还不能肯定。不过,也有些作家认为皮克特人就是凯尔特人。关于皮克特人,传说中描写的是他们体型矮小,却具

有超能力,即所谓"身材虽小,却力大无穷"。已故的罗伯特·钱伯斯先生曾(Robert Chambers)将所有关于皮克特人在苏格兰地区较为流行的说法归类,最后总结出:皮克特人"身材矮小"。他还补充说:"皮克特人是伟大的建筑家,他们在乡下建造了许多古老的城堡。关于他们的建造方法是这样进行的:从采石场到工地,所有在场的皮克特人全都站成一排,他们一个接一个地将搬起的巨石传给下一个人,直到将城堡建好为止。"据说,位于阿伯内西(Abernethy)的圆形塔,就是皮克特人的杰作。

在苏格兰的许多地方都能发现土房子、地下石室(Picts house)、地窖等,尤其在苏格兰阿伯丁郡顿河(Don)的上游河段,这种现象随处可见。今天,居住在河下游的村民将这些称之为"额尔德房子"(erd house)。那里,后来也成了土著居民的栖身之地。在苏格兰的许多地方都有这样的地下房子,而且数量很多,甚至形成了地下村庄,地面都被这些地下房子弄成了蜂窝,但是它们却不容易被发现。一片未耕种的土地上有几块石头,当人们将它掀开时,就会发现下面的一间石室。有时,能在两块突起的石头中发现一个洞,顺着这个洞下去,会发现一个地下走廊,通向一个房间。地下室的砖石类型普通,都是"乱石"(Cyclopean)码砌而成,乱石中没用到灰浆粘合;石壁上没有雕刻,没有题字,也没有工具敲凿过的痕迹。尽管这些房子简陋、阴森、没有任何装饰的痕迹,但是却是建造者们辛勤劳作的结晶,是他们智慧的集体体现,同时也展现出了建造者们丰富的想象力和精巧的工技。

对于普通人来说,茫茫荒野、无边的泽地,怎么可能有吸人眼球的东西,即便是八抬大轿请他,他也不会去到那样的不毛之地。可是这些人又怎么会想到,就在这样的不毛之地下面,有着古老人类的居所——地下房子的存在,并且这些房子还建造于遥远的史前时期。

这里或许引用塔西佗的话比较合适,他在写有关德国人的习俗时说:"他们在地下挖洞,冬天在里面储存粮食,并且住在里面。有时他们在里面躲避敌人,敌人在上面那个无人管辖的世界里抢掠,却并不知情他们的脚下还隐藏着另一个世界。"很显然,史前人类建造这些地下房子,另一个用途就是避难,或者利用地温,躲避地上的严寒。

在北欧人的故事中,也曾数次提到了地下房子。故事里的这些房子尺寸、大小、形状、格局都差别很大。作者曾有幸参观过位于京由夕(因弗内斯郡)的一个地下房子,它被人称作"瑞特的洞穴"(Cave of Raitts),属贝尔维尔(Belleville)的麦克弗森先生的房产。它距离麦克弗森先生的房子不远,下面是关于它的描述。

这是一个额尔德房子,是苏格兰巴德诺赫地区唯一一处地下房子遗址。这个房子呈马蹄形,但却少了一部分,大约70英尺长,8英尺宽,7英尺高。墙壁成弧形,越往上越向里收紧,屋顶是一大块石板,被挨着的墙壁撑着,部分屋顶已经脱落。比较普遍的说法是,这里曾经居住着一伙土著的强盗,他们原本属于这个地区一个土著残暴的部落,这个部落被科明贵族(Comyn)打败之后,剩下的人就住在这个地下房子中,他们经常大批出没于巴德诺赫的荒野地区,抢劫当地爱好和平居民的粮食。不过,这伙强盗最终还是被剿灭了。

听一个12世纪的爱尔兰史官描述:公元9世纪时,爱尔兰就曾遭到过丹麦人的掠夺。下面来讲公元10世纪的托尔吉尔斯(Thorgils)的掠夺故事。故事中,托尔吉尔斯将一根光秃秃的树枝插在哪里,就标志着哪里有一个地下房子。托尔吉尔斯和另外一个海盗戈尔德头子(Gyrd)聚在一起,他们拉帮结伙抢劫,开启了一段抢掠之路。

"现在,正值夏季,他们抢夺了很多东西,消灭了很多盗贼、作恶的人,但是不会伤害真诚善良的农民和爱好和平的商人。快到夏天的时候,他们曾去了爱尔兰,在那里,他们遇到了一片森林。进去之

后，他们来到了一个地方，那里有一棵光秃秃的树。他们拔出这棵树（很显然，只是一棵小树苗）之后，发现了一个地下室，里面有拿着武器的人。托尔吉尔斯对他的手下说，第一个进入这个土房子的人，可以任取三件战利品，所有人都同意，除了戈瑞德。然后托尔吉尔斯下去了，但并未遭遇抵抗，地下室中只有两个女人，一个年轻貌美，另一个虽年老，但也并不难看。托尔吉尔斯在地下室中四处审视，房间的屋顶有一个向上拱起的横梁。他手持狼牙棒四处挥打，所有人都四处逃窜。索尔斯坦（Thorstein）是和他一起下去的，然后他们带着这一老一少女人出了地下室，上了船。这个地区的居民开始追赶他们，托尔吉尔斯上了甲板，使船远离了岸边，双方开始对峙。这时，一个追赶他们的当地男人站了出来，他对船上的人大声喊话，可是船上的人听不懂这个男人的语言。被抓的女人看在眼里，使用斯堪的纳维亚语给船上的人解释男人的语义，她说：'要是你们放我们走，他就不要你们掠夺的东西了。这个男人是我的儿子，他是这里的伯爵。但是，我母亲还有她的娘家人都是从挪威的维克（Vik）来的。请听从我的建议，放了我，你能获得战利品，否则就会兵戎相见。我的儿子叫休（Hugh）。托尔吉尔斯，我的儿子向你提议，那些东西你可以随便带走，却不能带走我，带走我也对你没有任何好处。'托尔吉尔斯同意了她们的请求，将她们放回了陆地上。伯爵高兴地走向托尔吉尔斯，并赠予他一枚金戒指，伯爵母亲给了他第二件战利品，少女给了他第三件战利品。后来，他们又一起举办了友好的践行宴会。"

如果真有一些身材矮小的部族曾生活在地下，就像威尔斯先生（Wells）的成名作《时光机器》（*The Time Machine*）中，那些更古老的种族一样，那么，曾有一帮人从挪威乘船出来，驾驶着皮艇或皮船长年待在海上，似乎也是真的。因为他们精通技术，而且航行速度很快，所以他们能从挪威出发，穿过北海，来到设得兰群岛（Shetland）及大不列颠群岛。也正如某些作者所相信的,这些人的家就在海上,因为他们大部分时间都待在海上,所以他们很有可能就是传说中的男人鱼或女人鱼(美人鱼)。若真是如此,那么我们就有了另外一个证据,证明本章一开始说的《神话的科学》一文,内容的合理性了。这里,我们终于在"地下世界"找到了神话传说中"精灵"的栖息地,现在我们要努力寻找证据,证明美人鱼等人鱼种族也不仅仅是神话传说,我们可以通过"水上世界"找到他们的来源。

当今,传统的教育观念依然在制约着学生开放的思想,使他们认为:古老的神话传说、民俗故事,不过是荒诞不羁、光怪陆离、子虚乌有的产物罢了,根本不存在与事实有什么联系一说。现在,我们也不再拘泥于所学,不是有那么一句老话嘛,"无中不能生有"(Ex nihilo nihil fit)。现在,我们面前就有那么一个很好的例证,来证明了大多数的奇异事件、古老传说虽有其夸大性,但它也是以某一事物原型为基础的。当然,那种纯粹的"无源之水,无本之木"不切实际的东西,如今正在被更加科学、更具人类学研究的派别所取代,即所谓"德国制造"。

现在,我们要向读者简要陈述一些事实,还有某些作家①的论据,这些作家认为男性人鱼就是与拉普兰人相似的芬兰人。

卡尔·布林德先生(Karl Blind)在一篇论文中写道:"在关于设得兰群岛的神话传说中,提到了大量的生物,有的生物数量比人类还多,有的比人类少,他们似乎能在人形与海豹之间相互转换。据说,

---

① 下面的内容主要来自两本非常有意思的书,我们读起来兴味盎然,大卫·麦克里奇先生的《见证传说》(卡根·保罗,1890 年)和《芬兰人、精灵和皮克特人》(卡根·保罗,1893 年)。麦克利奇先生提到了卡尔·布林德博士的一系列有意思的论文,论文是关于"流传于苏格兰、设得兰群岛、德国的海洋传说故事",发表于《当代评论》(*The Comtemporary Review*,1881 年)和《君子杂志》(*The Gentleman's Magazine*,1882 年)。乔治·劳伦斯·戈姆先生的《农村公社》一书细致入微,他在书中谈到了我们民族中蕴含着的非雅利安人的元素。

他们经常和人类通婚,包括现在还有一些所谓他们的后代,他们自视比普通人更加高贵。在设得兰群岛和北方的其他地区,具有神话中动物形状的生物,有时被人称为芬兰人,事实上他们是感官更加敏锐的人类。他们变身成海豹似乎是一种障眼法,神话中男人被描述为最勇敢的船夫,能划桨,在海上追逐外来的船只。与此同时,他们还精通魔咒、医术、预言占卜。他们持有一块'皮',使用它,无论是男人还是女人,都能变身成海豹。但是,到了海岸上,他们脱下这层包裹的皮,就会变回真正的人类。不论谁拿到他们的这个护身装备,都能获得芬兰人的能力。只要有了皮,他们才能回到水中。许多芬兰女人与设得兰群岛上的男人发生了关系,生了孩子。但是,一旦芬兰女人重新拿到了她的'海之皮'或'海豹之皮',她们就会立刻逃回水中。如今,假如你到了设得兰群岛,你依然能听到生活在这里的一些上了年岁的人,吹嘘自己是芬兰人的后代,在他们的嘴里,他们较之其他人更加幸运,因为他们拥有更加高贵的血统。"

问题是,设得兰群岛上,神话故事里的那些芬兰人是谁?撇开他们的魔法不说,他们似乎有可能是生活在芬兰、挪威北方大部分地区、俄国部分地区的乌戈尔人(Ugrian),或者是非雅利安人。

大部分博物学者认为,美人鱼的神话传说起源于海豹,因为海豹的脸与人类脸型十分相像。但是,他们也可能是穿着海豹皮或乘坐海豹皮独木舟、皮艇的芬兰人,这些都需要进一步解释。这些芬兰人就是古老的"海豹"?显然,所谓的"护身装备"就是皮艇,没有那个他们就一无是处,因为就像上文中卡尔·布林德所提到的:"只要有了皮,他们才能回到水中。"皮艇就像他们身体的一部分。

这些芬兰人习惯在海上追逐其他船只,若有人说了冒犯他们的话,情况往往会变得很糟,轻者被赶下水;重者会对对方射死。因此,过往的船只都不敢得罪他们,都会向他们的船上扔银钱,以防止被攻击。据说,每隔九个晚上,这些芬兰人就会身着海豹皮到海岸边跳舞。毫无疑问,这些人在海岸上,身着普通的海豹皮连衣裙(而非在独木舟中),他们看起来会非常像海豹,或者就是设得兰群岛上的渔民。当然,也有故事讲设得兰群岛上的居民,被他们的芬兰人妻子抛弃的事,这些设得兰人妻子一得到机会,她们就会重新回到她们芬兰人的丈夫或爱人身边。据说,这一种族来自挪威。有个设得兰群岛上流传的咒语歌,讲述了芬兰人来自挪威,是会魔法的巫师,能治愈牙痛——芬兰人来自挪威,施法去除牙病(A Finn came ow, r fa Norraway, Fir ta pit toth ache away)。

毫无疑问,他们中一些人来自挪威。皮艇的速度很快,也没有水能渗入其中(除非皮艇的皮破裂),因为人和皮艇完全填满了皮艇中间圆形的缝隙。

在谈及设得兰群岛的居民抢夺芬兰女人做新娘的事情时,罗伯特·辛克莱先生(Robert Sinclair)说:"一位年轻的设得兰群岛的居民娶了一位芬兰女人,几乎每个地区对此的解释版本都有所不同。总体上说,芬兰女人到礁石上梳妆打扮时,会脱下她们迷人的外衣,也就是皮,她们的长发覆盖住身体,迷恋她们的岛上居民趁机拿到了她们的皮,她们就成了他激情的俘虏。于是,根据传说的故事,混血的种族便产生了。据说,芬兰女人是优秀的家庭主妇。但是,即便过了很长时间,芬兰女人一旦有机会拿回自己的皮,恢复最初的装扮,她们会毫不犹豫地逃走,回到之前的爱人那里,而在设得兰群岛上形成的新家并不能阻挡住她们。所以,丈夫总是提防妻子,妻子总在寻找逃走的时机。也正如故事中所讲,女人的一意执着,再谨慎小心的男人也是提防不住的,所以,多数芬兰女人总能溜走。"

于是,当可怜的丈夫发现孩子的母亲不见了,孩子在啼哭。丈夫便意识到自己被抛弃了,他沮丧地穿过尚未收割的玉米地,竭尽全力

来到海边，当他看到自己的妻子却被一个男人鱼或海豹（因为他可能穿着海豹皮衣服）拥入怀中时，他听到了她哭喊的祝福：

> 祝你幸福，
> 祝你和孩子们都幸福！
> 但时不我待，
> 初恋是最美好的！

马修·阿诺德（Matthew Arnold）有一首令人愉快的诗歌《鲛人歌》(*The Forsaken Merman*)，我们在诗中却读到了一个相反的故事，诗中丈夫是男人鱼，妻子为了陆地上的爱人，离开了他与孩子。在故事中，妻子听到了遥远的地方传来的铃声，她从海上冲到岸上的小教堂中，为她的亲人祈福。丈夫和孩子来寻找她，并祈求她回去，但是她视而不见。得知许多国立学校都在教授这首诗歌，我们很高兴，忍不住选取这首精美的诗歌的最后一节放到下面：

> 但是午夜时的孩子们，
> 当风温柔地吹过，
> 当澄澈的月光撒下，
> 当潮水退去，
> 当甜美的空气从旷野向海上吹去，
> 夹杂着金雀花的芬芳，
> 那高高的岩石在苍白的沙石上投下一抹阴云；
> 踏上闪闪发光的沙滩，
> 随着一股股潮汐我们快速前行，
> 潮起潮落，

只留下海藻枯萎的身影。

我们会从沙丘上，

凝视沉睡中的白色小镇，

凝视山边的教堂，

然后回去，

边走边唱：

"这里生活着两个彼此相爱的人，

但是妻子是残酷的，

她永远离开了海上的王，

留其孤独一生。"

下面的这个故事十分有趣，出自一位远古作家的笔下：经常看到芬兰男人在海岸上，约一年前，他在斯特龙萨（Stronsa）出现了；这几个月，他在韦斯特罗（Westra）又出现了。岛上的一些人一直在监视着出现的这个芬兰男人，他们想要逮住他，芬兰男人逃跑的速度很快。这个坐着小船来到这里的芬兰男人应该来自芬兰海岸，他计算出，从芬兰到奥克尼群岛有数百英里。有人可能会问，他们的生活那么奇妙，能在海上航行这么长时间。他们的船由海豹皮，或是其他种类的皮革制成。他们身上也穿着皮革大衣，他们坐在船中，手里拿着一把桨，用线钓鱼。在暴风雨中，当看到滔天巨浪翻涌而来，他们能让船下沉直到风浪过去，以防被浪打翻。岛上渔民观察到，当这些芬兰人来的时候，海边的鱼就都游走了。他们的一只船被当作稀世珍品，保存在了今天的爱丁堡医师大厅（Physician's Hall at Edinburgh）。

放眼望去，有人定会认为这些人不可能来自挪威。但是最近，一位旅行者说，一位驾驶皮艇十分熟练的爱斯基摩人，一天中甚至能航

行 80 英里。今天,在卑尔根市有一个水湾被称作"芬兰人的海湾"(Fen's Fiord)。还有一个特殊的社会群体,被称为斯特里勒(Strils 或 Streels)①,他们非常原始,仍然居住在卑尔根市周围的岛上。他们讲挪威语,许多人听不懂,人们认为他们的习语来自萨摩耶人居住的地方。

辛克莱博士说:"芬兰人是原始人类的后裔,他们十分聪明,身穿海豹皮服饰,来自挪威,不是像海洋生物一般游泳,而是乘船往返设得兰群岛和挪威之间,也就是位于挪威南部的卑尔根市;他们十分强壮,通过划船能使船飞速航行……他们中每一个人都有一套独特的、准备好的皮……他们不会像海豹那般在海中游泳、下沉。"

图 9　青铜器时代,英国的士兵

当然,芬兰人身材矮小,头骨小且圆,并非是唯一一个在雅利安

---

① 斯特里勒(Stril 或 Streel)。挪威海岸渔民的昵称,他们被认为是原始的、邋遢的人,因为爱尔兰语中的 Streel 是"邋遢的女人"的意思。——译者注

人之前,生活在欧洲大陆上的居民。很显然,还有一个脑袋长得长的种族,或许被葬在一些长型坟墓中,正如上一章所讲述的伊比利亚人。

如今,凯尔特人之前的古老的种族主要发现于西班牙的巴斯克省(Basque Province)、爱尔兰西部、威尔士的部分地区和苏格兰高地地区。总体上说,他们被称为伊比利亚人,以与志留纪、欧斯卡拉语、巴斯克、柏柏尔人(Berber,柏柏尔人可能与他们有关系)等术语相关而著称。虽然由于雅利安人的多次入侵与定居,他们已支离破碎,但是考古学家通过他们的坟墓、洞穴墓葬位置得出,在新石器时代,他们曾占有欧洲莱茵河西部和北部地区。当今天的旅行者还时不时遇到皮肤黝黑、身材矮小的威尔士人、苏格兰高地人时,他们便是曾经那些人的代表了。来自艾雷岛的已经去世的坎贝尔先生曾由此描述道:"在火堆后面坐着一位姑娘,她长有一张奇怪的外国人面孔,我们时常会在西部的岛屿看到这样的面孔,这面孔也让我想到了尼尼微(Nineveh)的雕刻画,以及在《圣塞巴斯蒂安》(St. Sebastian)中看到的面孔。她的头发乌黑生亮,就是隔着烟雾望过去,也能看得清清楚楚,她的眸子更是澄澈黑亮,顾盼生辉。她的皮肤黝黑,与坐在她旁边的人差别很大,我问过她是否是岛上土生土长的人,得到的回答是,她是一位高地女孩。"

这个种族或许是建造石桌的人,因为他们曾与石桌或数块巨石搭建而成的坟墓相关,我们会在下章具体讲述石桌这种令人好奇的物件。下面,我们来看看博依德·道金斯教授对新石器时代的描述:"如果我们想象,我们正身处新石器时代,正站在视野开阔的山顶,几乎能看到大不列颠和爱尔兰的所有地区,那么我们会看到下面的风景:脚下是茂盛的原始森林,袅袅炊烟从中升起,那里便是新石器时代人类的家园,它们是由栅栏围起来的地方,有事的时候,那里也是原始人类的避难所。我们也会看到成熟的小麦泛着金黄。然后,我

223

们走进森林,走向一个原始人类的家,我们会穿过成群的山羊、角羊(horned sheep),或是成群的马、短角小牛,当然也会偶尔遇到一位养猪人,正在驱赶找草根吃的野猪。我们或许还得保护自己,以防被一些大型狗攻击。原始人类用这些大狗看家护院,提防熊、狼、狐狸的入侵,或是用它们来当猎狗,捕猎其他动物。最后,我们来到原始人类家园附近的一片空地上。这里,我们应该会看到一小片亚麻地或种有短穗小麦的地。有的原始人类身穿亚麻布衣服,有的身穿动物毛皮制成的衣服,带着石头、骨头、陶器做成的项链、吊坠饰品,他们在进行日常的工作。一些人用锋利的、装有木柄的石斧砍木头,当然他们也会用到扁斧、计量器、小锯。这个锯由石头制成,约三四英尺长,原始人类用石楔将它敲凿下来,用石片打磨,在上面小心地刻出凹痕。一些人正在制作长枪柄、箭杆、木弓、船桨。还有些人正忙于打磨多种多样的石器,使其更加锋利,用打磨圆滑的工具处理动物皮毛,或者用锋利的石片处理动物骨头、鹿角以制作出不同种类的工具。通常,女人在房子外面用研钵、杵、石磨等处理食材,生火火做饭,或是用纺锤、卷线杆纺线,用制作粗糙的织布机织布。我们可能也会看到原始人类正在用模具、精挑细选的泥土制作粗糙的泥杯、泥土器皿等。"

不过,新石器时代的欧洲原始人类,他们的衣服很少有保留下来的。在北美地区,金属时代来得非常晚,当西班牙征服美洲殖民地的时候,许多印第安人的部落实际上还生活在石器时代!博依德·道金斯教授提到了一部西班牙著作,作者是唐·曼努埃尔·龚果拉·伊·马丁内斯(Don M. Gongora Y. Martinez),书中提供了许多关于西班牙安达路西亚地区(Andalusia)史前文物的相关数据。作者在书中描写了库埃娃·德·洛斯·穆尔西埃拉格斯洞穴(Cueva de los Murciélagos)中发现的数座坟墓,这座洞穴是石灰岩构成,美国内华达山脉南部地区壮丽的景色,很大程度上都是由这种石灰岩形成的。洞中有一处遗址,人们发现了3具骸骨,其中一个带着普通的金冠,身着细茎针草编织而成的长袍,长袍制作精细,编织出的图案与伊特鲁里亚人坟墓中的一些装饰图案十分相似。人们在另一处还发现了12具骸骨,他们躺着围成半圆形,包围着中间1具骸骨。唐·曼努埃尔认为这是一位女性的骸骨,她身着动物皮毛制成的长袍,带着细茎针草穿成的贝壳,刻有花纹的野猪长牙制成的项链,还带着黑色石头制成的耳饰。在里面也发现了多种多样的物件,如篮子、拖鞋、石片、斧子、锥子、木勺等。但是,并没有有效的证据证明这些埋葬物属于石器时代。

古老的埃及流传着最早的神话传说,涉及了古老的埃及人的宗教、艺术的起源,这些神话传说指出了一段时期,人们认为可能是从石器时代到青铜器时代的过渡时期,这不无可能(但仅是作者的猜想)。

古老的埃及人,往往将出现的文明归功于他们最喜爱的神——奥西里斯(Osiris)。奥西里斯生前是古埃及长老,被称为"贤明的神",死后成为司阴府之神。他娶了他的姐妹伊西斯(Isis),伊西斯成为王后,与他一起执政。据马斯佩罗(Maspero)所说,埃及人那时还是半开化的食人族,虽然他们偶尔也食用水果,但是他们不知如何自我开化。奥西里斯给他们农耕工具——犁、锄头,并教他们农耕艺术——田间劳作,谷物播种,收割小麦和大麦,栽培葡萄等。伊西斯将埃及人从土著的食人习俗中拯救出来,通过药物或魔法治愈了他们的疾病,使男女结合具有法律效力,向他们展示如何用两块平整的石头磨碎谷物,为家庭成员制作面包。她在她的姐妹奈芙蒂斯(Nephthys)的帮助下,发明了织布机,她是第一个编织和漂白亚麻布的人。埃及人本不崇拜神,直到奥西里斯制定神明谱系,指明贡品,

安排祭祀典礼过程,创作礼拜词、礼拜歌后,他们也才有了这样的思想。奥西里斯建造了城市,一些人说他建造了底比斯城(Thebes),也有人说他就出生在底比斯城。随着他成为一名公正平和的国王典范后,他开始渴望成为国家胜利的征服者,他将摄政权交到伊西斯手中,在鹮头人身的透特(Thoth)、豺头人身的阿努比斯神(Anubis)的陪同下,他开始与亚洲作战。他几乎没有使用武力和武器,他对待敌人亲切有礼,通过耐心劝说感化敌人,他用有乐器伴奏的歌声使敌人缓和,并教给他们他已经教会埃及人的一些艺术。所有国家都被他的善行所感化。直到他漂洋过海感化了所有人后,他才回到尼罗河河畔。这些都来自神话传说,不妨其中可能隐含着某些事实。

一两年前,还没有人知道古老的埃及大地上,隐藏着大量新石器时代原始人类的遗迹。但是弗林德斯·皮特里教授却不辞辛劳,坚持调查研究,他最终向人们证明,情况确如上面所说。这里,我们有必要说一下他的最新、也是最有意义的发现。首先,我们要提醒读者,皮特·里弗斯将军已经在底比斯城附近,发现了旧石器时代的原始人类遗物,遗物呈旧石器时代人类武器的形状,就像在泰晤士河和索姆河砾石中发现的那些遗物一样。弗林德斯·皮特里教授在旧石器时代原始人类的家中,发现了很多这样的遗物:尼罗河侵蚀高原,形成河谷,这处遗址位于高出尼罗河河床1400英尺的高原上。

回到新石器时代,皮特里教授和他的团队,偶然遇到了位于古老的努博特镇(Nubt)的遗址,遗址在德恩德罗镇(Denderah)附近,位于沙漠边上,那里曾是奥西里斯的弟弟塞特神(Set)被崇拜的地方。这次发现,让我们看到了尤文纳尔(Jovenal)在其《第十五讽刺诗》(*the 15th Satire*)中描写的内容。现在,在距离努博特镇0.25英里的另一个镇,皮特里他们发现了另一处遗址。这次发现令人惊奇、使人震惊。这里所有的东西都是不同的,没有象形文字,没有平常的埃及陶器,没有念珠或护身法宝,没有圣甲虫等,而这些东西都是常在古埃及其他的城镇出现的。他们也遇到了一系列的墓地,人们挖掘了约2 000座坟墓,但并未发现木乃伊,尸体只是被对折埋葬,膝盖被弯到了胳膊处。显然,曾有一个较低等的种族居住在这里,那他们又是谁呢?他们是什么时候繁荣兴旺起来的呢?基贝尔先生(Quibell)解决了这一问题,他是这个探索团队中的成员,他认为这个种族属于新石器时代,他们推翻了古埃及的古王国时期的高度的文明,在第七王朝和第九王朝期间,或约5 000年以前,统治着埃及。他们的出现弥补了埃及历史上的一段空白,也解答了困扰考古学家一直以来的难题:他们是一个强大的种族,但是非常土著;他们还是食人族,身高超过6英尺,或许曾和亚摩利人、利比亚人属于同一类人。

第十一章　粗糙的石质建筑

约书亚说以色列人，日后你们的子孙问他们的父亲，这些石头是什么意思？你们就告诉他们，以色列人曾走干地过约旦河。

——《约书亚记》

若你到布列塔尼(Brittany)平原或是去到庇利牛斯山山谷旅游，几乎每走一步，你就会看到很多形状奇特的石质建筑。这些石质建筑是由2~4块竖立的石头，有时是用灰浆契合而成的石堆，撑起一块或多块未经切削的巨型石板而形成的建筑。这些原始时期的建筑物有的被泥土覆盖，有的却裸露地表。人们将其称为巨石石桌、石室、督伊德教的祭坛，凡是人们能想到的美好名字，几乎都给予了它，有甚者还起出了错误的名字，叫它石环①。

毫无疑问，巨石石桌其实就是坟墓。很有意思的是，在原始时期，石桌外面通常都会围上一圈石头。如此，今天的人们很可能会混

---

① 在这里，我们不会使用"石环"(cromlech)这个名字，因为这个名词源于"crom"(环)和"lech"(石头)，意思是环状列石。"巨石石桌"(Dolmen)这个词源于"daul"或"tol"(桌子)和"man"(石头)，意思是"石桌"。"man, maen, men"一词缀在威尔士的康沃尔、法国的布列塔尼里十分常见，例如：Man chester(曼－彻斯特)、Pen maen mawr(彭－迈恩－毛尔)，还有印度北部卡斯山(Khasia Hills)的 Men hir(竖石纪念碑)。"tol"也是一个康沃尔语单词。

湉环状列石(或称为石圈)和巨石石桌这两个概念。在上面内容中,我们也提到的带有石室的长型石冢,它们周围也围着一圈竖石。这样,带有石室的石冢或"通道式坟墓"与石桌就十分相似了,唯一的区别是石冢或坟墓上面会覆盖着石头或泥土。正如弗格森所说,在原始时期,首领可能在他活着的时候就开始建造他的石桌,当他死了之后,人们会采用覆盖石桌顶部的方式来埋葬他。现在,我们要说一下石圈了。值得大家注意的是,许多英国的石圈也是用来埋葬逝者的,其他一些国家的石圈也是如此。帕尔默(Palmer)在他的《〈出埃及记〉中的沙漠》(Desert of the Exodus)一书中,描述了在埃及的西奈山(Mount Sinai)附近看到的石圈,它们直径约为 100 英尺,中间有一座石棺,石棺上面覆盖着一堆巨砾。科亨(Kohen),一位耶稣会的传教士,他在阿拉伯看到了 3 个巨大的石圈,很像巨石阵,还有一块高大的巨石牌坊。

在大不列颠,几乎没有巨石石桌。除非我们把带有石室的石冢也归为巨石石桌。罗契斯特市(Rochester)和梅德斯通(Maidstone)之间的基特科蒂的房子(Kit's Coty House),就是一个著名的例子。它由 3 块竖立的巨石撑着一块 11 英尺×8 英尺大的巨石板。

在欧洲大陆上,石桌这一名词通常包含着所有这样的建筑物,比如被覆盖的坟堆或石冢。因此,法国等国的作家会把带有石室的石冢、古墓说成石桌。但是,有些国家也会把未被巨石板覆盖的和被巨石板覆盖的区分开来,就像我们国家。据说,在法国约有 4000 个巨石石桌,其中有许多在英国被称作带有石室的古墓。在印度,未被覆盖的石桌与西欧的石桌十分相似。梅多斯·泰勒船长(Meadows Taylor)在印度发现了大量的石桌,在德干高原发现了至少 2129 座石桌。其中约有一半的石桌一边都有开口,或许是为了方便死者灵魂(那时人们所认为的)自由进出的,就像埃及金字塔中,放着木乃伊的

房间有一条通向外面的通道。下面说一下这些建筑物的分布。据说,在欧洲,萨克森州(Saxony)以东的地方未发现任何石桌。它们出现在克里米亚(Crimea)和切尔克西亚(Circassia),然后穿过中亚,直到出现在印度。旅行者在巴勒斯坦、阿拉伯、波斯、澳大利亚、彭林岛、马达加斯加、秘鲁也曾发现过这样的建筑物。

石桌在欧洲的分布很不规则。从比利牛斯山脉开始,沿着西班牙北海岸线,大量出现于葡萄牙、安达鲁西亚(Andalusia)。穿过非洲,我们在摩洛哥、阿尔及利亚、突尼斯发现了大量这样的建筑群。费德尔布上将(Faidherbe)在布梅祖格(Bou Merzoug)、瓦迪别尔达(Wady Berda)、特贝萨(Tebessa)、古斯塔尔(Gustal)等地的墓地中发现了约5000至6000座这样的建筑物。

数年前,人们将所有这样的建筑物都归为凯尔特人遗迹,也就是凯尔特理论,后面我们讲石圈时会说到,考古学家几乎没有意识到凯尔特人之前还有别的种族存在。由此,所有古老神秘的建筑物,都被认为是德鲁伊教的遗迹,石桌经常被人们称作"德鲁伊教的祭坛",虽然这些石桌确实建造粗糙。另外,在某些地方的石桌顶层石板或其他石头的内侧,人们总能发现"杯型标记"或其他的原始雕刻标记。例如:凯瑞尔沃(Keriaval)、卡洛卡多(Kercado)、多杜马钱特(Dol du Marchant)、莫尔比昂(Morbihan)的加瑞尼斯(Gavr'innis)等地发现的石桌,还有爱尔兰新格兰奇(New Grange)的大古墓都有这样的标记。

从奥布里(Aubrey)和斯蒂克利(Stukeley)开始写作之时,就流行一种说法——所有这样的建筑物都是德鲁伊教的遗迹,不过,这种说法如今已被抛弃了。这种说法有一个致命的弱点——不符合事实,这是指"粗糙的巨石建筑物"(石桌、石圈、竖石纪念碑、列石)的地质分布与凯尔特人种分布不一致。在欧洲,这些巨石建筑物主要分布在波美拉尼亚(Pomerania)到非洲北部的西侧海岸。这一长条的分布地带穿过了凯尔特人向西移民过程中所占领的土地，形成了直角。

就像一些作家所言，我们很难相信石桌的建造者属于同一种族，也不能说我们今天追寻他们移民的路径是正确的。据邦斯泰唐（Bonstetten）所说，凯尔特人从马拉巴尔（Malabar）海岸出发，穿过高加索山脉进入欧洲。沿着黑海海岸线，远至克里米亚地区，都分布着凯尔特人。在克里米亚地区，他们分成了两波，一波继续向西前行，朝向希腊、叙利亚、意大利和科尔嘉岛等地；另一波向北行进，到达黑希尼亚大森林（Hercynian Forest）。之后，这些四处游荡的部落进入布列塔尼、挪威，到达大不列颠岛，在那里繁衍生息，逐渐覆盖了英国全境，然后向高卢南部行进，穿过比利牛斯山，斜穿西班牙、葡萄牙，穿过地中海到达非洲北部，在古老的普兰尼加（Cyrenia，位于埃及边界地区）繁衍生息。但是，其他学者提出了与这套路线完全不同的其他路线。在石桌之中发现的骸骨多被摆成蜷缩姿势——这一事实是对凯尔特理论的致命打击。因为，正如我们看到的，死者姿势蜷缩（并未火化）具有高度典型的新石器时代的文化特征。我们要再一次提醒读者，要牢牢记住，石器时代、青铜器时代、铁器时代这些术语不是明确的日期，像国王、女王统治时期那般有明确的起止时间，而是代表了时代文化的进步。毫无疑问，那些聪明的、善于学习的古埃及人，他们在建造金字塔和其他更古老的寺庙时，就使用了铜和铁。那时，欧洲的种族还处于新石器时代的文化阶段。

读者可能会对下面这些内容感兴趣。沃尔索根据斯堪的纳维亚北部的情况，按时间顺序建立了下面的时间机制：①石器时代早期（旧石器时代），至少处于公元前3000年。②石器时代晚期（新石器时代），约公元前2000年～公元前1000年。③青铜器时代早期，约公元前1000年～公元前500年。这时候，斯堪的纳维亚的北部还处于石器时代，而南部已进入铁器时代（文化阶段）。④青铜器时代晚期，约

公元前500年~公元元年(耶稣出生的时间)。那时候,欧洲中部和西部处于罗马帝国以前的铁器时代。⑤铁器时代早期,从公元元年~公元450年。那时候,斯堪的纳维亚的部分地区仍然还在使用青铜器。⑥铁器时代中期,约公元450年~公元700年。那时候,外来的罗马人和日耳曼人对斯堪的纳维亚地区影响很大。⑦铁器时代后期,或者说维京时代①,约公元700年~公元1000年,那时候,在芬兰、拉普兰最北端地区仍然盛行着石器时代文化。

建造石桌的人并非不知火葬方法,因为,在石桌中经常发现火烧后的骨头,还有骨灰盒。很明显,石桌就是18世纪的方形、盒子状石墓的原形。关于石桌中发现的原始武器、装饰品、器皿,我们有太多想说。但是,为了我们的目的,说一下下面这些事实就足够了。在石桌中,骨灰盒旁边,人们发现了手工制成的杯子等器具,这些器具都由细黏土制成,细致精美;还有各种石制的轮子、长矛、箭头等物。在法国中部和南部打磨光滑的石斧非常罕见,但是,在布列塔尼、丹麦、瑞典发现了很多制作精细的石斧。下面说一下这些装饰物。人们在石桌中发现了各种材质,它们是用来做项链珠子的,有琥珀、墨玉、蛇纹石、绿松石、板岩、汉白玉;还有由多种贝壳制成的装饰品,金属制品。因为探索者发现了铜制的吊坠、手链和斧子,同时还发现了纯铜制品。只有在阿尔及利亚的石桌中才发现了铁制品。关于艺术,很明显,这些人的艺术并不先进,他们还不懂文字,甚至连象形文字都不懂,就更别说字母了。他们仅在自己的坟墓中留下了一些简单的雕刻,如:只能看出大体轮廓的一双宽大的脚,这会让人联想到,它是一些史前生物的"足"。有时,他们会雕刻出斧头的形状,不过,很多

---

① "维京"(Viking)这个单词与"国王"(king)毫无关系,而且发音应该是"Veek-ing",起源于瑞典南部城市维克(Vik)。或许与凯斯内斯郡(Caithness)的威克(Wick)同名,就像许多苏格兰沿海城市与斯堪的纳维亚的地名相同。

时候是一些晦涩难懂的图案,例如:半同心圆图案(加瑞尼斯),看起来像是个大项链。

大部分的作家都认为,石桌是伊比利亚人的作品。伊比利亚人比凯尔特人出现得要早,在凯尔特人和罗马人侵入欧洲之后,他们依旧居住在欧洲。不过,我们在前面的章节已经提到过,很多人把欧洲北部发现的石桌都归为芬兰人的作品。

在旧世界的很多地区,甚至新世界的一些地方都发现了各种各样"制作粗糙的巨石建筑物",例如:石桌、竖石、竖石纪念碑、列石、环状竖石等。据皮特·里弗斯上将(Pitt Rivers)所说,这些石桌的分布是连绵不断、层出不穷的。从印度北部的卡斯山到中亚、波斯(Persia)、小亚细亚、克里米亚,然后出现于非洲北部沿海地区、环地中海地区、伊特鲁利亚(Etruria),再到法国西部和南部沿海,进入大不列颠岛,向北远至丹麦、瑞典。就目前人类掌握的知识,除秘鲁外,石桌并未出现于俄国、亚洲北部、非洲中部和南部、以及两大美洲。

上文提到的这些巨石建筑物,不论是单个出现,还是成群出现,都会吸引人们的注意力,因为它们是最直观的,也是最古老的纪念性建筑物。以往人类建造它是出于多种目的,历史文献的记载已充分说明了这一点。这里,我们先选择宗教记载的内容来看。在《圣经》中,不止一处提及了竖石,也让我们了解到过去人类建造竖石的目的。当拉结(Rachel)去世后,雅各(Jacob)"在她坟上立了一块石碑"(《圣经·创世纪》,第三十五章,第 20 节),在撒母耳(Samuel)时期,拉结的坟墓就成了一个著名的地方(《撒母耳记(上)》,第十章,第 2 节)。当雅各和拉班(Laban)订立契约时,雅各"拿一块石头立作柱子",然后在它周围放了一堆石头,称其为迦累得,或是以石堆为证(《创世纪》,第三十一章,第 47 节);在第 51 节时,我们会读到,"拉班对雅各说,这石柱、石堆作为你我二人订立契约的证据。我一定不会

越过石堆去害你,你也不可越过石堆和柱子来害我。"在伯特利(Bethel),雅各也立了一块石头,记录某一重要事件(《创世纪》,第二十八章,第18节)。在西奈山,摩西立了12根柱子(《出埃及记》,第二十四章,第4节)。有一块石头立于流便(Reuben)之子波罕(Bohan)的磐石之上,后来波罕的磐石似乎成了一个分界线(《约书亚记》,第十五章,第6节;第十八章,第17节)。约书亚(Joshua)为了宗教目的,在橡树下立了一根柱子,这石头可以向百姓做见证(《约书亚记》,第二十四章,第26、27节)。当以色列人穿过约旦(Jordan),约书亚在吉甲(Gilgal)立了12根柱子,并浇上油。"约书亚对以色列人说,'日后你们的子孙问他们的父亲,这些石头是什么意思?你们就告诉他们,以色列人曾走干地过约旦河。'"(《约书亚记》,第四章,第21、22节)。押沙龙死后被埋在一堆石头下面,我们被告知"押沙龙活着的时候,在王谷立了一根石柱,因他说,'我没有儿子为我留名。'他就以自己的名,称那石柱叫押沙龙柱,直到今日。"

爱尔兰早期文献曾描写当地不同区域的古老墓地和战场,通过查阅这些文献,我们得知,古时候凯尔特人的勇士、首领死后,会建造石冢、石柱以作纪念。科马克·卡斯(Cormac Cas)是奥布莱恩人(O'Briens)的祖先,在死后被埋在了3根石柱之下,人们将其命名为邓恩特利亚哥(Dun tri liag),与他建立的堡垒同名。不过,这些习俗在很久以前确实存在过,准确地说,是新石器时代。

通过查阅很多记录,我们发现,在基督教第一次被引进欧洲后,那里的异教徒,还有对基督教半信半疑的人,依然顽固地信仰着那些制作粗糙的巨石建筑。议会的法令显示,在法国,对这些巨石建筑的崇拜一直延续到查尔曼大帝统治时期。

南斯(Nantes)议会的一项法令声称:大主教和他的仆人最好藏身在让人找不到的地方;那些身处遥远的、树木茂盛的地方,人们仍然在那里盟誓，崇拜那些巨石。在苏格兰，仍能找到很多竖石。据说，几乎在这个国家的每个教区，人们都能找到引用的例子！这些竖石是如此的古老，就连建造它们的人的相关事迹也早已失传，而它们却依旧巍然屹立。如此看来，关于很多的离奇传说，实际上都是人们想象出来解释这些巨石用的。这些事实有力地抨击了巨石曾与德鲁伊教，或者说凯尔特人的神父有关的说法。海尔石（Hare Stone），位于爱丁堡的伯勒摩尔（Borough Moor），立于马米恩（Marmion）死去的地方，至今依然存在。在远古时期，它或许作为与邻近省市的分界线。"Hare"或者"Hoar"这一单词意味着什么，我们不得而知，但是，在某些情况下，这样的石头似乎是神圣的，用以纪念逝者。加缪斯石（Camus Stones）或许是用作地标。凯特石（Cat Stones，源于 Cat 或 catb，象征着战斗）似乎是用以纪念一些战役。还有京斯石（Kings' Stones）、女巫石（Witches Stones）、斯昆石（Tanist Stone）等。在佩思郡（Perthshire）的卡恩拜迪（Cairnbeddie）附近，有一块女巫石，源于当地的传说。在莎士比亚的《麦克白》一剧中有描述，就是在这里，麦克白在夜间遇到了两位著名的女巫。鹰石（Saxum Falconis），在佩思郡的圣马多斯（St. Madoes）和英奇图雷（Inchture）的教区里，据波伊斯（Boece）所说，这块石头立于约公元 990 年，卢耳第战役（Battle of Lunearthy）中，丹麦人战败之后。实际上，这块石头立于 990 年之前。

接下来说一下斯昆石（Tanist Stone）。斯昆石是用以纪念国王或首领就职的。其中最著名的便是利亚－法伊（Lia Fail），之前在斯昆（Scone），后来被作为加冕宝座的组成部分，挪到了威斯敏斯特大教堂。据说，这块古老的、受人崇拜的石头曾数代以来，都作为爱尔兰国王的加冕宝座。后来因为爱尔兰王子费格斯·莫尔·马克·伊尔（Fergus Mor Mac Eare）加冕，这块石头又被挪到了苏格兰的爱奥那岛（Icolmkil）。后来，当苏格兰的国王扩张领土，占领了皮克特人古

老的王国后,这块石头被从爱奥那岛运到了斯昆的教堂。在撒克逊人统治苏格兰时期,它被称为"王之圣石",被视为民族的守护神。直到1296年,爱德华一世将它作为战利品带到了威斯敏斯特教堂,以显示他完全征服了英国。

很早以前,当要举行庄严的盛典时,竖石都会被作为最神圣的见证而备受关注,例如:首领当选或国王加冕等。在东方,石头很早以前就被当作了这样的用途。《圣经》里有这样的记述:亚比米勒(Abimelech)被立为王,就是在士剑橡树旁的石柱那里(《士师记》,第九章,第6节)。当约阿施(Jehoash)被耶何耶大(Jehoiada)抹油,成为国王,"王照例站在石柱旁"。一些古老的故事见证了人们对巨石或石圈的崇拜。1349年,威廉·德·圣·迈克尔(William de Saint Michael)被传召参加一个法庭审判,地点在奥克尼郡(Orkney)的雷恩(Rayne)的堪多山(Candle Hill)的环状列石中,接受非法占用某教会财产的惩罚。1380年,亚历山大,罗伯特二世之子,巴德诺赫(Badenoch)皇室贵族,就莫里主教(Bishop of Moray)占领他的土地一事召开法庭审讯,地点在京由夕往东2英里的雷特(Rait)的环状列石中。不过,就作者所知,在现今的苏格兰高地度假胜地,人们并未发现竖石[现在名为京由夕(Kingussie),坐落在广袤的斯贝峡谷(Spey valley),已去世的布莱基教授(Blackie)十分喜爱此地]。"rathe"是加固后的高地或小山,这里提到的或许是英国国教教堂(Established Church)所在的小山[1]。

---

[1] 麦克弗森先生住在京由夕,是一本描写苏格兰高地地区古代历史的书的作者,这本书非常有趣,名为《古代高地地区的教堂和社会生活》(Glimpses of Church and Social Life in the Highlands in Olden Times)。在收到我们的信之后,他给了如下回复:"'Estir'这个单词的意思就是 Easter(复活节)。根据我的调查,很早以前,竖石立于一座小丘之上,也就是如今京由夕教区教堂所在的小丘。在古代这个地方被称作'Tom a Mod',或是召开会议、聚集之所。"

在法国,有 1600 多个竖石纪念碑被记录在案,其中约有一半都在布列塔尼。据说,在洛克马里科尔［Locmariaquer,莫尔比昂(Morbihan)］有世界上最大的竖石。这块竖石从远方运来,属花岗岩材质,方尖塔形状,表面粗糙,现今已断成四块,总长度约 67 英尺,重达 342 吨。在北海滨(Cotes du Nord)的普莱西迪(Plésidy),也有一块竖石,高约 37 英尺。在卡纳克(Karnac),还有世界上著名的列石,这里回头再讲,先回到英格兰。在英格兰,独块巨石与环状列石之间存在某种相关。例如:在斯坦顿(Stanton Drew)的王之圣石、利特索克德(Little Salkeld)的朗梅格石(Long Meg)、埃夫伯里的指环石(Ring Stone)等。在约克郡的路德斯顿(Rudston)教堂里,立着世界上最好的独块巨石之一。在阿尔及利亚、摩洛哥、印度(卡斯山)、中亚等地也有很多这样的竖石。

我们有理由相信,凯尔特人在信奉基督教之后,会把前人留下的竖石纪念碑或竖石变成十字架,这也就解释了为什么凯尔特的十字架很漂亮,但横杠很短。在现代的教堂里存有很多这些古老建筑物的复制品,上面的图案线条流畅、相互交错,十分秀美。不过,遗憾的是,现代人似乎更喜欢在上面雕刻设计图案,这就失去了它原有的魅力。

关于列石,我们能在布列塔尼的卡尔纳克(Carnac)附近,找到最好的列石建筑。这些石阵成组地出现,分别位于莫奈克(Ménec)、克马里欧(Kermario)、科勒斯堪特(Kerlescant)、埃尔德旺(Erdeven)和圣巴布(St. Barbe),每组石阵距离彼此几英里远。有人认为,前 3 组石阵是连续的,是一个石阵的组成部分,都朝同一个方向延续了几乎 2 英里。位于莫奈克村的竖石,有 11 列。其中,有些有 10～13 英尺高,其他的仅有 3～4 英尺高。隔了一段距离便是克马里欧的 10 列竖石,再隔一段距离便是科勒斯堪特村的 13 列竖石。埃尔德旺共有

237

1120块竖石。仅有290块依然竖立,有740块已经倒下,还有90块被人挪走。

在这里,列石几乎有1英里长,但是石头整体上比卡尔纳克的石头小。在法国,总共有约50组列石为人们所熟知。人们发现列石和其他的建筑物有所关联,比如环状列石、坟墓等,这一发现十分重要。在上文提到的卡尔纳克石阵中,前3组石阵都与某种建筑物有关。在莫奈克石阵的最前面,是一圈紧密相连的小石头组成的围墙。很明显,它与石阵中居中的一列石头相连。在克马里欧石阵中,有一座石桌坐落于石阵前面显眼的位置。在科勒斯堪特石阵中,有一四边形的围墙,大部分由紧密相连的小石头组成,其中一边是一座长形古坟。在艾尔德旺石阵附近也有一座坟墓。

在一个叫庞马奇(Penmarch)的地方有一个列石阵,这个列石阵中共有200块竖石,均排成4列。在柯杜瓦德克(Kerdouadec)、洛伊瑞(Leuré)、卡马雷(Camaret)发现的列石阵,仅有1列。在其他国家,人们也发现了相应的列石阵。在庇利牛斯山,人们发现了整体上排成1列的列石;在大不列颠,人们在康沃尔(Cornwall)的圣哥伦布(St. Columb)发现了唯一一个单列列石,也就是著名的"九个少女"(The Nine Maidens)。在我国,列石多为两列一组,就像林荫大道,被称作"平行"(parallelitha)。在埃夫伯里、巨石阵、夏普、卡列尼什(Callernish)、达特姆尔高原(Dartmooor),人们都发现了这样的列石。在白马谷(the Vale of the White Horse),人们还发现了一些列石,包括800块竖石,分成三组,组成了一个不规则的平行四边形,这让我们想到了卡尔纳克的列石。

在重新谈及环状列石之前,我们应该借这个机会思考一下,过去的人类是用何种方法运输并竖立如此巨大的石头的。提起这一话题,人们总认为它充满神秘,似乎有神的力量相助才得以实现的。事实上,这只是人们在讨论过程中,夸大了它运输、竖立的难度。现今,在印度北部的卡西山(Khasia hills),还居住着一个古老的原始民族。戈德温·奥斯丁上校(Major Godwin-Austen)从那里收集了很多非常有价值的证据。当然,想要解决这一问题,让读者相信事实的真实性,最好的做法就是提供最有价值的证据。"毫无疑问,卡西山脉中最多的就是那些全国到处可见的竖石建筑物。这些竖石有的在路旁,有的在村庄,更多的是出现于高耸的山上,它们直指苍穹。竖石前面还有一块水平的大石板,这让我们立刻想到了我们的岛上、法国南部等地的所谓的督伊德人的骸骨。人们会惊叹他们二者之间风俗的相似,也会探究竖石的起源和设计样式。许多参观过这些山脉的人,或许会认为这些竖石定是某些名人的坟墓,甚至为了了解情况而向当地人打探,满心希望之下不觉徒劳而返,最后只得放弃;又或者相信古人为了纪念死者才建造竖石,死者的骨灰就埋在竖石前面的石板下面。"不过,奥斯丁提醒读者,想从文化不高的当地人口中了解他们的宗教,并且不懂语言还需人翻译时,是很难获得有用信息的。当地人称这些高大的竖石为"毛拜纳"(Mao Bynna),"Mao"的意思是石头,"bynna"的意思是建筑物。在竖石的前面会平放一块大石板,下面并未埋着死者的骨灰。正如人们期望的,这些建筑物与葬礼并不相关,它们仅是为了纪念逝去时间久远的人,希望这些逝去的灵魂保佑他们的后代、家族、部落平安,给他们带来好运。

当然,这里石头的尺寸与逝者的财富、名声并无关联,关联的是建造这些石质建筑人财富的多少,升入天堂或沉入地狱的人能为生者带来多大的好处。住在这一带的居民相信,死者的灵魂是生者所有快乐与悲伤的来源。他们既能使生者享受财富,也能使生者遭遇疾病或死亡。

奥斯丁说:"在乞拉朋齐(Cherra Poonjee)附近有一些石板,与此

相关的历史能为我们解释这一风俗。乞拉朋齐'Kūr'部落中有一个名为'Nongtariang'的部族,很多年前,这个部族中的一位老人去世了,在她活着的时候,并未有任何特别的事迹,但是,当她死后,本来贫穷的'Nongtariang'逐渐积聚了巨大的财富。随后她被族人供奉起来,而且有求必应,60多年之后,她的族人为了纪念她,建造了5块切割完好的巨石,也就是今天人们在乞拉朋齐和苏拉兰(Suraran)道路西侧看到的巨石,中间的那块顶端装饰着圆盘,巨石前面刻有一种玫瑰。那之后,她依然是部落的保护神,她的部落持续繁荣下去。于是,在1869年,她的族人为了更好地纪念她,在道路的另一边又建造了5块巨石。"

如此一来,人们如何知道他们的祖先是在保佑他们？在为他们做着什么,或者是已经做了什么？他们认为这是个不好判断的事情。可是对于卡西人来讲,却是十分简单的事。他们通过打破鸡蛋来寻找预兆！如果征兆表明逝者给他们带来了灾难,他们就为逝者建造小块的石头；相反,如果征兆表明逝者带来了福祉,就为他建造大块的石头,例如在许多山顶发现的形体巨大的地标石。

不仅如此,人们建造这些巨石,也是为了祈求祖先保佑他们,让他们摆脱疾病的困扰。"当有人生病时,人们会通过各种方法抚慰病魔、驱邪除怪,比如：打破鸡蛋,或是奉上猪等家禽祭祀,再观察祭品的内脏。当这些都不起作用时,病人就会向祖先祈愿,如果哪位祖先能使他恢复健康,他就为其竖立巨石。病人认为祖先得知他的意图之后,就会尽其所能的拯救他。"

人们竖立这些巨石,还形成了一种相互协作关系,当有部落要竖立这样竖石时,其他部落都会前来帮忙。这是一种部落成员间的精诚合作、团结互助的行为！晚上,部落成员间还可以相互串门聚餐,获得一些食物。如果是为他们切割巨石的工人,他们还会为他提供音乐,敲打手鼓欢迎他。那些巨石建筑物大多年代久远,今人已经很难再找到它们具体的历史①了。在卡西山脉中间更大的村落附近,有最好的证据,奥斯丁在莱朗-科特(Lailang kote)见到了最大的巨石群,包含巨石板和竖石。不过,奥斯丁觉得,这些巨石群是人们出于其他目的建造的,它应该是部落长老、首领会面的地方。那里有一块重达20吨的巨石板,可以作为一个平台,那里还残留着通向这一平台的台阶。不过,奥斯丁并未看到当地人搬运这一巨石的过程,但是他却看到了当地的一种圆木材,能够制作成一种拖拽巨石的运货架。这种圆木材质地坚硬,是树木略微弯曲的枝干部分,被粗略地打磨光滑、变圆后就可使用。

关于这些人的宗教,奥斯丁说:"这些人的丧葬礼仪中有很多让人费解的地方,不熟悉他们迷信风俗的人会觉得有些礼仪毫无意义。毫无疑问,卡西族人(Khasis)是坚信来世观的,至于有些作家说卡西族人不信教,这个观点是错误的。卡西族人没有为他们的神或偶像建造过庙宇,他们信奉的是死去的人,他们相信人有来生。卡西族人相信他们可以和逝者的灵魂交流,或者活在逝者灵魂的掌控之下。另外,他们认为他们祖先的灵魂是恶灵,男女皆有,如果有人不信奉他们,他们就会降灾祸给那个人或他的事业;这些恶灵无处不在,而且比死者灵魂能力更强;在黑暗的森林深处,每条溪流、每座高山都有主导的恶灵,一些地方还以主导的恶灵命名。为此,他们认为,在贾因蒂亚(Jaintia)北部,比农经亥(Nongjinghi)更远的拉鲁山(Lārū)

---

① 还有其他人对这个专题著书立说:约翰·艾略特(John Eliot),《探索亚洲》(*Asiatic Researchs*),第三卷;丽斯(A. B. Lish),《基督徒对加尔各答的观察》(*Calcutta Christian Observer*),1838年,胡克博士(Hooker),《喜马拉雅游记》(*Himalayan Journals*),书中有许多巨石建筑物的精美画作;普莱斯(W. Pryse),《喜马拉雅游记》,1852年3月;托马斯·奥德姆博士(Thomas Oldman),印度地质调查局的一员,《卡西山脉的地质(通过观察此地气象状态和人种)》(*The Geology of the Khasi Hills, with Observations on the Meteorology and Ethnology of that District*)。

有个一条腿的恶灵老巢,凡是看到这个恶灵的人都死了。为此,人们还时不时听到,从北边森林深处传来恶灵的声音,当地的村民如是说。"

我们认为,巨石建筑与丧葬习俗没有关系。在葬礼中,原始居民会建造石桌,将死者火化后的骨灰和骨头等收集起来,放到一个陶罐中,埋在石桌之下,为安全起见再在上面盖上顶。大约一年多以后,属于同一部落或家庭的死者遗骸也被放到石桌中。当然,在埋葬之后,生者首要确定死者的灵魂是否已经安息,并且到了一个快乐的地方。如果全家健健康康,那死者就已安息。在石桌下面,多人的骨头、骨灰都被混在了一起,因为人们认为死者的灵魂都是混在一起的,所以在放骨灰的时候也就那样做了。这里,人们不会将死去的男人和他的妻子埋在一起,因为他们来自不同的部落。

不过,对于卡西人和辛兴人(Sinting)来说,最让他们不安的是逝去的亲人在另一个世界成为孤魂野鬼,而不能回到原部落轮回。这就是为什么有亲人死在外乡,人们也会千方百计将其骸骨带回他的家乡安葬的原因。当然,在回乡途中,人们还会悉心照料亲人的灵魂,尽其所能地留住它,而不让其四处游荡,以致回不了家。就像希腊人,他们也相信死者的魂魄是脆弱的,他们没有力量穿过河流,所以渡河时,携带骸骨的人要在河上系一条棉线,称为"线桥",逝者的灵魂或魂魄能顺着棉线滑过河去!当然,对今天的欧洲人来讲,这些行为似乎非常幼稚。不过,他们关心逝者的行为,更说明他们对死去亲人的思念和追忆。

内心纯洁,思想坚定,情感神圣,为人勇敢,
有这样思想的人应该能和死者进行一个小时的交流。

——《悼念集》(*In Memoriam*)

上面提到过的普莱斯的论文,他的论文写得很有见地,也很精彩。普莱斯在他的文中写道:"原始居民通过建造巨石建筑物纪念祖先,应该暗含着某种来世观。他们祭祀祖先('Suid-cāp),祭祀逝者的魂魄或是恶灵,应该也暗含着来世观。坦白说,祭祀目的就是让逝者的灵魂得以安息,这样恶灵就不会降疼痛、灾祸给后代。一个人死后,如果他的骸骨被埋在小的地方,那他的家人就要频繁地祭祀,以驱逐恶灵给他们带来的灾难。如果他的骨头埋在大的地方,他的家人就不会那么担心死者降灾,祭祀也就不会那么频繁。因为,他的家人已经遵从了宗教信仰、传统风俗,展示出了对死者的尊重。"

当然,祭祀还要讲求一定的话语,采用"啊,女神,请听我说,感谢你如家人般庇佑我们,我们得以延绵子嗣、繁荣壮大。啊,女神,现在我们要奉上一只大公鸡、一头长有巨角的山羊、车前草叶、面粉、烤米饭、一颗心、一条嫩枝。啊,女神,请听我们说。我们献上祭品,以求你能平息,啊,女神,家庭的守护神。我要赶走 9 个、30 个恶灵(不是确数),还要赶走法力高强、作恶多端的恶灵(Ka Tyrut Ka Smer),我会准备肠子,并把它放到正确的位置,我会割破公鸡的喉咙,将血撒在嫩枝上。你走吧!法力高强、作恶多端的恶灵!我要赶走你,然后打开一条清晰的道路,借以询问善恶之事。因此,我要献上一头巨角的山羊。啊,女神,请听我说,我要献给你一个家庭成员、一条脊骨,我会使其赤裸,并将其洗净。请听我说,我会遵守规则与风俗,我会向你献祭,望你能庇佑我们健康,使我们延绵子嗣,繁衍壮大,平安喜乐地生活,享受我们的财产,我们会专心改善我们的家庭,繁衍壮大。我们遵守了规则与习俗,望你拥抱我们,望你信赖我们,望你支持我们,这样我们才能繁衍壮大,继续献祭。来吧,接受我们,接受你脚下的众生,这样我们才能繁衍壮大。来吧,信赖我们;来吧,支持我们;

来吧,用你的神力,庇佑我们的灵魂。"总的来说,祭祀要由整个家庭完成,所有家庭成员都要有血缘关系才可以。

前文提到,原始居民是用何种方法运输并竖立如此巨大石头的。其实,这些生活于山中的部落,他们掌握了一种非常简单、有效的方法来运输巨石,正如路易斯先生(A. L. Lewis)在书中所写的那样①:"原始居民多挑选有自然裂缝的石头,可以从裂缝中楔入楔子,再利用杠杆原理、借助一些工具,将巨石从母岩上分离下来。然后用滚杠将其移至两到三棵事先砍伐下来备用的树干上,树干下面交叉捆绑上粗壮的竹竿,竹竿下再绑一排更细的竹子,以此类推,最下面一层竹竿尺寸则更小。如果石头非常大,在绑最细的那层竹竿的时候,竹竿之间要留出能容下一个人站立的空间,这些竹子和木头层层相叠,虽然结构简洁,但每个交接点都捆绑得很好,从而最终搭成一个结实牢固的架子。这样,就可以让足够多的人来一起拖拽这个架子,从而把巨石运输到想要安放的地方去。据说,就是用这种方法,一块重达20吨的巨石用几个小时便能运到4000英尺高的山上。"

"根据计算,几千人用这种方法精诚合作,3~4个小时就能将'魔鬼的箭头'运到希望建造的地方。在竖立巨石的地方,人们要挖一个足够深的坑,再将巨石放入其中,确保巨石稳固竖立。坑中,巨石的一端可以滑动,然后将绳子绑到框架上,拽着另一端起来,巨石便快速地立起来了。"在下一章,我们会谈到巨石阵的巨石竖立的方法。

通常情况下,石圈直径为20~100英尺。在斯堪的纳维亚各国,人们称其为"献给上帝的指环"(dom rings)或"会议地点"(thing

---

① 《人类学杂志》,第八卷,第182页。这些描述出自路易斯先生发表的一篇论文,这篇论文是关于约克郡附近某块名为"恶魔的箭头"(Devil's Arrows)的石头。他在论文中提到格里先生(Greey)将这段话描述给了已经去世的英曼先生(Inman),英曼先生为了出版又寄给了他。

steads);在奥克尼,人们称其为"法律会议"(law tings);在法国,人们称它们为环状列石。在欧洲北部国家,人们用石圈来召集群众,选举国君。例如,埃里克(Eric),瑞典的国王,就是在1396年的瑞典乌普萨拉(Upsala),一处著名的石圈建筑物上选出来的。毫无疑问,哥特族人将石圈用作法院。由于石圈年代久远,是先人们的崇拜之物,所以人们极其尊崇石圈。许多教堂都被建于石圈之上。盖尔人常说:"你要去石头那里吗?"(Am bheil thu dol donclachan)也就是问:"你要去教堂吗?"石圈也是战斗指环(battle ring),石圈里面经常发生一对一的打斗①。盖尔语中的"clachan"一词,意思是一圈石头或膜拜之地②。在1438年,我们发现了一个通知,"约翰·埃尔文(John)和威尔·贝尔纳森·斯(Will Bernardson)以希尔德曼·斯坦(Hirdmane Stein)的名义,在厄尔勋爵(Oure Lorde ye Erle)及这个国家所有高贵的同胞面前宣誓"③。在荷马的《伊利亚特》(*Iliad*,第十八章)和《奥德赛》(*Odyssey*,第八章)中都提到了长老们聚到一起,在石圈中举行庄严的会议。在这里说这些或许有点不合适,这倒让我们想到了一

---

① 参见《斯卡拉格里姆传奇》(*The Saga of Skallagrimson Mayborough Penrith*),第八十六章,作者是格雷教士(W. C. Green),书中就描写了这样一场打斗。

② 在法国,最大的石圈坐落在伊莱·奥克斯·莫伊恩[Ile aux Moines,莫比昂省(Morbihan)],克尔戈南(Kergonan)的一个村庄里,当建造完成后,石圈直径为100米(328英尺);但是,英国的一些石圈更大,埃夫伯里的石圈,1260英尺×1170英尺;巨石阵中的石圈,300英尺;布罗格石圈(奥克尼),345英尺;"朗梅格和她的女儿"[威斯特摩兰(Westmoreland)],330英尺。敦夫里斯郡(Dumfries)附近的石圈,名为"十二个使徒",近100米。在彭里斯(Penrith)附近的梅伯勒(Mayborough)的石圈,近300英尺。毫无疑问,石圈是神圣的。我们说一下现在的石圈的用途。在印度,石圈用于膜拜,这一用途延续至今,但是主要集中在更古老的非印度种族。在印度,竖石依然随处可见,每一块竖石都象征着某位神。在印度南部的农地中,人们会经常看到5块巨石,排成一排,上面画着红色的图画,当地人认为这是农田的保护神。甚至在公元前4世纪,泰奥弗拉斯托斯(Theophrastus)还提到了给巨石撒油,使其神圣化的习俗。可参照下面的文段:在谷中光滑石头里有你的份;这些就是你所得的份;你也向它们浇了奠祭,献了供物。摘自《以赛亚书》(*Isaiah*)。

③ "John off Erwyne and Will Bernardson swor on the Hirdmane Stein before our Lorde ye Erle off Orykney and the gentiless off the cuntre."此句应为中世纪英语,讲述的是1438年苏格兰巨石墓碑上的誓言。——译者注

个问题:我们大教堂中的牧师会礼堂是圆的,是否也是延续自这一古老的习俗?

有时,我们会在石圈中发现少量的碎石,它们可能是为了竖立石柱才被运进石圈的,用于插进地面上的洞中。石圈不总是一圈,因为有时我们会发现,在最外面的石圈里还有另几个石圈,成同心圆形状。通常,这些石圈外面会围着沟渠,或是两边有土堤的沟渠,通向石圈里面的通道或甬路。许多紧挨着的小石圈或许是坟冢。有时上面还覆盖着草皮、泥煤。在苏格兰,人们在一些石圈下面挖出了约20个青铜器时期的坟冢,大多经过火化,骨灰瓮上还带有那个时期的独特的装饰物。这些石头看起来总是距离相等,均匀分布。其中石头的数量可能具有象征意义。我们举一些例子:据图纳姆(Thurnam)所说,在埃夫伯里有两个包含12块石头的石圈,较小的那个石圈在斯坦尼斯(Stennis),另一个在斯坦顿(在布里斯托尔附近);还有的石圈包含30块石头,例如:埃夫伯里外面的石圈,巨石阵外面的石圈,斯坦顿的大石圈,阿伯洛(Arbor Low)的石圈;罗尔里什(Rollrich)和斯坦尼斯的石圈,它们包含60块石头;埃夫伯里有一个大的封闭石圈,则包含一百块石头。在康沃尔的博斯科恩(Boscawen)及其周边地区,有4个石圈,由19块石头组成。不过,到目前为止,没有人能解释这些石块数量意味着什么,人们更期望着能有一些重要的发现。这里,让我们先思考一下苏格兰的石圈,看一下当前获得的这方面证据。

在阿伯丁郡的克里智利(Crichie)石圈中,人们在石圈中心发现了一座石棺,周围环绕着石柱,在每个石柱的底部都发现了一些东西,如:骨灰瓮、骸骨、一些斧子等。在图阿智(Tuach)石圈中,中央石柱和周围环绕石柱的底部,都发现了装有火化后骨头的骨灰瓮。

斯图尔特先生在书中提到了其他挖出骨灰瓮的石圈。奈恩郡(Nairnshire)的莫伊内斯(Moyness)石圈,石圈共有3层,但并未形成

同心圆形状，最里面的石圈铺有小石头，人们在中间发现了制作粗糙的泥瓮。在阿伯丁郡（Aberdeenshire）的沃德恩（Wardend），有一双层石圈，人们在内测的那层石圈中心处挖出了一个骨灰瓮，在更深的土层发现了骨头和其他火烧后的东西。在路易斯岛的卡列尼什，人们在两间制作粗糙的石室中发现了火烧后的骨头，具体是在中间大石柱的底部附近。这里，石圈路面上的泥土已经积有5～6英尺厚，说明这些建筑物已相当古老。

在阿伦岛的西面海岸线上，人们在托莫尔（Tormore）的曼智利·摩尔（Manchrie Moor）发现了一组石圈，在每组石圈的中间都发现了长度较短的石棺，还有制作粗糙的瓮。在金卡丁郡（Kincardineshire）的班克里德夫尼克（Banchory Devenick），有4个石圈，人们在里面发现了火烧后的骨头，还有部分瓮。1599年，卡姆登（Camden）曾参观过在利特尔·索尔克尔德［Little Salkeld，威斯特摩兰（Westmoreland）］的大石圈，也就是"朗梅格和她的女儿"，那时候里面有两座石冢，后被挪走了［至少是在威廉·斯图克利（William Stukeley）之前］，到今天已经过去很长时间了。据斯图克里所说，在彭里斯附近的梅伯勒的石圈，巨石坚固，曾有两个完整的石圈，但如今仅剩一根立柱，孤独地伫立着。在斯坦尼斯的石圈中，至今还保留着一座荒废的石桌。

现在，我们来讲一下爱尔兰。据乔治·皮特里博士（George Petrie）所说：距斯莱戈镇约两英里的卡洛莫尔，有大量的石圈、石桌等巨石建筑物，在这些巨石建筑物中，要么有石棺，要么有石桌。有的简单得仅是一圈石头，有的仅有两三块石头。它们不规则地聚在一起，不规则地分布着，围绕着一口大石棺。许多巨石建筑物都已荒废，仅有约60座留了下来，有许多都被当地农民破坏了，但是在那些破败的巨石建筑物中，人们依然发现了人类骸骨、骨灰瓮等，其中一

247

个塞满了人类和动物的骸骨。当威斯特摩兰的夏普的建筑物被建造完成时,有一条通往石圈和坟冢的甬道,甬道两边立着许多石柱。在斯堪的纳维亚的国家,有很多不同形状的这样的建筑物——圆形、椭圆、正方形,据说这些建筑物都是铁器时代的坟地,可能属于维京人。

准确地说,英国最好的巨石建筑物就在埃夫伯里——位于威尔特郡(Wiltshire),距离马尔伯勒(Marlborough)几英里的小村庄。不过,现在那里还能看到的巨石建筑物已经不多了,因为当地村民对这些古老建筑物并不尊重,大多数的巨石都被村民用来盖了房子!不过,村民这种愚蠢的破坏行为不会再发生了,这多亏了约翰·卢伯克先生和《古建筑保护法案》(Act for the Preservation of Ancient Monuments)的保护。埃夫伯里的巨石高15~17英尺。石圈周围是一条宽阔的沟渠,沟渠两边是高耸的壁垒,里面还有两个较小的石圈,一个直径为350英尺,另一个直径为325英尺。这两个小石圈并未被放在大石圈的中轴线上,而是稍微偏向东北方向。每个石圈都包含两圈石头,组成同心圆形状,一个石圈中央是竖石,另一个石圈中央是石桌。曾有一条长长的甬路通向石圈,也就是肯尼特大道(Kennet Avenue),甬路笔直,长1430码,两边是成排的石头。1663年,奥布里在查理斯国王二世的要求下,对这些石圈做了最早的记录。1740年,斯图克利博士出版了巨石阵和埃夫伯里石圈方面的理论,文中对巨石阵和埃夫伯里石圈进行了详细描述和科学的考证。1812年,理查德·霍尔先生(Richard Hoare)在检测斯图克利博士的观点时发现,许多石头都已被挪动过了。

在10世纪,人们认为那时的埃夫伯里就是坟地(它的名字就有这层暗示含义)。它始建于公元939年,阿瑟尔斯坦王的古老宪章中就曾描述过奥弗顿庄园(Manor of Overton)范围,也就是埃夫伯里的所在地,宪章内容是:"到科利亚斯(Collas)的古坟,最远的路可以通往哈克彭(Hackpen),沿着成排的巨石向北到坟地。"哈克彭还有另一组巨石建筑物,那是一组双层的椭圆或正圆形的石圈,138英尺×155英尺,还有一条通往石圈的宽45英尺的甬道,甬道笔直,长约0.25英里,指向西尔布利山(Silbury Hill),是埃夫伯里建筑群中的第3组巨石建筑。在石圈外约1英里的地方,有一座大型的圆锥形土堆,占地5英亩,高130英尺!它的用途和年代曾引起人们大讨论。它可能是一座大型的古坟,或者是一座为举行会议而堆积的山;在山上,首领或国王可以会见百姓,可以开庭审理案件。

现在,我们来说一下路易斯岛的卡列尔尼什石圈,它是英国最卓越的石圈之一。中央的石圈直径约为40英尺,有一个附属的十字形竖石阵。石圈中间是一个约17英尺高的圆柱,位置十分显眼。从石圈向北延伸出一排约270英尺长的竖石甬道,还有另一排竖石与之相交,组成了十字形竖石阵。整个安排与凯尔特人的十字架十分类似。它或许曾经长680英尺,但是如今大部分的遗迹已经消失不见了。

由于詹姆斯·马西森先生(James Matheson)的慷慨捐赠,人们得以探索卡列尔尼什的石圈及其附近石圈。在卡列尔尼什,探索家在长年累积的泥土下面,发现了一条制作粗糙的铺道。探索家还在中央石柱的东边,发现了一个圆形的巨石建筑物,这一建筑物包含两个石室,最大的石室面积为6.75英尺×4.25英尺,里面发现了明显经过火化的人类骸骨。这一发现十分重要,因为它将石圈与石室石冢联系到了一起。或许,石圈里面的石冢比石圈建造得稍晚。因为如果石圈建造得晚,那建造者可能就会把石冢建于石圈中心,而不是在石圈中间竖立中央石柱。

我们会在下一章具体讲述大型石圈巨石阵。这里,仅次于巨石阵的是"斯坦尼斯巨石",它坐落在奥克尼群岛。斯坦尼斯巨石制作粗糙简单,未经切削,会让人想起埃夫伯里、斯坦顿等地的巨石群,而

不是巨石阵的巨石群。巨石阵有制作精细、均匀对称的石碑,石柱上面是厚重的石楣梁,能工巧匠们用榫眼、凸榫等使其紧密相连,形成柱廊形状。不过,坐落在奥克尼群岛荒芜海角上的"斯坦尼斯巨石"制作也同样粗糙,它未经任何敲凿打磨,可以看出工人们未做任何加工处理,仅是将此巨石从采石场中搬出埋在这里,巨石还是原来天然的形状。要想建造巨石建筑物,一般的石制工具就足够了。但是一些作家认为,要想建造如此精美的建筑物,金属工具必不可少。我们斗胆说一句,公平的读者不会觉得这时期的人们采用了金属工具。事实上,从目前收集的证据看,人们在花岗岩岩石中发现了打磨光滑的石斧,看起来是新石器时代原始人类的工具,它们用于打碎巨石,或是从采石场中打下巨石。

同样位于奥克尼群岛,人们平常称作"布罗格指环"(Ring of Brogar)①的石圈,似乎曾由 60 块石头组成。遗憾的是,如今只剩下 23 块石头,外加一些破碎的残余部分。从现存的遗址看,这个环形石柱群被直径达 366 英尺的沟渠围绕着,占地面积约 2.5 英亩。沟渠里有石柱,最高的石柱高于地面 14 英尺,其他的石柱平均高度为 8~10 英尺。它们全都取自老红砂岩(Old Red Sandstone)。与之相比,斯坦尼斯石圈面积就小多了,它们周围围着一圈土堤,而不是沟渠,里面曾经还有一座大型的环状列石,如今仅还剩一些废墟。由巨石组成的指环的直径曾经约为 52 英尺,通过今天还竖立的巨石间距判断,这里曾有 12 根巨石。很可能这里曾有一条通往更大石圈,东边入口的竖石甬道,如今我们能从沟渠的中断里判断出来。这些珍贵而古老的建筑曾遭到过严重的破坏,因为,除了上面提到的两个石圈,根

---

① 布罗格指环(Ring of Brogar),新石器时代的石圈,位于奥克尼群岛,被联合国教科文组织列为世界文化遗址,被人们称为新石器时代的奥克尼之心。——译者注

据今天倒塌的残石判断,应当还有另外两个石圈存在。

当人们为这些石圈做出理论解释时,英国考古学家们却长期习惯做毫无根据的假设,他们称这些石圈为"神殿",这种称呼是极其错误的。不仅如此,他们还把德鲁伊人视作这些"神殿"的建筑者!有些考古学家思想保守,他们不能穿过"时光隧道"追忆比祖先凯尔特人更早的时期。很明显,他们草率地把德鲁伊人请出来,当作他们的"天外救星"。可怜的德鲁伊人要是在天有灵的话,当他们读到这些教科书、小册子、导游书、杂志、报刊上面登载着他们建造了这些石圈,他们定会笑破肚皮的!任何人在阅读关于石圈、石桌、环状列石等古老建筑物的文献时都会发现,哪里都有德鲁伊人,而且他们如神仙般能突然出现,这些不着边际的胡说之词,可能直到耗尽读者最后一点耐心,他们才会明白才会醒悟。不过,我们有时也惊讶地发现,大多数人倒还接受德鲁伊人这一理论,他们也不想想,正确的理论就那么能轻易地找到吗?我们的历史学家在编写学校教材或历史丛书时,他们都是很少踏足没有文字记载的历史道路。对他们而言,考古学是一片未被人类攻克的未知领域。我们的朋友——历史学家,就像忠诚的绵羊,只知道跟随着领头羊的脚步亦步亦趋,却从来不知道到新鲜草地、未知的丛林去冒险,这不是出于恐惧,而是出于无知,或者说是怀疑。但是,如果他们能带着这一问题请教我们最著名的考古学家们,他们会惊喜地发现他们的眼界开阔了,他们会第一次学习到关于凯尔特人入侵之前的英国的一两个种族!我们在家里或在学校学习到的最早的历史学知识就是德鲁伊人,那随身携带着槲寄生、用于禁锢犯人的柳条编成的牢笼、白色长绳的种族。自然地,人们就会下意识地认为德鲁伊人就是最早的种族,德鲁伊人的时期就是最早的历史时期。可是,令人遗憾的是,当面对如此多的传统习俗和考古学证据、有文字记载的历史文献,学校的老师等人却依然坚持认

为，德鲁伊人是大不列颠岛历史舞台上的第一位演员。几代人的思想都被固化了，所以他们毫不犹豫地就接受了所有关于德鲁伊神殿、祭坛、太阳崇拜、天文学理论的材料说教。

巴里（Barry）、希伯特（Hibbert）、斯科特（Scott）、马卡洛克（Maculloch）等人，他们在经过大量的学习与实践之后，对德鲁伊理论提出了诸多的质疑。人们评论马卡洛克博士是"挥舞着托尔战锤，成功地击溃了德鲁伊理论"的第一人。还有许多作家试图证明苏格兰石圈是斯堪的纳维亚人建造的，这些作家和支持德鲁伊理论的作家一样多，这些理论都是错误的、站不住脚，经不起真理考验的。曾经的记载已被证明，北欧人（古代斯堪的纳维亚人）为了抢劫盗取财物，曾进入过石室，并在里面留下了标记、刻了字。我们设想一下，如果是北欧人自己建造的石圈，那他们为何还要在其他种族的石圈上刻字留念呢？另外，北欧人没有建造巨石建筑物的传统习俗。"Stennis"（斯坦尼斯）在古挪威语中是"Steinsnes"，也就是"存在巨石建筑物的海角"，古老的挪威旅行者到了奥克尼群岛的时候，那里的石圈就已经存在了。很显然，一些石圈是青铜器时代的坟地，建造其余石圈的人就是建造大型石室的人，这种说法，有一定的可取性。

第十二章　神奇古老的巨石阵

"你,阿尔比恩岛(Albion's isle)上最高贵的建筑物!

是不是默林(Merlin)施法将你从塞西亚(Scythia)的海边,挪到了安布尔(Amber)的平原,彭德拉根(Pendragon)出生的命定之地,雄伟的巨石建筑物或许埋葬被亨吉斯特(Hengist)欺诈后杀死的英国人;

或许德鲁伊人的牧师在巨石中播撒人血,传道布教;或许丹麦的首领,为了自己享乐,土著地掠夺,献给胜利之神一座巨大的、天然的圣祠,建造了你,制作粗糙的堆阵;

你的空心区域,是布鲁特斯(Brutus)的国王的家族冢;

或许在你那里,那些国王登上了尊贵的王位。

我们努力追寻着你奇妙的起源,沉思着许多古老的、著名的故事。"

——沃顿(Warton)

"每一种有价值的理论在提出之时,或多或少都会遭人质疑。不过,它们总能穿越时间的迷雾,经历住岁月的洗礼,最终绽放出自己应有的色彩。每一代人也都比前一代人更加精明,老一辈认知有困难的事情,他们却能一以解之,轻松理解,这或许是时代进步、信息量

增多的原因吧！巨石阵，经常有人去参观，熙来攘往、络绎不绝，与其他巨石建筑物相比，关于写巨石阵的书也更多，如果把写巨石阵有关的文献收集起来，虽不至于说汗牛充栋吧，但至少也足够装满一个小型博物馆了。"威廉·朗先生（William Lang）在关于论及巨石阵一事如是说。威廉·朗在这方面的工作详尽周密，他完成了一项始于图尔纳姆（Thurnam）的调查。他上面的说法是正确的，尽管有人会说，后来对石圈进行的调查可以为巨石阵提供新的参考依据，因为，巨石阵这个秘密在很久以前就已被解决了！正如我们在上一章中提到的，古文物研究者已经为一种解释扫清了障碍。巨石阵是如此的独特，已经有很多旅行者慕名前去参观，所以我们要单列一章对其进行解说。本章的目的有两个：一是阐明巨石阵不是一个庙；二是巨石阵并非德鲁伊人建造[①]。

巨石阵（Stonehenge）坐落在索尔兹伯里平原，距埃姆斯伯里（Amesbury）约2英里，距索尔兹伯里市约8英里。巨石阵，先不说别的，但就它的名字，听起来就让人觉得神奇古老。根据卢伯克先生所言，"Stonehenge"一词起源于安格鲁－撒克逊语言中的"ing"或

[①] 还有很多其他关于巨石阵的信息来源。默里（Murray）的《威尔特郡、多塞特郡、索美塞特夏手册》（*Handbook for Wilts, Dorset and Somersetshire*）；詹姆斯·弗格森《粗糙的巨石建筑物》，他认为这些建筑物都是在后罗马时代被建造的，人们不能接受这一点，他的书中还有很多内容不可信；威廉·马修·弗林德斯·皮特里教授（William Matthew Flinders Petris），著名的埃及古生物学者，他的著作《巨石阵：计划、描述、理论》（*Stonehenge: Plans, Description, and Theories*）内容周密严谨、研究彻底；路易斯先生发表于《人类学学会》（*Anthrop. Institute*，第十一、十二、十五、十七、二十卷）的论文，他举的例子是有用的，但是他的理论太富有想象力；还有上将特穆勒特（F. S. Tremlett）发表于《人类学学会》（第十三卷）的论文；参见《考古学》的索引，在"石圈和巨石阵"之下；约翰·卢伯克先生，《史前时代》；道金斯教授，《英国的早期人类》。我们很遗憾地发现，即便是现在的作家也认为巨石建筑物是神殿，因为这一措辞定是令人误解的。参见《大英百科全书》（*The Encyclopoedia Britannica*），《钱伯斯百科全书》（*Chambers's Encyclopaedia*）中有很多关于石圈条理清晰、正确的记录。还有《巨石阵摘记》（*Jottings on Stonehenge*），史蒂文斯（E. T. Stevens）；《古老的塞勒姆和巨石阵指南》（*Guide to Old Sarum and Stonehenge*），[布朗公司（Brown & Co.），索尔兹伯里]，《考古评论》（*Archaeological Review*），第二卷，第312页。

"eng",意为一块土地。他说:"一个新的种族在索尔兹伯里平原,发现了这一华丽的废墟,但却不知它的起源,仅简单地将其称为'石头地',还有什么比这更直接的呢!"

有人还提出了"stonehenge"这一名词的其他解释,但是并不能令人满意。有人说,"stonehenge"一词意味着"hanging stone"(悬挂的石头,安格鲁·撒克逊语言中,stone 是"stane",在这里用作形容词,还有某个类似"henge"的词意味着悬浮的某物),若是用"hengestanes"则表达似乎更加贴切。另外的一种说法是巨石阵与撒克逊王——亨吉斯特有关,源于一种传统习俗,我们稍后会讲到。

巨石阵由两圈竖石和两个马蹄形状的椭圆组成,这两个马蹄形占据了整个巨石阵圆形地带的中间部分,这块圆形地带,以沟渠、土堤为界,直径约为 300 英里,就像其他的石圈一样。巨石阵石圈入口大致面向东北方向,还有一条通向石圈的"甬路",根据现在仍然残存的土坝,我们依稀能找出来。或许,曾有两列"列石",通向巨石建筑物,就像在埃夫伯里、达特姆尔高原等地的石圈。一些更早的考古学家认为这条甬道曾是一条跑道或是竞技场。但是,这一观点现在已被抛弃。弗林德斯·皮特里教授曾单独观察过,土堤阻断了甬道。

巨石阵石圈外面的一些石头也十分重要。沿着甬道走向石圈的路上,人们会在土圈(earth ring)附近看到一块单独的巨石,被称为"修道士的脚后跟"(Friar's Heel),长 16 英尺 9 英寸,如今已倾斜。若一个人站在所谓的"祭坛之石"(Altar Stone,位于内圈椭圆形石圈内)眺望,"修道士的脚后跟"这块巨石的顶端与地平线重合,每年夏至,太阳的光线会直直地照射在石头的顶端。基于这一事实还有甬道的方向,人们提出了许多天文学理论。基于这块巨石,人们描绘出了很多关于巨石阵的传奇故事。有一种说法是这样讲的:很久以前,有一个恶魔忙于竖立巨石,它观察到没有人知道巨石竖立的方法。

它的这一做法,不巧被附近的一位修道士观看到了。恶魔后来偷听到了修道士跟别人的谈话,谈话中,他不小心用到了威尔特郡方言,说这是恶魔不能说的。修道士准备逃走去找他的妻子。恶魔听后很生气,它抓起一块巨石就朝修道士扔了过去。巨石看似击中了修道士的脚后跟,但是并未伤到他。相反,巨石砸到修道士脚后跟的地方却被砸出一个大凹坑,直至今日,那里还能看到这一凹坑的痕迹。

在进入这一土圈时,人们还会看到一块倒着的巨石,长约 21 英尺,普遍被人们称着"屠戮之石"。有迹象表明,这块石头曾经是立着的,但是,一些作家则反对这种说法,因为每年夏至日时,人们站在"祭坛之石"上能看到太阳从"修道士的脚后跟"上升起。但如,果这块石头是立着的,它便阻断了人们的视线。不过,那时候,谁又知道"祭坛之石"又是能观察到日出的呢?我们应该小心谨慎,任何事情都不要轻下结论,以免掉入观念的囹圄之中。皮特里教授指出:观察日升的点应该是在内圈椭圆(有时,人们称其为马蹄)中间的巨石牌坊的后面。在"屠戮之石"的角落有一排洞,好像巨石是被人工切削成如今这个形状的,又或许凿出这些洞是为了将巨石凿开。这里,我们要多说一点,不论是谁给这块巨石起名为"屠戮之石",他一定相信巨石阵是德鲁伊人献祭活人的寺庙。

在绕着土圈,或者沟渠土堤行走时,你就会偶然遇到另外两块巨石(没有立着),距"杀戮之石"差不多同等距离,它位于石圈的两侧。据说,这两块巨石并未经过切削。种种迹象表明,前面的两块巨石,还有"杀戮之石",都是在建造土垒竖石圈后的遗留物,就像埃夫伯里的石圈那样,只是人们大多不接受这一观点。对我们来说,这种观点至少值得我们彻底、公平的检验。在夏至日,从巨石阵中心远望"修道士的脚后跟",能看到日出隐没在"脚后跟"巨石之后,难道这一事实都是巧合不成?曾经,人们将很多天文学理论和太阳崇拜都赋予石圈,这些观点已在人们的脑中根深蒂固,不容易剔除。那么,为何其他石圈就没出现这样的天文奇观呢?在通往其他石圈的入口或是甬道上,与太阳或天文现象相关的巨石有没有出现过?这里,我们忍不住想说,那些想为巨石阵做出理论解释的人,他们在说这些话的时候,好像世界上就没有其他石圈存在了一样!

在讨论巨石阵中最主要的石圈之前,我们还有另外一些事实要澄清。即在土圈中,距离上文提到的2块巨石不远处,人们还发现了2个圆形的坟冢。想要了解巨石阵的平面图(很遗憾,我们在这里不能提供),读者可以查阅默里的《手册》《粗糙的巨石建筑物》《英国早期人类》;斯蒂文斯先生的《巨石阵摘记》。《巨石阵摘记》这本小册子十分有用,它出版于索尔兹伯里市,并且价格十分公道。要想思考这两座坟冢,应先注意它们确切的位置。正如许多平面图上显示的那样,大多数的作家宣称,坟冢位于土圈的土垒上,但是皮特里教授不同意这种说法,他通过认真仔细的测量,曾画出过巨石阵最精准的平面图,他认为坟冢位于土垒之外,并非位于土垒之上。理查德·柯尔特·霍尔先生(Richard Colt Hoare)曾在其中一个坟冢中发现了一具尸体,他说:"若是如此(假定坟冢位于土垒之上),我们可以推断出这阴森森的坟冢存在于平原之上,当然我不会唐突地说这些坟冢建于巨石阵之前,但有可能是建于这些沟渠被挖掘之前。"每个坟堆中小型的深坑表明,它们已被人挖掘探索过了。

现在,我们来探讨一下土圈之中的巨石石圈,外圈曾经包含30根立柱,每个立柱之间间距约为4英尺,石柱上面顶着30块,有的28块拱墩,块块相连,形成了一个高于地面16英尺的石制戒指。如今仅残存17根立柱和6块拱墩,根据残存的巨石,我们测量出所有巨石高出地面约12英尺7英寸,平均宽度为6英尺,厚度为3英尺6英寸。拱墩约为10英尺长,3英尺6英寸宽,2英尺8英寸厚。通过测量巨石

的内侧距离,得出外圈石圈的直径约为100英尺。这些巨石全都经过打磨切削,所以巨石的石边或多或少是平行的,石角是方形的。这一宏大的工程,原始人类是如何做到的呢?并且支柱与拱墩都是密切相连的。这里,原始人类通过切削敲凿,在支柱一端留下一个突出部分或叫凸榫,然后再在拱墩下面敲凿出适合的榫眼,然后将拱墩插入支柱,拱墩与支柱间就紧密相连了。更早以前,原始人类曾用木头代替石头,这点可以预见,这样的做法从那时就已经存在了。在任何地方,人们都是先使用木头,后才使用石头建造起不一样的建筑物。

在土圈之中的外圈,用的是整块的砂岩,砂岩质地稍软,人们称其为"撒森岩"(Sarsenstones)。威尔特郡北部地表就盛产这种砂岩,属于第三纪地层,索尔兹伯里平原的第三纪地层曾被白垩岩覆盖,但后来都被岁月给侵蚀掉了。皮特里教授指出,许多地方的石圈中,石头的数量还都能被十整除。"与之相似,在英国多塞特郡的温特伯恩·阿巴斯(bourne Abbas)的石圈有10块巨石(丢失了1个);在苏格兰兰兹角(Land's End)的道恩斯梅恩(Dawnsmaen)、博斯卡韦努恩(Boscawenoon)、科尼德杰克(Kenidjack)等地的石圈,每一个都有20块巨石……有些地方的石圈已残缺不全,所以不能判断。不过,在圣克利尔(St. Cleer)附近的胡尔勒(Hurlers)的3个石圈中,共有29块巨石,很有可能原来有30块。在坎伯兰郡(Cumberland),埃斯克代尔石圈(Eskdale circle)曾有40或41块巨石,斯温赛德石圈(Swinside circle)有60块巨石,威斯特摩兰的古恩斯凯尔德石圈(Gunnerskeld circle)有29或30块巨石,根据巨石的位置判断,这些巨石的数量也能被十整除。"总体来说,按英尺计算,石圈的直径也是10的倍数,这一现象令人费解,因为现在的英制单位,不可能和史前时代的长度单位一样。

一些作家认为,巨石阵外圈中拱墩之间的衔接,是采用的鸠尾榫方式轻微结合的,比如:史蒂文斯先生所说的,但是,其余人并不同意他的这种观点。不过,也有些作家甚至怀疑这些拱墩之间是否就存在着相互衔接,因为从一些出版过的书刊中,人们从巨石阵平面图和复原图上,都未看到它们的末端存在相互咬合。但是,从史蒂文斯先生的《巨石阵摘记》复原图中,人们却清楚地看到拱墩之间确实存在紧密咬合现象,相互作用并围成一个连续的石制指环,如此一来,巨石阵形成的宏大场面,蔚为壮观,给人震撼。人们根据今天外圈拍摄的残石照片,很清楚地证实了这拱墩相互咬合相互作用一观点。当然,威廉·朗先生是不同意这一观点的,关于他的意见,读者可参见他论文中的巨石阵彩色复原图。

巨石阵外圈到内圈的平均距离是 9 英尺,内圈由 30 到 40 块支柱组成,包括正长岩(syenite)、绿岩(greenstone)等,还有那里并不盛产的火成岩(igneous rocks),每块巨石高度约为 4 英尺,宽度约为 1 英尺。不过,今天残存下来的巨石,几乎没有一块是立着的。威廉·朗先生说,这些巨石制作粗糙,形状并不规则,很明显未经加工。另一方面,在谈到这些巨石时,皮特里教授却说:"几乎所有的石头或多或少外面都涂着东西,有的是全部都涂抹,有的仅涂抹在了突出的部分,为的是让周边的石角和边缘平滑整齐,其他的地方有缺点也不要紧。"这些巨石一定是从遥远的地方运过来的,但具体是来自康沃尔、德文郡、威尔士呢,还是来自布列塔尼、爱尔兰,目前还说不清楚。不过,对岩石学颇有研究的地质学家说,它们很有可能是来自威尔士南部或康沃尔。将这些巨石运到这里肯定耗费了巨大劳力,对于原始居民来说,这些巨石在他们眼里是神圣的。内圈的巨石到底是摆放在每一块外圈巨石之前,并作一一对应呢,还是每两块外圈巨石之间摆放一块内圈巨石?人们还争论不休,没有明确的定论。

前面已经说到了,内圈石圈里面是椭圆马蹄形石圈,都是由巨大

的单块巨石组成，每块巨石之间有一定距离，共5块巨石，组成了马蹄形。但是，曾有人在所谓的马蹄形石圈的开口处发现了一块较小的石头，石头上有洞，倒在地上。一些权威人士据此认为，石圈是由7到10块巨石组成的椭圆形，如今已丢失的巨石体积较小。毫无疑问，它们全都经过打磨敲凿，如今还在的5块巨石都是撒森砂岩。巨石结构震撼人心，从东北向西南巨石逐渐增高（图10并未展现这一特点）。最高的那块巨石就在所谓的"祭坛之石"后面，面向马蹄形石圈的入口和甬道。距离中央巨石越远，巨石就越小，如今仅还有两块巨石完好如初。在詹姆斯一世统治时期，白金汉公爵（The Duke of Buckingham）为了寻找巨石阵之下的宝藏，弄翻了主要的一块巨石，还有一根支柱倾倒在了"祭坛之石"上，所以拱墩仅由内圈的一块绿岩支撑。1797年1月3日，由于霜降之后天气变暖，冰雪快速融化，这一椭圆马蹄形石圈中的一根巨石轰然倒塌。

图10　建造中的巨石阵

下面我们来讨论一下内圈椭圆形石阵，或称其为火成岩（也叫作绿岩、青石、正长岩等）巨石围成的马蹄形石阵，简单的支柱高度在6～8英尺不等，支柱间间隔约为5～6英尺，甚至是8英尺。霍尔先生说,内圈椭圆石阵的石头比内圈石圈更加光滑、高大,形状更接近锥形。时至今日,内圈椭圆石阵几乎没有巨石残存下来,因此,很难判断出它们的具体位置,具体数量。一些复原图上显示它们有3组,每组5块巨石,每组巨石对着外圈椭圆石阵的一块巨石。其他的复原图上显示共有19到20块巨石(后者更有可能,因为20是10的倍数),它们看起来是经过了人工的敲凿和修整。在内圈椭圆石阵中坐落着"祭坛之石",祭坛是一大块云母砂岩,也是从外面运到此地的。它长16英尺2英寸,斜斜地躺在地上,以前,人们在这上面可能举行过葬礼。另外"祭坛之石"上面并没有火烧后的痕迹,由于落下来的巨石,它被砸成了两半。

当人们从东北方向走进内圈石圈时,在左手边方向,人们会看到一块斜歪着的外来巨石,它表面上有两个洞。它们是榫眼吗?史前人类是打算在这里竖立另外一块更小的巨石吗?现在,没有确切的证据,我们暂时回答不了这个问题。有人说这两个椭圆石阵,曾经是史前人类打算建造成完整封闭椭圆时用到的石料。对于这种说法,目前我们还没有听到有任何反对的声音出现。

上文中我们提到所谓的"杀戮之石",它上面有孔洞。对此,史蒂文斯先生指出,这些孔洞是椭圆的,他认为造成这个孔洞的工具是石制的锄镐(不是凿子)!作者认为,史前人类可能用了某种石器敲凿坚硬的花岗岩,以打磨出想要的形状。但是,即便巨石阵的这些巨石曾被石器敲凿打磨过,我们也不能确定无疑地说,巨石阵是在石器时代被建造的。因为可能恰巧那个地方缺乏青铜工具,或者在建造巨石阵时,石器工具比青铜工具更好用。另外,很有可能的是,巨石阵的建造者和埃及人一样,他们知道如何锻造青铜器。不过,在那个人类崇拜石头的年代,由于受宗教的制约,金属工具是禁止使用的。

到巨石阵旅游观光的游客,不妨可以留意一下巨石阵周围的坟

墓或是高地。在半径仅为 3 英里的土圈内,就有坟墓多达 300 座,其中很多都被后人盗挖过了。这些坟墓大多数都是圆形的,里面有火化后的尸骨。通常情况下,坟墓中只埋藏着石器、骨器、陶瓷等用品,但是在一两个坟墓中,人们还发掘出了一些青铜物件。虽然有时也伴有玻璃、琥珀等,但是没有一个是属于罗马人的。这些坟墓与巨石阵的关系,引起了考古界人诸多的讨论。不过,让人确信无疑的是,这些古坟中有许多出土的器物,都晚于巨石阵建造时期,这些器物就是坟墓中埋藏的石片,石片属于建造巨石阵所用之物,这是个有价值的小证据。众多古坟聚在一起与巨石阵并没有直接的联系,但是,在一些古坟中有裂口,可以通向"甬路"的中间路,这表明古坟建成于甬路之后。当然,这并不能算作是绝对正确的证据。向北半英里的地方还有一群古坟,它们被称为"七座古坟"(Seven Barrows),挨着它们的是所谓的"卡萨斯"(Cursus)①土圈的最西头。这个土圈是由土堤围出来的一个封闭的圆圈,东西的距离约为 1.5 英里。土圈的一头在高地。当然,今天的考古学家是不会相信这个土圈是一个什么竞技跑道。向北一点,是第二土圈,面积更小,在西头也有一个土堤。"甬路"从巨石阵笔直地延伸向东北方向,全长 1700 多英尺。

皮特里教授认为,有多个证据证明巨石阵本身就是不完整的,故而,巨石阵也从未被完成过。巨石阵的两个石圈并非组成同心圆,许多专家认为,巨石阵里火成岩构成的内石圈,与外来巨石构成的内圈椭圆形石阵,本都属于一个古老的建筑物,而大马蹄形石阵、外圈石圈都是由三石牌坊构成,是后来被建造的。这里,我们不能理解为什么这么多人都接受这一理论,假如有的石圈本身就存在,那史前人类

---

① 卡萨斯(Cursus)。英国早期的考古学家如威廉·斯蒂克利(William Stukeley)等人起的名字,源于拉丁文中的 cursus(意为跑道),因为他们认为这是早期罗马人的竞技跑道。两条平行的土坝,土坝外面是壕沟,土坝中间是道路。

是如何将最大的拱墩（长25英尺）拖拽穿过本就存在的石圈的，然后再搬放到巨石上面的呢？除非移动本就存在的巨石，否则将是一项棘手甚至是不可能完成的工作。但是，要移动本就存在的巨石，那是不可能的，因为巨石都是神圣的，是不可能随意被人挪动的。那么，内圈的椭圆形石阵也会挡路，如果史前人类用土堤的方式将巨石抬高通过的话，这倒是一个不错的选择。这里有一个传说，说是从爱尔兰运来的外来巨石，是在魔法师梅林的帮助下完成安放的。在建造巨石阵以前，这些地方本就存在的外来巨石是神圣的，不过，它们中也有一些曾被人工敲凿修整过，因此我们有理由相信，它们在某个特定的时期，其实也是人工建造的杰作。

另外，地处布列塔尼和达特穆尔高原上的列石，它们与古坟和石圈之间也存在一定的联系，再加上我们前面提到的一些事实，种种证据都指向一个观点——这些石圈作为坟墓，是埋葬逝者的；竖石是为了表达生者对逝者的追忆而修建的，还有石圈与一圈竖石环绕的石桌十分类似，更别说有的竖石包围着更加古老的"长型坟墓"（long-barrow）。我们认为即便巨石建筑物是一个神圣的场所，用"神殿"这个词来形容巨石建筑物是不太合适的，因为，那是的敬拜概念还没有形成。青铜器时代早期，献祭是普通民众崇拜的唯一方式。也许石圈就是神殿的雏形，因为坟墓出现于神殿之前。这里，我们再一次提及，三石牌坊让我们想到了史前石桌牌坊（由多块竖石支撑着一块拱墩做屋顶）。

关于史前人类是如何搬运和抬高巨石的，许多人有自己的猜测和想法。其实不用想，方法很简单。古时候的人其实很闲，国王或者首领会派体格健壮的男人去做工。尽管那时他们没有滑轮（聪明的埃及人也没有滑轮），只有绳子、杠杆、铁锹、滚轴这些，但是他们依然能够创造奇迹。詹姆斯·弗格森先生说："如果有人看到过中国苦力

用了什么设备搬运10～12英尺厚的石柱,再到用20或30人将巨石从南安普顿湾的岬运到巨石阵,他们也就见怪不怪了。"关于他们是如何建造巨石阵的,人们常用的理论是:他们会顺着倾斜的高地,用滚轴将巨石拖拽到高处。不过,说是用这种方法的,明显存在缺陷:这种方法太繁琐,会耗费太多的人力物力。我们想象一下,为了将每一块巨石运到高处,搭成三石牌坊,人们要先堆砌一个土堤或是石堤!如果史前人类真是采用土堤这种方法建造巨石阵,那这种说法就有点站不住脚了。于是,我们开始求助于里德先生[①][C. H. Read,在渥拉斯顿·弗兰克斯先生(Wollaston Franks],后又求助了皮特里教授,他们二人都认为史前人类在建造巨石阵时,是利用杠杆原理将巨石抬高的。皮特里教授很热心,他还为我们画了一张图表解释,并说即使在现在,人们依然在使用这种方法,他还给我们讲了他在处理埃及废墟的时,也同样用到了它们。也就是说,史前人类在修建巨石阵时,他们也用到了皮特里教授所说的杠杆原理。利用杠杆原理,史前人类做了很多建造巨石阵这样的大事。又或许史前人类先将木头、石块垫在巨石下面,然后很多人一起用长长的木质撬杆将巨石缓慢翘起。人们在翘起的一边继续塞填支撑物,待这边塞满抬高之后,人们又去翘起另一边,继续往里塞填支撑物。利用这种方法,将巨石一点一点往高处抬起。一段时间之后,人们站在更高的位置,再次翘起巨石。利用石块、木材,这一过程比较容易就能完成,逐渐地,敲凿齐整的巨石就被抬到了想要的高度,然后再用滚轴滑动拱石,直到它稳当地待在支柱上。我们真要感谢两位专家给出的精彩的方法,因为如果采用建造路堤的方法,会大大破坏巨石阵的整体结构。我们

---

① 查尔斯·海格拉斯·里德(Charles Hercules Read),(1857—1929年)不列颠学会会员、英国的考古学家、伦敦古文物协会主席。——译者注

可以看到,在图10的前面位置放着一把石斧。图中一位监工正在监督工人干活。图中所画的人类的长裤或许有点太现代化了,但是,我们有证据表明,这样的衣服可是有很长时间的历史了,我们曾看到北美的印第安人穿过,古老的高卢人和日耳曼人也穿过它。

巨石阵中的石头暴露在空气中,日久年深,侵蚀毁坏严重,这表明它走过漫长的历史岁月。一直以来,人们都用一种冠以"科学"的谬论来解释巨石阵的用途,这里我们不一一列举,只提一下古往今来人们对巨石阵的不同称呼,以此来推断它的用途:① 太阳神庙;② 蟒蛇神庙;③ 佛寺;④ 星象仪;⑤ 石头日历,用以测量太阳年;⑥ 巨大的绞刑架,绞死战败的英国统治者,以纪念撒克逊人的神——沃登;⑦ 奥里利乌斯(Aurelius)建造的纪念物,用以纪念在一场宴请上,被撒克逊王——亨吉斯特残忍杀死的英国贵族。最后一个称呼是蒙茅斯的杰弗利(Geoffrey of Monmouth,12世纪)和威尔士的吟游诗人提出的,但是,这种称呼只是虚构的。

罗马的作家没有提过巨石阵,他们也没有提到过布列塔尼的卡纳克的石阵,人们并不惊讶。很久以前的作家吉尔达斯(Gildas)、内尼厄斯(Nennius)、圣比德尊者(The Venerable Bede)也没有提到巨石阵,但是在12世纪,来自亨廷登(Huntingdon)的亨利先生(Henry)曾提到过巨石阵是英格兰四大奇迹之一,另外三个奇迹都属自然现象。

人们猜测建造巨石阵的史前人类是:德鲁伊人、腓尼基人、贝尔格族、撒克逊人或者是丹麦人!我们希望,在统一正确思想的指导下,人们能对巨石阵有更进一步的挖掘、探索,我们也希望能找到更多的坟墓、骸骨,这些坟墓、骸骨都与巨石阵中的石头相关。在古老的巨石阵中,我们并未发现任何史前人类的雕刻、标记等(游客刻画留念),这本身就是一种证据。谁建造了巨石阵呢?或者说,是什么

种族建造的呢？这个问题我们至今还没有准确的答案。但是，这似乎与建造古坟的人有关，无论是长形的古坟，还是圆形的古坟。是凯尔特人之前的、头脑灵活的伊比利亚人吗？有可能吧。德鲁伊人喜欢将坟墓建在小树林，凯尔特人会将神殿建成小的、方形的木质结构，所以巨石阵应该与德鲁伊人、凯尔特人无关。

福布斯·莱斯利上校（Colonel Forbes Leslie）在他的《生活于苏格兰的早期种族》一书中指出，在印度的德干高原有个圆形的巨石"神殿"，当地人用此拜神，此"神殿"中的巨石摆放位置与巨石阵中巨石摆放十分相似，在巨石阵中有一个称为"修道士的脚后跟"的独块巨石[也称其为日晷（Gnomon），一个天文学词汇]，此石处于巨石阵石圈之外，在印度的神庙外也有这样的独块巨石。我们想知道其他人是否也看到过这样的"神殿"，能证实莱斯利先生的这种说法。如果这是真的，那这一事实很重要，可是我们找不到其他类似的说法。莱斯利先生也提到过，在印度西部的高止山脉（Ghauts）高原上有一个印度神庙，现在当地人还会杀鸡祭祀拜达神（Betal），这一神庙包含23块小型石头，摆放成圆形，石头之间距离相等，向东12英尺处有一块巨石，外面还有3块更小的石头，西南方向还有一块单独的石头，但是石圈并无入口。问题是，这些石圈有多少年的历史了？后来的人们可以将石圈用于任何他们喜欢的、与建造者完全不同的用途。

苏格兰的凯尔特人将这些石圈用作会议、民众祭拜的场所，他们早已忽视石圈建造时的本来用途。也有人会讨论现在的印度人将石圈用于什么用途，或是承载着什么传统习俗。据梅多斯·泰勒上校（Colonel Meadows Taylor）所说，印度的牧羊人将石圈用作祭祀场所。莫里斯先生说，所有古老的太阳神庙、维斯塔神庙、祭火神庙都是圆形的，供奉圣火的内殿，通常也建为鸡蛋形状[Maurice，《印度的古文物》（*Indian Antiquities*），第158页]。据说，生活于尼罗河第一瀑布的人在山顶上4或5英尺高的石圈中祭祀拜神。鲍桑尼亚（Pausanias）曾提到过，那里有一个石圈，当地人在石圈中举行神秘的仪式，以祭祀掌管土地的女神——德墨忒尔（Demeter）。帕尔格雷夫（W. G. Palgrave）曾在书中描述过①，他在阿拉伯半岛发现的与巨石阵十分相似的石圈，朗先生在他的论文中引用过这一描述，"在我们面前的，是一座更加雄伟的建筑物，特别引人注目，即便是我们的阿拉伯同伴也对此感到十分惊奇。山路崎岖，步履艰难，在行走的过程中，我们面前出现了数块巨大的石头，就像巨大的砾石，笔直地立于大地之上，还有一些巨石横卧于竖石之上。如今它们仅残存一部分，排成曲线。不难想象，在它们建造完成时是一个巨大的石圈。有一些残石躺在距离竖石不远的地上，依然屹立的竖石有8~9根。在约10或12英尺远的地方有两根巨石，很像巨大的门柱，曾经是石圈拱墩，在它们中间立着一块长长的巨石，有些巨石曾是石圈上方的横梁，还有的支柱历经岁月的蚕食、人类的破坏，依然支撑着上面的拱墩……这个国家的人认为是塔达林（Darim）施法亲手建造了这个石圈。塔达林是一位巨人，也是魔法师。我们的伙伴指向拉斯（Rass）说，在那里存在另外一座相似的巨石圈，说着他又指向西南方向，说那里也有第三座巨石圈。在我看来，某种意义上，这些新奇建筑物的建造，肯定是出于宗教的目的。有人猜测巨石阵和卡纳克石阵有对天体的象征意义，如果能发现这些猜测的现实依据，那么立于阿拉伯半岛的石圈可能也有同样的象征意义，我们都知道，阿拉伯半岛的居民曾经十分尊崇天体。事实上，卡西姆（Kaseem）的巨石奇迹和英国威尔特郡的巨石奇迹差别不大，除了阿拉伯半岛的巨石建筑物和更

---

① 《游记——阿拉伯半岛中部和东部旅行一年》（*Narrative's of a Year's Journey through Central and Eastern Arabia*，1862—1863年，帕尔格雷夫，1865年，第一卷，第250页。

加完美的英格兰的巨石建筑物。"

约翰·亨利·帕克先生（John Henry Parker）来自牛津市，是《建筑学术语表》（Glossary of Architecture）的作者，1865 年，他是威尔特郡考古学学会（Wilts Archaeological Society）的一员。他说，在东方语言中，人们称石圈为吉甲（Gilgal），我们有理由相信《圣经》中所说的吉甲就是一个石圈。帕克教授认为，吉甲是一个神庙，人们在里面举行神圣的仪式，军队在此集结，另外吉甲也是埋葬死者的地方……因此，当地人可能将吉甲视为坟地，或是下议院。有一点我们应该注意，帕克教授不同于其他人，他认为"神庙"就只是一个神圣场所。很明显，帕克教授的结论是有道理的，尤其是并不考虑一些作家所宣扬的天文学理论。但是，他认为石圈与凯尔特人有关，这一说法在二三十年前极为盛行。

斯文·尼克森教授（Sven Nilsson）是一位受人尊敬的瑞典古文物研究者，1868 年 7 月，他在伦敦民族学会（Ethnological Society of London）发表了一篇论文，论文中他将巨石阵和位于瑞典基里克（Kirik）的神庙、叙利亚和腓尼基的太阳神庙做了对比。他认为巨石阵被建造时是用作膜拜太阳的场所。西欧的史前人类曾用青铜制作武器、工具，而巨石阵就属于那段时期。

帕尔默在他的《〈出埃及记〉中的沙漠》一书中，提到了西奈山附近的巨石圈，这石圈直径约为 100 英尺，石圈中心有一口石棺，上面覆盖着一堆大块碎石。这些石圈与英国所谓的"德鲁伊人的石圈"建造基本相同。在这口石棺中，我们发现了多具人类骸骨，尸体的骨骼腐化严重，弯曲对折，头碰着膝盖，这表明尸体存在的时间已经很长了。在石圈中，人们也发现了带有开口的石墙，石墙里面还发现了烧后的泥土和木炭。这一发现表明，不是所有的环状列石都曾被泥土覆盖过。

如果是"体型较小的民族"或者侏儒建造了石室,那么他们为什么不是建造巨石阵等石圈的人呢?就像卡列尼什石阵那样。据说,他们可都是些建造高手。通过将石室和石桌对比,作者想到了这一观点,三石牌坊就是被巨石覆盖的石桌,对于巨石阵,每个人都有不同的看法。根据最近对凯尔特人之前的小矮人的发现和研究,我们提出了这些想法。下面是我们近来掌握观察的结果和论据:

1. 总的来说,巨石阵和世界上其他不同时期的巨石建筑物相关。巨石阵不是一个独一无二的现象,不能单独判断。

2. 石圈与"甬道""列石"相关。

3. 竖石支柱、竖石纪念碑、方尖塔是神圣的建筑物,通常都是用于祭祀崇拜的圣物。我们在《旧约》中能找到大量的例子。时至今日,印度土著民族还在把石头当作神,虔诚地顶礼膜拜。

4. 巨石阵的一部分就是由这样的竖石构成,很有可能,史前人类在建造巨石阵时便是出于某些宗教目的。

5. 巨石阵不是一个"神殿"。就像之前我们说过的,"神殿"(temple)这个词误导了很多人。

6. 人们在巨石阵石圈附近发现的古坟比巨石阵建造晚很多,有些古坟中埋藏着从外面运来的火成岩碎片。为此,可能所有古坟的建造都比巨石阵建造晚得多。巨石阵附近的"国王坟冢"被巨石阵甬道贯穿,出现了裂口,并且裂口和甬道指向了相同的方向。

7. 已经证明,许多石圈就是坟墓——英格兰、苏格兰、斯堪的纳维亚、西奈山的石圈是这样,埃夫伯里的石圈也是如此。

8. 写巨石阵的作家几乎没有人注意到一个重要的现象,那就是石圈通常都是成组出现的。石圈要么彼此相交[比如博斯科恩石阵(Boscawen)],要么连续出现。因此,这些石圈不可能是神殿。

9. 在斯堪的纳维亚和阿尔及利亚的石圈中,出现的骸骨都属于

铁器时代,这一事实十分重要,或许石圈也是建于那时。

10. 人们并未发现任何可信赖的传统习俗,作为依据,这已表明巨石阵可追溯到远古时期。蒙茅斯的杰韦里和威尔士的吟游诗人,曾提出过安布罗修斯国王和亨吉斯特的背叛的故事,这一故事并不可信。

11. 罗马的作家并未提到过巨石阵。如果德鲁伊人曾在石圈中祭祀拜神,那么应该会有记载,我们也能得知。然而,我们只知道他们会在坟墓中祭拜。

12. 斯堪的纳维亚人在大不列颠岛或爱尔兰岛并未建立石圈,但是在北欧人到来之前,石圈便已存在那里。人们崇敬石圈也表明了这些石圈的古老性。

13. 凯尔特人和斯堪的纳维亚人都将石圈作为会议的场所和法庭,很可能这一用法仅是延续它之前的古老用法。

14. 大不列颠岛的石圈大多有面向东北方向或西方的入口,但是有的也面向南方。

15. 史前石桌牌坊和它们周围的石圈十分相似,石桌牌坊的巨石通道和石圈的甬道十分相似,石桌牌坊的总平面图和石圈的圆面十分相似。如卡乐尔尼什石阵。

16. 如果说所有的石圈都是坟地,这种说法是不正确的。

17. 如果建造圆形坟冢的人就是建造巨石阵的人,那么巨石阵就不会用于坟地。因为,同一群人在同一时期既建造古坟,又建造石圈来埋葬他们死去的族人,这是不可能的。

18. 建造巨石阵的人为什么不是建造长型古坟、石室的人呢?就像卡列尔尼什建筑物。第6条便说明了这一问题,正如所有巨石阵附近的古坟都是圆形的那样。我们再次重申,就像传统所说的那样,巨石阵很可能只是纯粹的纪念物而已。